Birgit Weidt

Die Insel des ewigen Frühlings

Birgit Weidt

Die Insel des ewigen Frühlings

Wie ich auf La Réunion
meine zweite Heimat fand

Mit 40 Farbabbildungen
und einer Karte

MALIK NATIONAL GEOGRAPHIC

Mehr über unsere Autoren und Bücher:
www.malik.de

Für Jenny
Danke, Marianne und Klaus

Bibliografische Information der Deutschen Nationalbibliothek
Die Deutsche Nationalbibliothek verzeichnet diese Publikation in der Deutschen Nationalbibliografie; detaillierte bibliografische Daten sind im Internet über http://dnb.d-nb.de abrufbar.

MALIK NATIONAL GEOGRAPHIC

Originalausgabe
April 2013

Umschlaggestaltung: Dorkenwald Grafik-Design, München
Umschlagabbildungen: Frog 974 – Fotolia.com (vorne), Birgit Weidt (hinten und Autorenfoto)
Innenteilfotos: Birgit Weidt
Redaktion: Boris Heczko, Berlin
Karte: Marlise Kunkel, München
Satz: Fotosatz Amann, Aichstetten
Papier: Naturoffset ECF
Druck und Bindung: CPI – Clausen & Bosse, Leck
Printed in Germany ISBN 978-3-492-40461-7

Das Papier wurde aus chlorfrei gebleichtem Zellstoff hergestellt.

Ich wollte dahin,
wo ich mich noch nicht kannte.

Jean Cayrol, französischer Dichter und Filmemacher

Inhalt

Berlin/Saint-Denis:
Wer nicht winkt, wird stehen gelassen 9

Saint-Paul:
Rum am Piratengrab 24

Saint-Paul/L'Étang-Salé:
Warum denn ins Kino gehen? 37

L'Hermitage/Saint-Gilles-les-Bain:
Geld gewinnen im Galopp 54

Saint-Gilles-les-Hauts:
Langes Warten auf *Giovanna* 73

Les Colimaçons:
Traurig in den Tropen 84

Saint-Leu:
Ein Wahnsinnssprung 96

Saint-Leu:
Salzblüte, so weiß wie Schnee 115

Bourg-Murat:
Glutrotes Spektakel 130

Saint-Pierre:
Einkaufen mit dem Unbekannten 142

La-Plaine-des-Palmistes:
Lehre mich Maloya 159

Manapany-les-Bains:
Wie die Insel zu ihrem Heiligen kam 172

Le Port/Villèle:
Um Mitternacht kommt die Hexe 192

Saint-Joseph:
Wie ein Versprecher den Zahnarzt aus der Fassung bringt 220

Saint-Pierre/Saint-Philippe:
Vanille, eine Orchidee zum Essen 234

Cap Noir/La Nouvelle:
Ein abgeschiedenes Tal 248

Saint-André:
Die Zuckerseite der Insel 260

La Bretagne/Aéroport Roland Garros/Berlin
Auch Algen haben ihre Bestimmung 273

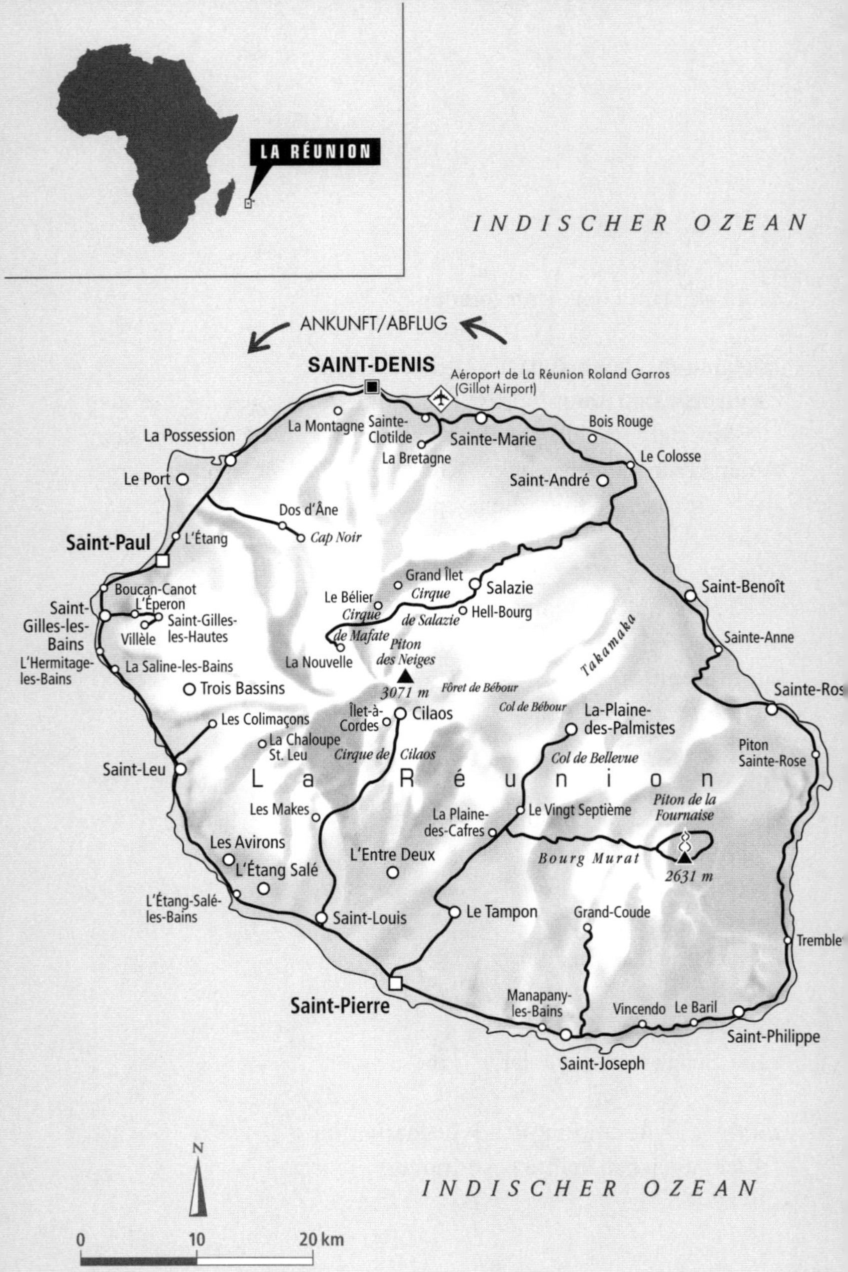
LA RÉUNION
INDISCHER OZEAN
ANKUNFT/ABFLUG
SAINT-DENIS
Aéroport de La Réunion Roland Garros (Gillot Airport)
La Montagne
Sainte-Clotilde
La Bretagne
Sainte-Marie
Bois Rouge
Le Colosse
La Possession
Le Port
Saint-André
Dos d'Âne
Cap Noir
Saint-Paul
L'Étang
Grand Îlet
Salazie
Le Bélier
Cirque de Salazie
Hell-Bourg
Cirque de Mafate
Boucan-Canot
L'Éperon
Saint-Gilles-les-Bains
Saint-Gilles-les-Hautes
Villèle
Saint-Benoît
Sainte-Anne
La Nouvelle
Piton des Neiges
3071 m
L'Hermitage-les-Bains
La Saline-les-Bains
Takamaka
Trois Bassins
Fôret de Bébour
Col de Bébour
Îlet-à-Cordes
Cilaos
La-Plaine-des-Palmistes
Les Colimaçons
La Chaloupe St. Leu
Cirque de Cilaos
Col de Bellevue
Piton Sainte-Rose
Saint-Leu
La Réunion
Les Makes
La Plaine-des-Cafres
Le Vingt Septième
Piton de la Fournaise
Les Avirons
L'Étang Salé
L'Entre Deux
Bourg Murat
2631 m
L'Étang-Salé-les-Bains
Saint-Louis
Le Tampon
Grand-Coude
Saint-Pierre
Manapany-les-Bains
Vincendo
Le Baril
Saint-Philippe
Saint-Joseph
N
INDISCHER OZEAN
0
10
20 km

Berlin/Saint-Denis: Wer nicht winkt, wird stehen gelassen

Seit Wochen braust ein eisiger Wind durch Berlin, zeichnet mit kantigem Strich Eisblumen an mein Fenster. Er fegt bereits am Nachmittag die Straßen leer. Dicker Schnee fällt und schluckt den Großstadtlärm: kaum hörbar heute das Quietschen bremsender LKW vor der roten Ampel, der Knall abgeladener Kisten vor dem Supermarkt, das überdrehte Kreischen der Kinder nach Unterrichtsschluss. Lediglich die Flugzeuge beginnen wie immer ihren Sinkflug Richtung Flughafen Tegel, ein fernes Brummen, an das ich mich gewöhnt habe.

An einem Morgen wie diesen wickle ich mich in meinen flauschigen Mantel, schiebe den roten Rollkoffer auf den Flur, schultere meinen fest verschnürten Trekkingrucksack, vollgepackt mit Wanderkarten, Schreibzeug, Fotoapparat und Jonglierbällen, und ziehe die Tür hinter mir zu. Für drei Monate, vielleicht auch länger. Zeit genug, um meinen bisherigen Alltag mit seinen gewohnten Abläufen und eingefahrenen Mustern zu unterbrechen. Ich muss raus, weg, mich anregen, durcheinanderbringen lassen. Eine Transitzeit lang. Ich sehne mich nach einem Zwischenraum in den sich aneinanderreihenden Jahren.

Wie vereinbart, klingle ich bei der Nachbarin, um ihr meinen Wohnungsschlüssel anzuvertrauen.

»Bleibst du lange weg?«, fragt der kleine Junge auf ihrem Arm und zupft dabei an seinen blonden Locken. Ich nicke.

»So lange?« Er reckt seine dünnen Ärmchen nach beiden Seiten, als wolle er die Eingangstür abmessen. Ich breite meine Arme im Treppenhaus aus. Sein Gesicht wird ernst.

»Oh, so lange! Und wer wird dich da lieb haben?«

Auf diesen Augenblick habe ich elf Stunden Flug, ach was, habe ich Wochen, Monate, ja eigentlich die Hälfte meines Lebens gewartet: Die automatische Glastür des Flughafengebäudes öffnet sich, ich schreite in den strahlenden Morgen mit dem prickelnd schönen Gefühl, La Réunion so schnell nicht wieder verlassen zu müssen. Wenn schon nicht für ewig, dann doch wenigstens solange das Geld reicht! Für eine große Liebe plündere ich schon mal mein Konto. Nicht, weil sich meine sonst allgegenwärtige Vorsicht mit stetigem Abwägen und Durchrechnen über Nacht verflüchtigt hätte; nein, ganz einfach weil es mir dieses eine Mal leichtfällt, für die Lust, für die Reiselust nicht alles, aber doch eine Menge aufs Spiel zu setzen. Ich habe mich von meinen Auftraggebern abgemeldet, mein Sparkonto aufgelöst und meiner Tochter das notwendige Taschengeld für die nächsten Monate überwiesen.

Nicht oft, aber manchmal hatte ich sie, diese Gewissheit: Selbst wenn im schlimmsten Fall alles gar nicht so wird, wie ich es mir erhofft und ausgemalt habe, werde ich keinen dieser Tage missen wollen. Es ist wie mit der Liebe – sie schleicht sich auf leisen Sohlen heran, ist plötzlich da, nimmt mich vollends gefangen, und ich tue dann alles dafür.

Die im Sonnenlicht glitzernden Palmenwedel flattern im Wind. Hinter dem großen Parkplatz ragen zwei kantige Berge in den tiefblauen Himmel, die aussehen, als wollten sie ihre Nasenspitzen in die Wolken schieben.

Ich will mit dem Bus in die Hauptstadt Saint-Denis fahren, um mir ein Auto zu mieten. Dort ist es preiswerter als direkt am Flughafen. Es ist das erste Mal, dass ich auf La Réunion den Bus nehme. Ich bin hier gewandert, geritten, auf klapprigen Geländewagen übers Land gezuckelt, mit dem modernsten Helikopter geflogen, selbst mit einem Gleitschirm über die Insel geschwebt, aber das Nächstliegende, mit einem Bus zu fahren, das war mir bislang nicht in den Sinn gekommen.

Doch bevor ich nach der Haltestelle Ausschau halte, kehre ich um, laufe zurück in das Flughafengebäude, um Jeans, Pullover und Stiefel gegen Rock, T-Shirt und Badelatschen auszutauschen. Klicke den Rucksack wieder zu und fühle mich befreit.

Vor dem Flughafengebäude trennen sich die Wege: Urlauber eilen, ihre Koffer hinter sich her ziehend, nach rechts zur Autovermietung; Einheimische, die von ihren Familien mit Küsschen links, Küsschen rechts begrüßt werden, versuchen ihr Auto aus dem Meer der parkenden weißen Kleinwagen herauszufinden; und nur eine Minderheit nicht motorisierter Ankömmlinge versammeln sich an der Bushaltestelle auf der schräg gegenüberliegenden Seite. Ein paar Touristen, zwei Kreolinnen und ich.

Wenig später hält ein gelber Expressbus. Ich schiebe mein Gepäck in den Bauch des schnittigen Autobusses und zahle beim Fahrer, der aussieht, als würde er zu einer Geburtstagsfeier fahren – schwarze Hose, rosa Hemd, goldene Kette, fein geöltes, nach Sandelholz duftendes Haar. Dann geht es los, die Fenster weit heruntergelassen, der Fahrtwind trocknet mein Gesicht und wuschelt in meinen Haaren. Der Sitz ist gut gepolstert, ich lehne mich zurück und schaue hinaus: Kreisverkehr, Autobahn, auf der einen Seite die Bergsilhouette. Dahinter ein hellblauer Horizont. Auf der gegenüberliegenden Seite das Meer, glitzernd, mit vielen kleinen weißen Schaumkronen. Direkt an der Autobahn, hinter einer kalkweißen Mauer ein lang gezogener, mit roten Blumen geschmückter Friedhof. Gegenüber die ersten Häuser von Saint-Denis, dann Stau, Ampeln, es geht nur langsam, stockend voran. Ein bisschen ernüchternd: Ich freue mich auf Meer, Palmen und Berge, und das erste französische Wort, was ich neu lerne, ist *bouchon* – Stau. Aber warum soll es hier anders sein als in anderen großen Städten? Nur weil die Stadt auf einer Insel liegt, mitten im Indischen Ozean?

Ich überlege, wo ich aussteigen muss, und suche schon mal einen Signalknopf, um dem Fahrer ein Zeichen zum Anhalten zu geben. Endlich finde ich ihn am Rand der Sitzreihe, doch er sieht aus wie eine Attrappe, blinkt funkelnagelneu, schaut mich an wie ein falscher Freund, der sich eingeschmuggelt hat. Er passt einfach nicht zum sonstigen bereits abgeschubberten Innenleben des Busses. Ich drücke. Nichts.

Der Alte neben mir faltet die Zeitung zusammen, setzt seinen Hut auf und klatscht zwei Mal in die Hände. Eine Frau hinter mir und zwei Mädchen vor mir folgen seinem Beispiel. Der Bus hält an der nächsten Station, die vier steigen aus. Als wir wieder ein Stück weitergefahren sind, klatsche ich zaghaft, obwohl ich nicht weiß, ob ich hier aussteigen muss. Als Test einer Unwissenden. Der Fahrer hält. Niemand, der zur Tür läuft. Stille, nur der Motor grummelt im Leerlauf wie ein Betonmischer. Ich ziehe den Kopf ein, rutsche etwas tiefer in meinen Sitz nach dem Motto: Ich war's nicht. Doch es irritiert niemanden.

Kurz darauf klatsche ich noch mal und steige aus. Zwar eine Haltestelle zu früh, aber um eine Erfahrung klüger.

»Wann haben Sie zuletzt geküsst?«

Der Mietwagen-Mann schaut mich an, arglos, so als hätte er nach der Uhrzeit gefragt.

»Und Sie?«, kontere ich.

»Kann mich nicht mehr erinnern.«

Na, das glaube ich dir nicht, denke ich. Sonst würdest du nicht so herausfordernd und selbstbewusst fragen. Der Mietwagen-Mann schiebt sich an seinem mit gefalteten und zerknitterten Formularen übersäten Schreibtisch vorbei und streckt mir mit einem feierlichen Ausdruck die Hand entgegen: »Ich bin Paco.«

Dann zwinkert er mir zu. »Wollte Sie ein bisschen aufmuntern, Sie sehen so verdammt ernst aus. Das hier ist kein Beerdigungsinstitut. Und ein bisschen Flirten steigert den Umsatz. Sie sind Deutsche?«

»Weil ich so ernst schaue?«

»Nein, das höre ich am Akzent, kehlig, trocken, etwas rau. Bei

Frauen klingt das nach Abenteuer, für mich jedenfalls, irgendwie exotisch.«

»Exotisch?«

»Klar, alles was sich jenseits der Insel abspielt, ist exotisch!«

Paco hält mir immer noch seine ausgestreckte Hand hin, ich schlage ein. Sein Händedruck ist kräftig, er braucht wohl in keinem Fitnessstudio Hanteln zu stemmen. Es genügte, Autos für die Reparatur hochzuleiern, Räder zu wechseln, am Motor herumzuschrauben. Ich sehe aus dem Fenster: Zwei weitere Monteure liegen unter einer alten Karosse, die fast völlig auseinandergenommen wurde, keine Räder, keine Türen … offenbar gibt es immer etwas zu tun, denn alle Modelle auf dem Hof haben zehn Jahre und mehr auf dem Buckel.

Paco schiebt mit dem linken Zeigefinger seine Sonnenbrille die Nase hinauf: Gläser, groß wie Tennisbälle und so dunkel, dass ich seine Augen nicht erkennen kann. Die Sonnenbrille nimmt er nicht ab, dafür seine mit Nieten gespickte Schirmmütze zum gespielten Gruß mit kleiner Verbeugung. Dann legt er das gute Stück, das aussieht wie ein kleines Sitzkissen, auf den Stuhl und pflanzt sich drauf. Die zusammengebundenen langen Haare lösen sich und fallen zu beiden Seiten auf seine breiten Schultern. Er trägt ein schwarz-weiß gestreiftes Hemd, das bis zu den Knien reicht, darunter eine weiße Leinenhose und rote Turnschuhe. In seinen Ohrläppchen blinken kleine Stecker mit silbernen Geckos, und am Hals schimmern blaue Tattoo-Sterne.

»Für Sie mache ich einen Rabatt von zehn Prozent!« Der charmante Draufgänger schnalzt mit der Zunge. Ich bekomme einen Renault Clio.

»Hier eine Flasche Leitungswasser gratis, aber nicht trinken! Die Scheibenwaschanlage funktioniert nicht mehr, einfach ab und zu rüberschütten, dann sehen Sie wieder klar. Die Klimaanlage geht auch nicht, ist auch besser, so gewöhnen Sie sich gleich an die Hitze.«

Pacos Büro ist ein gelbgrün angestrichener Container, fensterlos, aber mit zwei weit geöffneten Türen, die für einen kräftigen Durchzug sorgen. Eine Rumpelbude, das Einzige, was hier wirklich neu aussieht, liegt neben der Kasse: sein Lesegerät für Kreditkarten und der Lautsprecher für den MP3-Player. Es läuft Bob Marley: »Reggae nicht nur für Rastermann«, erklärt er. »Auch für Schrauber wie mich, da geht mir die Arbeit schneller von der Hand.«

Beinahe hätte ich sein Angebot, mir einen Kaffee zu kochen, abgelehnt. Schließlich habe ich mir für heute noch so viel vorgenommen! Doch dann streife ich meine Armbanduhr ab, verbanne sie in meinen Rucksack – ganz nach unten – und mache es mir auf Pacos Liegestuhl inmitten von Ersatzreifen und herumliegendem Wagenhebern bequem.

Als er mir den Kaffe bringt, wischt er sich mit einem Handtuch perlende Schweißtropfen von seiner braunen, vernarbten Stirn und klagt über die Hitze.

»Aber daran müssen Sie doch nun wirklich gewöhnt sein!«, entfährt es mir.

»Sie Witzbold, Sie frieren doch auch im Winter und sind nicht resistent gegen Kälte!«

Außerdem wohne er in den Bergen, da sei es nicht allzu heiß. »Kommen Sie doch mal vorbei!« Und er nimmt meine linke Hand, dreht sie sanft um, kritzelt blitzschnell seine Telefonnummer mit einem blauen Filzstift auf meinen Unterarm und grinst mich an. »Übrigens, Handy heißt hier GSM.«

Dann hilft er mir, meine SIM-Karte auszuwechseln, einen Zwanzigeurokredit aufzuladen, mit einem vierzehnstelligen Zahlencode, den es an jeder Tankstelle zu kaufen gibt. Und im Nu ist mein deutsches Handy in ein réunionesisches GSM verwandelt.

Pacos Auto fährt besser, als es aussieht, und in einer halben Stunde bin ich in meinem Hotel in Saint-Denis. Noch bevor ich meine Sachen auspacke, stöpsle ich im Bad das Waschbecken zu, drehe den Hahn auf und lasse das Becken bis zum Rand volllaufen. Nicht um mir die Hände zu waschen, sondern um das Wasser ablaufen zu sehen. Ein Ritual, um mich zu vergewissern, dass ich wieder südlich vom Äquator gelandet bin. Schließlich ziehe ich den silbernen Pfropfen heraus und schaue zufrieden dem kleinen klaren Strudel zu, der entgegen dem Uhrzeigersinn hinabfließt, anders als bei uns im Norden. Dann stecke ich mir ein paar Euro in die Tasche und mache mich auf die Suche nach einem Bistro.

Am Ufer des Barachois, kreolisch für Hafen, gibt es Stände mit warmen Snacks. Ich esse *samoussas*, dreieckige Blätterteigtaschen mit Hühnchenstücken gefüllt, *bouchons*, in Dampf gegarte Fleischklößchen und *bonbons piments*, eine Spezialität, die es nur hier auf La Réunion gibt: frittierte Bällchen, die aus einer dicken weißen Bohnenmasse geformt und mit scharfen Chilistückchen gewürzt werden. Es gibt eine Art internationale Richter-Skala für die Schärfe von Paprikaschoten, die Scoville-Skala, die von null (»neutral«) bis zehn (»explosiv«) reicht.

Bonbons piments wurde mit acht eingestuft – also ziemlich scharf, was ich sofort merke. Rasch esse ich ein paar Scheiben Baguette, um das Feuer im Mund zu löschen.

Ich bestelle mir noch einen süßen Maniokfladen, dazu einen Espresso und lehne mich selig auf meinem weißen Bistrostuhl zurück. Mir ist, als ob ich auf einem Schiff am Bug sitze und auf das Meer schaue. Nur dass das Schiff eine große Insel ist, die vor Madagaskar liegt und fest mit Frankreich verankert ist.

Als ehemalige Kolonie gehört La Réunion verwaltungsmäßig zum Mutterland wie Bayern zu Deutschland: gleicher Pass, gleiche Währung, gleiches Wahlrecht, obwohl neuntausend Kilometer von Paris entfernt – ein eigensinniges, ein wildes Stück Frankreich.

La Réunion heißt übersetzt »Insel der Vereinigung«. Es gibt mehrere Versionen, wie es zu diesem etwas sperrigen Namen kam:

vermutlich zum Gedenken daran, dass dank des gemeinsamen Sturmes der Marseiller Revolutionstruppen und der königlichen Nationalgarde 1792 der verhasste König Ludwig XVI. vom Thron gestürzt wurde. Zuvor hieß sie »Île Bourbon«, später auch mal »Île Bonaparte«, bevor sie wieder ihren heutigen Namen erhielt. Die Einwohner lehnen eine erneute Umbenennung ab, weil sie das Wort Vereinigung mögen und es auf ihr friedliches Zusammenleben beziehen, ganz gleich aus welchen Kulturen sie einst kamen.

Ich drehe mich um und schaue auf einen Berg, der aussieht wie ein dicker, schlafender Riese, zu dessen Füßen sich am Ortsausgang von Saint-Denis die Route du Littoral, die Inselautobahn, entlangschlängelt. Sie beginnt hinter dem Barachois mit seinen vier uralten, auf das Meer gerichteten, gusseisernen Kanonen. Ich kneife die Augen zusammen und stelle mir vor, wie einst Ozeandampfer anlegten und über den langen, hölzernen Steg stolze Gendarmen hinabschritten, hinter ihnen in Seide gehüllte chinesische Kaufleute, mit Hüten geschmückte adlige Damen und ganz zum Schluss zerlumpte Bauern und erschöpfte Matrosen, müde, aber froh, nun endlich nach monatelanger Reise das Schiff verlassen zu können.

Magere Hafenarbeiter wuchteten bestempelte Holzkisten, klobige Lederkoffer, filigrane Vogelkäfige, dicke Stoffballen, metallenes Geschirr für die Ochsenkarren an Land. Schade, dass es sie nicht mehr gibt, diese einst fast hundert Meter lange Schiffsanlegerbrücke, die ein Zyklon ausgehebelt und in Kleinteile zerlegt hat.

Heute legen die Schiffe am modernen Hafen in Le Port an, eine halbe Stunde mit dem Auto vom Barachois entfernt.

Ich scheine die Einzige zu sein, die versunken aufs Meer schaut: Geschäftsleute eilen vorbei, Pärchen stehen küssend unter Palmen, japanische Touristen fotografieren das Ufer und steigen wieder in ihren Reisebus.

Am Ufer entdecke ich ein kleines Schild: »Nullmeridian. Hier entlang verläuft die Linie, von der aus die Distanz zum Rest der Welt gemessen wird.« Wer hat sich denn das ausgedacht! Die Insel als Nabel der Welt? Vielleicht fühlt man sich so auf einer französischen Insel, die im Meer badet, wo weit und breit kein Land in Sicht ist? Da kann möglicherweise solch ein Gefühl von Einzigartigkeit aufsteigen. Der nächste Nachbar, die Insel Mauritius, ist etwa zweihundert Kilometer entfernt.

Schließlich laufe ich in das Stadtzentrum von Saint-Denis, das mich an Saint-Germain in Paris erinnert. Dieses Viertel hier ist ebenso lebendig, doch architektonisch gegensätzlicher: leuchtend gelb angestrichene Herrenhäuser und von Terrassen umsäumte Villen neben grau bröckelnden Fassaden ehemals ansehnlicher Kolonialhäuser mit zerfransten Fensterläden.

Ein Stück weiter der Gouverneurspalast, die Universität, eine ehemalige Lagerhalle der Ostindischen Kompanie und das Rathaus, ein Gebäude mit wuchtigen Säulen, meterhohen Fenstern, glamourösen Treppenaufgängen.

Ich biege von der Vorzeigehauptstraße in die kleineren Straßen, in denen sich chinesische Läden, indische Boutiquen, französische Bäckerläden, arabische Cafés befinden. Auch Tempel, Pagoden, Kirchen stehen dicht beieinander. Auf Réunion leben Christen, Muslime, Hindus – jedem seine Religion, das ist eine Selbstverständlichkeit hier.

Es ist heiß in der Sonne. Ich steige hinauf zum Stadtgarten und setze mich dort in den Schatten. Nach meinem Rundgang beginne ich Gefallen an Saint-Denis zu finden. Bislang hatte ich die Stadt nicht besonders gemocht, denn im Gewirr unzähliger Einbahnstraßen staut sich tagsüber der Verkehr, und aufgrund der Abgaswolken hat der Wind Mühe, durch das eng bebaute Zentrum hindurchzuwehen. Am Stadtrand ragen karge Hochhäuser empor, gespickt mit Satellitenschüsseln – zum Glück das einzige trostlose Quartier auf der Insel.

Stunden später schlendere ich zurück, vorbei an weißen Kolonialvillen und modernen Gebäuden. Dann stehe ich vor dem futuristisch anmutenden Wohnquader, der dem deutschen Unternehmer Peter Mertens gehört. Als junger Mann wanderte er nach La Réunion aus und gründete das Modelabel *Pardon!*, mit dem er über die Insel hinaus bekannt wurde.

Auf ein leer stehendes Gebäude ließ der eigensinnige, experimentierfreudige Geschäftsmann einen metallisch glänzenden Designerkasten draufsetzen, eröffnete in dem Areal Restaurants und Sushi-Bars und will nach japanischem Vorbild eine Hotelbox errichten, wo diejenigen, die es nachts von der Bar oder Diskothek nicht mehr nach Hause schaffen (was weniger der Müdigkeit, als dem Rum geschuldet ist), sich zwecks Ausnüchterung für ein paar Stunden einmieten können.

Diesmal erlebe ich die Hauptstadt nicht mehr nur als ein ermüdendes Straßenlabyrinth, entdecke Kneipen mit meterhohen Spiegeln an schwarzen Wänden und abgehackten Hip-Hop-Rhythmen, schaue mir knallbunte Straßenkunst an, Comicfiguren, die Ufos steuern, und stehe plötzlich vor einem Demonstrationszug. Es wird gestreikt. Ganz nach französischem Vorbild: Wenn es Probleme gibt, wird erst gestreikt und dann verhandelt. Junge Leute, vielleicht Studenten; ältere, möglicherweise Büroangestellte; Alt-Hippies im Schlabberlook, Manager in Anzug, Krawatte und Badelatschen. Eine Gemeinschaft, die sich verschaukelt fühlt, wenn der Präsident im Fernsehen wieder mal über die Sozialpolitik der Nation spricht und dabei so tut, als gäbe es keine Übersee-Départements, auch keine Insel namens La Réunion. Mit Transparenten, Trillerpfeifen und Lautsprechern demonstrieren ein paar Tausend Kreolen gegen Benzinpreissteigerungen. Fernsehreporter und Rundfunkjournalisten zwängen sich durch die Masse.

Pflastermüde lasse ich mich auf mein Hotelbett fallen und schlafe ein. Als ich aufwache, geht bereits die Sonne unter. Draußen scheppert es, Metallstangen schlagen aufeinander, irgendetwas wird aufgebaut, dazu Musik und Stimmengewirr. Ich schleppe mich zum Fenster und sehe, wie sich die sonst ruhige Uferpromenade in einen Jahrmarkt verwandelt. Stände mit bunten Tüchern, Tische mit Blumen, geflochtenen Taschen, Kleidern, Holzschmuck. Ein Transparent verkündet: »Heute ist Nachtmarkt«.

Ich gehe hinunter auf die Straße. Fackeln brennen, gelbe, rote, blaue Lichter erhellen den Platz. Auf einer Bühne spielen Musiker, junge Männer trommeln, die Zuschauer tanzen mit ihren Kindern auf dem Arm.

An den Ständen duftet es nach indischem Masala, geräucherten Würstchen, gebackenem Teig. Eine Marktfrau verkauft Frangipani-Öl, den himmlisch süßen Duft meiner Lieblingsblume, die innen aussieht, als hätte jemand ein gelbes fünfblättriges Kleeblatt hineingemalt. Ich habe sie in den Vorgärten gesehen oder am Straßenrand und konnte nie vorbeigehen, ohne an den Blüten zu schnuppern.

Am Rand des Marktes, wo es dunkler ist, keine Lampen mehr brennen, schaue ich hinauf in den weit aufgespannten Himmel, wo die Sterne dicht an dicht, wie auf ein unsichtbares Netz gesteckt, zur Erde funkeln. Ich suche und entdecke das Kreuz des Südens, vier jeweils einander in Paaren gegenüberstehende Punkte, die wie ein gedachtes Kreuz aussehen. Dazu den kleinen Zusatzstern, der wie ein Muttermal in der rechten Hälfte blinkt.

Meine erste Nacht auf der Insel. Ich liege auf dem Hotelbett und rufe Sandrine an, die ich einmal vor Jahren im Café traf. Wir haben uns angefreundet, ich war öfter bei ihr in den Bergen. Die zierliche Französin ist vor zehn Jahren mit ihrem Mann nach La Réunion gezogen, zunächst ihm zuliebe, doch nun möchte sie nie wieder weg von hier. Ihr Mann Maxime wollte seiner erwachsenen Tochter nahe sein, die an der Universität von Saint-Denis Soziologie studierte. Inzwischen ist die junge Frau nach Amerika weitergezogen, doch Maxime und Sandrine sind geblieben. Maxime, ein ehemaliger Flughafenmitarbeiter ist inzwischen pensioniert, Sandrine arbeitet als PR-Managerin für verschiedene Kulturprojekte und organisiert Auftritte der kreolischen Musiker. Sie fällt auf mit ihrem leuchtend blonden, über die Schultern gewellten Haar – besonders wenn sie in ihrer schwarzen Lederkluft auf dem Motorrad an der im Stau stehenden Autoschlange vorbeibraust und die goldenen Locken im Fahrtwind unter dem Helm wild umherflattern.

Es ist wohltuend, ihre Stimme zu hören, denn ich fühle mich etwas verloren am ersten Abend im Hotel: »Birschiiit, ich erwarte dir. Sag, wann kommst du?«

Ach, wie schön. Ich schiebe mir ein zweites Kopfkissen unter den Nacken, verschränke die Arme hinter dem Kopf und erinnere mich an meinen ersten Aufenthalt hier. Eine helle Sonne schaute selbstherrlich auf mich herab. Ich blinzelte in das gleißende Licht, das durch das Fenster fiel, und machte mir klar: Es ist dieselbe Sonne wie über Berlin. Nur gab es an diesem 21. Juni einen entscheidenden Unterschied: Am Nachmittag würde sie hinterm Mond verschwinden und die Erde für einige Minuten verdunkeln.

Damals wurden überall mit Spezialfolie überzogene Pappbrillen verteilt, auf der Straße, in Geschäften und Restaurants. Dazu Zettel, die davor warnten, niemals ohne Augenschutz das Spektakel am Himmel zu verfolgen.

Am Ufer des Barachois erfasste mich auch jene Aufregung, die von allen Wartenden ausging, die dicht gedrängt an der steinernen Brüstung standen. Ausgerechnet zu mir schlängelte sich ein Radioreporter mit einem orangefarbenen Mikrofon des französischen Überseesenders RFO und wollte wissen, wie ich mich denn so fühlen würde, kurz vor Weltuntergang. Da mir die Frage zu platt war, antwortete ich auf Deutsch, um ihn abzuwimmeln, was den plumpen Journalisten aber nicht störte – im Gegenteil, er war erfreut, nun einen kontinentalen Originalton einfangen zu können. Wie er mir sagte, würde das bei seinem Chef den Eindruck erwecken, dass er gründlich recherchiert und viele Passanten befragt hätte. Ob ich denn auch Österreicher oder Schweizer in meiner Reisegruppe hätte? Ich drehte mich um und suchte mir ein paar Meter weiter einen neuen Aussichtspunkt.

Die Leute langten zu, als ob die Welt wirklich untergehen würde und dies ihre Henkersmahlzeit wäre, verdrückten wuchtige, dick mit Thunfisch, Tomate, Bohnen und Pommes belegte Sandwiches, tranken Cola und Bier. Auch ich bekam plötzlich Heißhunger, kaufte mir ein armlanges Käsebaguette, und solange ich aß, konnte ich meine Aufregung unterdrücken. Wie einst vor Prüfungen, wichtigen Interviews oder aufregenden Rendezvous. Um siebzehn Uhr sollte ES passieren. Doch die Sonne schien weiter! Schließlich erfuhren wir, dass man sich verrechnet hatte: Irgendwer hatte vergessen, die Zeitverschiebung samt Sommer- und Winterzeit einzukalkulieren. Ich fand das lustig, und keiner der Umstehenden schimpfte auf die Wetterstation, jeder sah dies als allerletzte Chance an, sich noch einmal etwas zum Naschen zu holen. Ich schob mir Traubenzuckerbonbons in den Mund.

Nun gut, die Welt würde also eine Stunde später untergehen. Und das tat sie dann auch für einen unglaublich langen Moment. Ich erschauerte: Über die kräftige Abendsonne schob sich langsam ein runder Schatten, das Licht, das sich eben noch im Ozean spiegelte, wurde schwächer, und ringsherum herrschte plötzlich Stille. Die Leute um mich herum waren verstummt, nahmen die Kinder auf den Arm und drückten sie fest an sich. Der Wind legte sich, die Wellen fielen kraftlos in sich zusammen und flossen träge zur Mole; die Vögel verstummten. Es dämmerte so fremdartig, so unnatürlich, dass sich die feinen Härchen auf meinen Unterarmen aufrichteten und ich eine Gänsehaut bekam.

Als der Mond die Sonne zur Hälfte bedeckt hatte, wurde das Licht noch fahler. Ich beobachtete, wie er sich weiter vor die Sonne schob und diese in eine schmaler werdende Sichel verwandelte. Dann begannen ein paar Jugendliche zu johlen, zu pfeifen, Beifall zu klatschen.

Ich stand wie angewurzelt da, meine Füße bleischwer, die Arme verschränkt. Auf dem Höhepunkt des Schauspiels gelang es mir, für eine kurze Zeit ohne schützende Pappbrille hinaufzuschauen zur Sonne, die nun einen schwarzen Kreis vor sich her trug. Ringsum schimmerte ein schmaler Rand, bläulich, rötlich, in diesigen Strahlen auseinanderflimmernd, als würde sich das verbleibende Licht auf die Mondkugel ergießen. Der Horizont über dem Meer leuchtete orangerot, das Meer selbst dunkelte sich ein. Es wurde schlagartig kühler. Das Thermometer, das zum Beginn der Finsternis an die dreißig Grad zeigte, war im Nu auf siebzehn Grad gefallen.

Doch recht schnell kam die Erlösung, die Sonne gewann an Kraft und begann wieder zu brennen. Um mich herum löste sich die Erstarrung. Ich atmete auf.

Vor dem Einschlafen, im Hotelbett, lasse ich meine Gedanken weiter in die Vergangenheit schweifen.

Es ist Jahre her, dass ich das erste Mal nach La Réunion kam. Ich hatte mir vorher ausgemalt, wie ich es genießen würde, dieses Gefühl, nun auf der Südhalbkugel zu sein. Ich erwartete sehnlichst den ersten Abend, stellte mir vor, wie ich beschwingt am Ufer entlanglaufen und auf das Meer schauen würde. Stattdessen aber saß ich damals betrübt auf meinem Hotelbett, wie gelähmt, meine Stimmung sank ohne ersichtlichen Grund. Ich fühlte mich plötzlich einsam und verlassen. Damit hatte ich nicht gerechnet. Warum zieht es mich nur immer wieder fort?, dachte ich. Habe ich denn kein Zuhause?

Doch so sehr, wie ich mich in diesem Moment zurücksehnte, hatte ich mich ja weit, weit weggewünscht!

Nun war ich am Ziel meiner Reise angekommen, doch statt glücklich zu sein, beneidete ich an diesem Abend plötzlich Menschen, die es nicht in die Ferne zog. Diese Genügsamkeit, diese Sesshaftigkeit! Hatte der alte Johannes, der wortkarge Fischer aus Hiddensee, bei dem ich oft meine Ferien verbrachte, sich nie gewünscht, Grenzen zu überschreiten? Auf meine Frage, ob er denn mal im Urlaub gewesen wäre, erhielt ich erst nach fünf Minuten eine Antwort, begleitet von einem kurzen Nicken: »Ja.« Ich musste weiterbohren. Schließlich kam eine knappe Auskunft: »Vor vierzich Jahren. Zwei Tage Hamburch.« Dann schloss er die Augen und signalisierte mir: Nun aber genug geredet für heute!

An jenem Abend im Hotel dachte ich an Johannes, wünschte mich in dieses sehnsuchtsfreie, reizarme, vorhersehbare Leben, ließ meinen Koffer unausgepackt und beschloss, am nächsten Morgen zurückzufliegen. Dieser radikale Ausweg beruhigte mich damals dann so weit, dass der Schlaf mein überhitztes Gemüt abkühlen ließ und ich acht Stunden später ausgeschlafen und guter Dinge aufwachte und auf keinen Fall mehr flüchten wollte.

Ich atme auf, schüttle mein Kopfkissen zurecht, ziehe das dünne Laken bis zur Nasenspitze. Umgeben vom süßen Duft der Frangipaniblüten lausche ich dem Ozean, der draußen vor dem Fenster vor sich hin braust, und freue mich, so wie bei der Ankunft heute Morgen, endlich wieder hier zu sein.

Saint-Paul: Rum am Piratengrab

Ich sitze auf einer umgestülpten Fischertonne, schüttele die Badelatschen von den Füßen und lasse einen nach dem anderen in den körnigen Sand gleiten. Vor mir das Meer, eine spiegelglatte, endlose Fläche – nichts zu sehen am Horizont. Wenn ich jetzt in ein Schiff steigen und losfahren würde, immer geradeaus, käme ich nach Port Dauphin auf Madagaskar. Dort würde mich am Ufer die gleiche wuchtige Skulptur begrüßen, die direkt neben mir am Strand von Saint-Paul steht: eine ausgestreckte, meterlange Eisenhand, die drei Figuren hält. Sie erinnert an die Zeit der Sklaverei, an das gemeinsame Schicksal von Unfreiheit und Gewalt sowohl auf der großen als auch auf der kleinen Insel. Es gibt eine imaginäre Linie vom Ufer in Saint-Paul zur Küste von Port Dauphin, denn über diese Schiffsroute wurden einst die Sklaven verfrachtet.

Viele der Epidemien und Seuchen, die damals auf beiden Inseln wüteten, hatten ihren Ursprung im Sklavenhandel. Auf La Réunion sind von 1670 bis 1810 schätzungsweise 160 000 Sklaven eingeführt worden, davon 45 000 aus Madagaskar. Unter günstigen Wetterbedingungen dauerte damals eine Überfahrt an die zehn Tage. Die Menschen wurden in Ketten gelegt und im Rumpf des Schiffes zusammengepfercht. Morgens holte man sie an Deck, da sollten sie sich mit Meerwasser waschen und den Mund mit verdünntem Essig ausspülen. Zum Essen gab es dann Reis, ein paar Bohnen, manchmal Fisch. Nach der kargen Mahlzeit wurden reichlich Rum und Tabak verabreicht, was die Menschen ruhig stellen und auch den Hunger dämpfen sollte.

Auf dreihundert Sklaven kamen dreißig Mann Besatzung. Ein Bordarzt achtete darauf, dass der Zustand der Schwarzen stabil blieb, denn je gesünder die »Fracht«, desto höher war der Preis, den man dafür auf dem Markt aushandeln konnte. Nach dem Ausladen begann sofort die Versteigerung und mit dem Verkauf für jeden Einzelnen ein qualvolles Arbeitsleben.

Wie Riese und Zwerg sehen beide Inseln aus, wenn ich mit dem Finger über die Weltkarte entlangfahre. Im Indischen Ozean – die große arme Wilde und daneben die winzige stolze Schöne. Den Kartografen fällt es leicht, die wichtigsten Orte und Regionen auf Madagaskar einzuzeichnen, doch haben sie stets Mühe, den klitzekleinen Rundling, der La Réunion darstellt, zu beschriften. Wenn es nicht gerade eine französische Weltkarte ist, die man zur Hand nimmt, wird meistens der Name der réunionesischen Hauptstadt Saint-Denis einfach weggelassen, dafür aber das ähnlich kleine Mauritius samt Port-Louis als gut lesbare Markierung im blauen Ozean hervorgehoben.

Französische Landkartenhersteller rächen sich, indem sie nicht selten die umgekehrte Variante wählen und den Inselstaat Mauritius namenlos zurücklassen. Die beiden Maskareneninseln liegen eben so dicht nebeneinander, dass der Platz für eine leserliche Schriftgröße im Weltmaßstab nicht ausreicht.

Es gibt noch eine andere historische Verbindung des roten Riesen mit dem grünen Zwerg. Im 17. Jahrhundert gingen zwei französische Seeleute mit madagassischen Dienern und einer Handvoll Gespielinnen an der Stelle an Land, wo heute Saint-Paul liegt. Ihre Mission war, im Auftrag des Königs das Leben auf der »Île Bourbon« zu testen, ob es sich aushalten ließe auf diesem unbekannten tropischen Eiland.

Was für ein Traum, schon damals! Hier gab es alles, was man zum Leben brauchte. Trinkwasser holte sich die Robinsongemeinschaft aus den Flüssen und Seen, Fische aus dem Meer, Früchte wuchsen reichlich an den tropischen Bäumen, Kriechtiere und Vögel ließen sich kinderleicht einfangen. Die Ankömmlinge fühlten sich ausgesprochen wohl, und alsbald wiegten die Damen ihre ersten Babys unter den Palmen – die kleinen Bourbonen, französisch-madagassischer Herkunft, waren sozusagen die ersten Einwohner. Und mit ihnen begann im Grunde die Kreolisation, die Mischung verschiedener Völkerstämme.

Jahre später landeten weitere Seeleute, erbauten Saint-Paul als den ersten französischen Ort im Indischen Ozean und schufen die Voraussetzungen, dass sich mehr und mehr Menschen hier ansiedeln konnten. Von Anfang an war La Réunion eine Insel voller »Ausländer«, denn da es keine Ureinwohner gab wie auf den anderen französischen Übersee-Départements, etwa Guadeloupe oder Neukaledonien, ist im Grunde jeder Einwohner ein Zugezogener.

Zwar sind die Réunionesen ihrem Pass zufolge Franzosen, doch kommen sie ursprünglich aus verschiedenen Ländern und unterschiedlichen Kontinenten. Über die Jahrhunderte entwickelte sich das Volk der Kreolen, die ihre Kultur, ihre Religion aus der Heimat mit auf die Insel brachten und weiterhin pflegen.

Ich grabe meine Füße tiefer in den Sand am Ufer von Saint-Paul und beiße vom orangefarbenen Mango-Eis ab. Ja ich beiße es ab, zerkaue die noch feste Creme mit den saftigen Fruchtstückchen, hastig, nicht langsam genüsslich, eher wie in einem Film, der mit doppelter Geschwindigkeit vorgespult wird. Ich werde der Sonne, dieser Tyrannin mit ihren vierzig Grad heißen Pranken, keine Chance lassen, mir das Eis streitig zu machen, indem sie es wie eine böse Zauberin an meiner Hand klebrig heruntertropfen lässt.

Die erste Kugel verschlinge ich, sie kühlt von innen. Dann laufe ich noch einmal zur quietschbunten Süßigkeitenkarre, um mir die zweite zu holen. Auch um *un cornet*, eine Waffeltüte, *une boule*, eine Kugel, *la mangue*, Mango, meine eben gelernten Vokabeln, zu wiederholen. Aus den Lautsprechern dröhnt *Je ne regrette rien* von Edith Piaf. Ich schlabbere die zweite Kugel direkt am Eiswagen, um der Musik nahe zu sein – seit meiner Kindheit mag ich französische Chansons.

Dann steige ich in mein brütend heißes Auto, das am Straßenrand steht, und fahre schnell an, damit durch die heruntergekurbelten Fensterscheiben der Fahrtwind den Schweiß auf meinem Gesicht trocknet. Der Sicherheitsgurt reibt bei jeder Bewegung auf meiner nackten Schulter. Ich schiebe ein paar Kleenextücher als Schutz unter den schwarzen Riemen.

Auf der Hauptstraße ruckle ich noch mein grünes Handtuch zurecht, das als Unterlage auf meinem Sitz liegt. Gestern hatte ich meinen Busnachbarn gefragt, ob denn die Polster so schmutzig wären, dass man sich auf ein Handtuch setzen müsse, wie er es gerade demonstrativ vorführte. Nein, nein, es sei gegen die *transpiration*, wie er sich vorsichtig ausdrückte. Er verlasse nie ohne saugfähige Unterlage das Haus, ob es zur Arbeit oder zur Bank gehe, er trage immer ein Handtuch bei sich. Zwar sind die Räume meistens klimatisiert, doch manchmal fallen die Anlagen auch aus, und nichts sei peinlicher, als beim Aufstehen auf dem Stuhl einen Schweißfleck zu hinterlassen.

Mein Handy klingelt, ich halte am Straßenrand. Die Hotelmanagerin, mit der ich mich zum Kaffee verabredet habe, sagt leise, mit belegter Stimme: »Tut mir leid, ich muss unser Treffen absagen, ein Notfall…« Ein deutscher Tourist ist heute Morgen in seinem Zimmer gestorben. Seine Frau kam zu ihr an die Rezeption, sie wirkte merkwürdig gefasst und erzählte, dass sie damit rechnen musste – ihr Mann war schwer krank. Doch er wollte sich den einen Wunsch noch erfüllen und nach La Réunion fliegen. Um seine letzte Reise anzutreten.

Wie tragisch, und doch wie entschlossen: ein Mann, der bis zum letzten seiner Tage genau wusste, was er wollte, und es umsetzte, solange die Kräfte noch reichten.

Eigentlich hatte ich vor, nach unserem Treffen über den Markt von Saint-Paul zu schlendern; Gewürze kaufen, Masala, Ingwer und Kurkuma, schon wegen des betörenden Duftes, dann dem Stimmengewirr lauschen, mit den alten Bauern plaudern und eine riesengroße Papaya ersteigern, um sie gleich am Stand noch auszulöffeln. Aber nun ist mir nicht mehr danach. Aufgewühlt von dieser Nachricht über den mir Unbekannten, ändere ich meine Pläne.

Der Urlauber soll zwar nach Deutschland überführt werden, doch seine Frau wird einen Margeritenstrauß auf dem alten Seemannsfriedhof direkt am Meer von Saint-Paul niederlegen. So war es besprochen zwischen den Eheleuten, erzählte die Managerin.

Ich suche den *cimetière marin* auf, er liegt am Rande der Stadt.

Aus einer weißen Schiffssilhouette ragt ein meterhohes Kreuz empor, umlegt von frischen, unter der Sonne rasch welkenden Buketts mit Chrysanthemen, Rosen, Lilien. Davor gehen Kerzen in die Knie, schmelzen unter der brennenden Sonne und gleiten wie fingerdicke Seile hinab zur Erde. Um mich herum erstreckt sich eine weite Fläche eingezäunter Gräber, dazwischen sieht man gelb leuchtende Steinhütten mit indischen Schriftzeichen, begehbare chinesische Tempel und karge, steinerne Seemannsgrüfte.

Vor dem einen sitzen zwei alte Männer. Es riecht nach Rum. Am Fußende der Gruft stehen ein paar halb gefüllte Gläser, selbst gedrehte Zigaretten, hart gekochte Eier und Teelichter. »*Salut*«, grinst mich der eine an und prostet mir zu. »Heute liegt kein schwarzer Hahn da.«

Ich schaue ihn etwas verwundert an.

»Ja ja, braucht er doch, hat Kohldampf, der Grufti!«

Und beide halten sich vor Lachen die Bäuche.

Das Grab, an dem die sonnenverbrannten Alten mit ihren breitkrempigen Hütten lümmeln, ist das von »La Buse«, dem berüchtigtsten Seeräuber des Indischen Ozeans. Hartnäckig hält sich das

Gerücht, dass er einen Piratenschatz besessen haben soll; eine versenkte Kiste mit Gold- und Silberbarren, Diamanten und Perlen. Unmittelbar vor seiner Hinrichtung in Saint-Paul rief er, schon mit dem Strick um den Hals: »*Mes trésors à qui saura comprendre!*« (Mein Schatz gehört demjenigen, der dies versteht.)

»Ich schwör's dir, beim Grab meiner Großmutter!«, berichtet einer der beiden Alten mit weit aufgerissenen Augen, als wäre er vor dreihundert Jahren direkt vor dem Schafott gestanden und hätte alles mit angehört: »La Buse hat den Leuten einen Zettel mit einer verschlüsselten Botschaft zugeworfen. Die kamen ja alle, um ihn hängen zu sehen. Und stell dir vor, diesen Text hat bis heute keiner entziffern können! Ein Lump aber auch. Der Schatz wartet noch darauf, gefunden zu werden – der ist Milliarden Euro wert!«

»Wir werden ihn finden, prost!« Der andere hebt sein Glas. Dann stehen beide auf und trinken auf das Wohl des alten Ganoven. »Jeden Freitag sind wir bei ihm«, kichern sie. »Da kriegt er Rum und Zigaretten. Irgendwann muss er doch aus lauter Dankbarkeit beichten und zu uns sprechen! Er soll sein Geheimnis ausplaudern.« Sie grölen, doch der eine legt seinen Zeigefinger auf den Mund.

»Lange kann ich nicht mehr warten, meine Augen werden immer schlechter. Bei dir sind's die Ohren, nicht wahr, *mon dalon*?«

»Heißt du *dalon?*«, frage ich dazwischen.

»Hahaha, nein, das ist kreolisch, Verehrteste. *Dalon* heißt Freund, bester Freund. So nannte man früher Ochsen, die vor den Wagen gespannt wurden und immer am gleichen Strang ziehen mussten. Wie wir, stimmt's?« Und er schaut mit großen Augen seinen *dalon* an, so ernst, dass der andere gleich wieder losprusten muss.

»Nennt mir noch ein Wort auf kreolisch«, bitte ich.

Die beiden sehen sich an und kichern hinter vorgehaltener Hand: »*Couverture péi.*«

»Was ist das?«

Sie schlagen sich vor Lachen auf die Schenkel: »Eine Freundin, die einen Mann wie eine Daunendecke wärmt! Den Rest kannst du dir denken!«

»Oder *Tantine la rou*«, ergänzt der Kleinere. »So nennen wir Kreolen eine Frau, die ihren Mann wegen seines Autos liebt. Nicht schön, oder? Ich hab keins, aber trotzdem eine Frau!«

Der Größere macht ein Zeichen, dass er auch keinen Wagen, dafür aber eine *couverture péi* habe. Dann rufen sie sich in Erinnerung, dass sie auf dem Friedhof sind, am Grab des alten La Buse.

»Ja ja, die Verblichenen«, seufzt der eine *dalon.*

»Ach komm, die Toten sind nicht tot, sondern nur nicht mehr lebendig. Oder anders lebendig. Unsichtbar ... mit dem, was sie tun«, meint der andere. »Wir bleiben den Fortgegangenen dennoch nahe.«

»Wie denn?«, will ich wissen.

»Am Todestag meiner Schwester essen wir mit ihr, ganz in Familie.«

»Ach so?«

Er beginnt zu erzählen: »Erst gehen wir, meine Frau, mein Schwager, unsere Kinder, auf den Friedhof, um sie abzuholen. Wir sehen sie nicht, aber wir wissen, dass sie mit uns kommt. Zu Hause deckt meine Frau den Tisch, und es gibt das, was sie so gern hat: *Samoussa* und Hühnchen in scharfer Tomatensoße mit Reis und weißen Bohnen. Und ein gekochtes Ei, das in den Reis gesteckt wird. Als Zeichen, dass es ihre Portion ist. Meine Frau zündet die Öllampe an, stellt sie in die Mitte des Tisches und schwenkt eine Weihrauchkugel, um so den Raum von bösen Geistern zu befreien. Und dann kriegt sie noch eine Zigarette, sie hat wie ein Schlot geraucht. So hat meine Schwester alles, was sie braucht. Dann lassen wir sie allein, damit sie einen Moment ungestört ist, und setzen uns danach zu ihr. Wir alle essen das Gleiche. Und was sie nicht schafft, wird nachher den Schweinen verfüttert.«

»Manche Familien bringen aber auch das Essen ans Grab«, weiß sein Kompagnon. »Chinesen kochen am Wochenende für ihre Vorfahren und stellen die Töpfe dann hier ab.«

»Du weißt, nicht alle Toten kommen auf dem Friedhof an«, fügt der Größere hinzu.

Ich blicke ihn bestürzt an.

»Einmal hat die Polizei in einem Wohnhaus im Süden eine mumifizierte Leiche entdeckt. Die Familie hat auf die Auferstehung der jungen Muslimin gewartet, weil ein indischer Wunderheiler es angekündigt hatte. Weder im Islam noch im Hinduismus sind Bestattungen im Schlafzimmer vorgesehen. Na ja, hier läuft eben manches anders, auch zwischen den Lebenden und den Toten.«

Der Kleine nickt. »Der wunderbarste Tag ist Allerheiligen. Da ist der Friedhof rammelvoll. Die Leute schmücken die Gräber mit vielen, vielen Blumen. Wir Réunionesen glauben, dass sich die Verstorbenen auf dem Friedhof aufhalten. Deshalb sorgen wir dafür, dass sie es schön haben, stellen ihnen auch ein paar Kleinigkeiten hin; einen Teller mit Sesamkugeln, Kuchen, eine Tasse Kaffee.«

Die beiden Alten, die so heiter plaudern und dabei mit ihren Hosenträgern schnipsen, scheinen ohne besonderen Ärger zu leben, jenseits von Kümmernissen und Sorgen. So als schafften sie es stets aufs Neue, die Unpässlichkeiten des Lebens an ihrer wettergebräunten Haut hinabgleiten zu lassen wie Öl an einem glatten Rohr. Die beiden Zausel gefallen mir! Ich wünschte, ich hätte etwas von ihrer Art, das Leben klein zu lächeln.

Als ich den *cimetière marin* verlasse und vom Ausgang den beiden noch einmal zuwinke, sind sie dabei, es sich am Grab von La Buse bequem zu machen: Der eine hat die Füße auf der Grabplatte ausgestreckt, der andere lehnt rauchend an seinem Rücken. Von den Opfergaben wird nach der langen Aufwartung der Alten für den Piraten wohl nicht viel übrig bleiben …

Da der *cimetière marin*, wie es sich für einen Seemannsfriedhof gehört, direkt am Meer liegt, nehme ich den Ausgang zum Strand und stakse durch den hellen Kieselsand. Und stutze. Alle, die sich hier sonnen oder baden, starren regungslos aufs Wasser. Dabei geht die Sonne noch gar nicht unter! Ich suche die blaue Linie am Horizont ab. Nichts. Dann sehe ich gar nicht weit von mir etwas platschen und planschen.

Was für ein seltenes Glück: Wale in Sicht. Und was für Wale! Ein dicker schwarzer hebt seine sichelförmige Schwanzflosse, schlägt mit ihr hin und her. Setzt zu einem akrobatischen Sprung an, bei dem er sich mit dem gesamten Körper aus dem Wasser hebt, dann abtaucht, dass es knallt und spritzt. Dann steigt er wieder auf, wie um sich zu vergewissern, ob noch alle Zuschauer seiner Show folgen. So als ahne dieser unförmige Koloss, dass gerade er der Star ist, für Hunderte, die zufällig seinem ausgelassenem Spiel folgen.

Es kommen mehr und mehr Zuschauer an den Strand; der Buschfunk, über den sich die Nachricht in Windeseile verbreitet, heißt *Radio Freedom*. Ein Plappersender, der davon lebt, dass immer gerade jemand anruft, gleich ob der aktuelle Stau gemeldet, ein einmaliges Sonderangebot von Palmensetzlingen im Supermarkt gesichtet wird oder eine von ihrem Mann betrogene Frau über den Sender mit ihrem Gatten abrechnet. Kein Thema, das nicht auf *Radio Freedom* besprochen wird, ob nun die Kandidaten für die nächste Präsidentschaftswahl unter die Lupe genommen werden oder jemand Rat sucht, weil das Auto nicht mehr anspringen will. Keiner mag den Sender, doch jeder hört ihn, und ab und zu gibt es eben auch solche Tipps, wie heute über die Ankunft der Wale. Besonders froh über den Buschfunk sind die Männer von *Globice*, einem lokalen Team, das Wale vor der Küste Réunions beobachtet und sich für den Schutz der Tiere einsetzt.

Laurent scheint der Bekannteste dieser Forschungsgruppe zu sein, denn als der junge Mann eintrifft, wird er von den Einheimischen umringt. »Ja, sie sind da, dieses Jahr wirklich früher als sonst!« Dann verteilt er Ferngläser: »Die haben es diesmal besonders eilig, den Südpol zu verlassen, um hier ihre Jungen zur Welt zu bringen!«

Der Ozean ist nicht nur eine warme Geburtenwanne für Wale, sondern auch ein Riesenteich mit einem ausreichenden Futtervorrat. Hier fressen sich die Giganten ihre Fettreserven an, bevor sie Monate später die Rückreise antreten. Immerhin haben sie sechstausend Kilometer zu bewältigen, bis sie wieder »zu Hause« sind.

»Was frisst denn so ein Buckelwal?«, erkundige ich mich.

»Kleinkrebse, Krustentiere, Fische. Die Jagdmethode ist clever. Eine Gruppe umkreist einen Fischschwarm, lässt gleichzeitig Luftbläschen aus dem Blasloch entweichen, die eine Art engmaschiges Netz bilden, aus dem die Beute nicht mehr entwischen kann. Dann schwimmen die Wale mit weit aufgerissenem Maul durch den Schwarm und fressen sich satt.«

»Und wie kommen die Fontänen zustande?«, will jemand wissen.

»Wenn sie auspusten, steigen die Säulen aus dem Wasser auf. Ja, und zwischendurch geben sie sich mit ihren Flossen Zeichen, als würden sie miteinander reden.«

Natürlich können sie nicht reden, aber sie singen. Männliche Buckelwale sind die einfallsreichsten Sänger im Tierreich, sie pfeifen und grunzen, wiederholen die Abfolge, dass es wie eine kleine Melodie klingt.

»Man kann den Ozean akustisch mit einer Bahnhofshalle vergleichen, es herrscht in der Tiefe ein immenser Geräuschpegel. Wallieder haben die Lautstärke eines vorbeifliegenden Düsenjets.«

Die meisten Wale benutzen ihr Soundsystem vor allem, um Weibchen anzulocken, ihr Revier abzustecken und männliche Konkurrenten von den besten Futterplätzen zu vertreiben. Oder einfach nur, um ein bisschen anzugeben.

»Was sind das für Lieder?«

»Ich würde mal behaupten, Wale mögen Schlager. Die Männchen bevorzugen romantische Schmachtfetzen«, sagt Laurent schmunzelnd.

Als ich abends zur Ruhe komme, geschieht das Gleiche wie am Vortag in Saint-Denis: Ich lege mich ins Bett, knipse das Licht aus, und nach ein paar Minuten tauchen wie Filmsequenzen Erinnerungen auf, ausgelöst durch bestimmte Erlebnisse des Tages. Es sind winzige Kapitel vergangener Zeiten, zufällige Bruchstücke, die in meinem Gedächtnis zwar gespeichert sind, doch im hektischen Alltag kaum Gelegenheit hatten, wieder aufzutauchen.

Ich knipse wieder meine kleine Lampe neben dem Bett an, zerreiße mehrere Bögen Papier zu kleinen Notizzetteln und schiebe sie unter mein Kopfkissen. Dazu einen Kugelschreiber und eine Taschenlampe. So muss ich nicht immer erst aufstehen und den Schalter suchen, um meine in der Ruhe der Nacht aufkommenden Gedanken aufzuschreiben.

***

Wie wohltuend, Menschen zu treffen, die einen anderen Blick, eine andere Perspektive haben auf den Tod, das Leben, das Schicksal. Auch das ist für mich Abenteuer. Und genau das war es, was ich erleben wollte. Nicht unbedingt jene Abenteuer mit extremen Situationen und existenzieller Dramatik. Nein, Abenteuer, um Neues zu erleben, und vor allem, um mich neu zu erleben.

Eine Freundin brachte mich einmal auf ein Spiel. An diesem Abend überlegten wir, ob wir eigentlich das Leben lebten, das wir leben wollten, und ob das derzeitige Leben uns auch vollends entsprach. Um Antworten auf diese Fragen zu finden, wählte jede für sich in Gedanken drei ihrer Lieblingsbücher aus: eine Geschichte aus der Kindheit, eine aus der pubertären Aufbruchstimmung und eine, die sie in den letzten Jahren vor Begeisterung nicht mehr losließ. Und zu jedem dieser Bücher schrieben wir kurz das auf, was uns an den Hauptfiguren gefiel. Wir wollten prüfen, ob es einen zentralen Gedanken gab, der alle Geschichten durchzog.

Ich wählte das Kinderbuch *Der kleine Häwelmann* von Theodor Storm aus, mit siebzehn hatte ich dann *On the Road* von Jack Kerouac verschlungen, und in den neunziger Jahren las ich gleich drei Mal hintereinander Paolo Coelhos *Alchimist*. Was hatten die Geschichten gemeinsam?

Häwelmann, der kleine Junge, der auf dem Mondstrahl samt Rollbettchen hinaus bis ans Ende der Welt fuhr; die Touren von Sal und Dean, die per Anhalter, zu Fuß und im Überlandbus quer durchs Land zogen; und der andalusische Hirtenjunge Santiago, der seine Schafherde verließ, die Ungewissheit einer Reise zu den fernen ägyptischen Pyramiden auf sich nahm, um seinem Traum zu folgen. All das faszinierte mich. Mein Fazit aus dieser Trilogie: Ich wollte weit weg und Sicherheit gegen Abenteuer eintauschen. Ich wollte reisen.

Reisen ins Unbekannte war für mich seit jeher auch eine Fahrt nach innen, zu meinen Ursprüngen und zu dem, was über die Jahre vergessen oder verschüttet worden war. Auch wollte ich Menschen begegnen, die mich noch nicht kannten und auch nicht meinten, mich zu kennen. Den dadurch gewonnenen Freiraum versuchte ich auszufüllen, um mich selbst anders zu erleben, so wie ich auch sein konnte: spielerischer, weniger nachdenklich. Wer wusste, was noch in mir steckte? Wenn ich von zu Hause aufbrach, gelang es mir, mich facettenreicher zu erfahren.

Ich wollte also weggehen, um einmal mehr zu spüren, wer ich bin und wohin ich gehöre.

Und ich wollte meine Ängste überwinden, die, gut verpackt, sich als solche gar nicht so deutlich zu erkennen gaben. Dazu gehörte meine panische Angst vor Zahnschmerzen, bei mir eine Art Reisefieber. Als ich wieder mal einige Tage vor Abflug bei

Doktor Ziehmann aufkreuzte, weil mir mein rechter Backenzahn wehtat und er trotz Röntgen, Abklopfen, Abtasten nichts fand, was einen Schmerz hätte auslösen können, fragte er, ob ich demnächst wieder verreisen würde. Ich riss mir mein Lätzchen vom Hals, richtete mich auf und nickte zögerlich. Es war die Angst vor der Angst: Was, wenn ich so weit weg bin und Schmerzen bekomme?

»Es gibt doch überall auf der Welt Zahnärzte«, tröstete er mich. Er wusste, was ich von ihm hören wollte: eine Zusicherung, dass ich keine Schmerzen bekommen und auch sonst alles gut gehen würde. Er sollte etwas versprechen, was er nicht versprechen konnte. Er sollte mir Sicherheit geben.

»Wovor haben Sie wirklich Angst?«, wollte er wissen. »Manchmal fürchtet man sich vor etwas anderem als vor dem, wovor man sich glaubt zu fürchten! Ist es stets das anfängliche Unbehagen, das entsteht, wenn man die gewohnte Sicherheit gegen ungewisse Abenteuer eintauscht?« Ich hatte mir seine Sätze eingeprägt wie eine Formel, auf deren Lösung ich noch nicht gekommen bin.

Meine Freundin, die Jahre nach unserem Bücherspiel ihren Verwaltungsjob kündigte und sich als Heilpraktikerin selbstständig machte, mochte keine Fernreisen. Wenn ich ihr von meinen Abenteuern erzählte, hörte sie aufmerksam zu, doch auf die Frage, ob sie nicht einmal mitkommen würde, konterte sie stets mit ihrem Lieblingszitat (ich weiß bis heute nicht, in welchem Buch sie den Spruch des portugiesischen Schriftstellers Pessoa gefunden hatte): Existieren sei schon reisen genug, man müsse sich den Sonnenuntergang nicht in Konstantinopel ansehen.

Hm. Der Sonnenuntergang war austauschbar, aber Konstantinopel?

Saint-Paul/L'Étang-Salé: Warum denn ins Kino gehen?

Wenn du aufwachst, bin ich da. Dieses Buch des réunionesischen Schriftstellers Axel Gauvin hatte ich vor einigen Jahren in der Buchhandlung gekauft. *Wenn du aufwachst, bin ich da*: Der Titel gefiel mir so sehr – ich erhoffte mir eine romantische Liebesgeschichte.

Weit gefehlt. Statt leidenschaftlicher Romanze, süßer Schwüre und geheimer Bekenntnisse fegt in diesem Roman ein tyrannischer Zyklon über die Insel und zerlegt Holzhäuser, bricht Brücken entzwei, kippt Autos um. Mit spielerischer Leichtigkeit und lässigem Ruck hebt er aus der Verankerung, was sich lockern lässt, und zerstört, was zu zerstören ist. Dabei schleudert er mit seiner Wucht Menschen gegen Häuserwände oder begräbt sie unter einstürzenden Dächern.

In jenen dramatischen Tagen stirbt die Mutter des zwölfjährigen Aimé. Der Junge, bereits vaterlos, ist nun auf sich allein gestellt, wird von einem Taxifahrer gefunden und zu seinen Großeltern gebracht. Die sind nicht gerade erfreut über den unerwarteten Besuch, haben sie doch genug mit sich zu tun, mit ihrem eingeschliffenen Alltag, den üblichen Zänkereien und nun noch mit diesem Angst einflößenden Sturm. Doch den Kleinen wegzuschicken ist während der Ausgangssperre nicht möglich.

Die Zeit vergeht, die Großmutter mausert sich von einer raubeinigen Alten zu einer fürsorglichen *mamie,* kreolisch für Großmutter, und auch ihr kauziger, mürrischer Gatte beginnt, sich um den zerbrechlichen Zögling zu kümmern. Als die Großmutter dann im Sterben liegt, weil sie sehr, sehr alt ist, wendet sich der Doktor an Aimé, um ihm die Angst vor dem Alleinsein zu nehmen: »Wenn du aufwachst, bin ich da!«

Ein wunderschöner Satz. Er hat etwas Tröstendes, ist die Darreichung eines Versprechens: Alles wird gut. Schlaf ein. Etwas wird über dich wachen, wird auf dich aufpassen, wenn die Nacht hereinbricht und es dunkel, ganz dunkel wird. Auch wenn sich Albträume wie eine schwarze Decke über dich legen sollten – am nächsten Morgen, dann, wenn du aufwachst, bin ICH da. Dieser Satz lässt für den Jungen eine Hoffnung aufkommen, vergleichbar mit einem großem Schiff, das in den Hafen einfährt und sicher vor Anker gehen wird.

Später las ich das andere, auf Deutsch erschienene Buch von Gauvin: *Kindheitshunger*. So hatte ich Schule noch nie gesehen: Auf La Réunion, oben in den Bergen, in den abgelegenen Dörfern, gab es keine Schulschwänzer. Nicht weil die Kinder so wissensdurstig sind, sondern weil sie wirklich durstig und hungrig waren und sich deshalb jeden Wochentag früh zum Unterricht einfanden – für eine warme, den Magen füllende Mahlzeit. Die einzige am Tag. Denn in den fünfziger Jahren waren die Familien, besonders in den ländlichen Gegenden, sehr arm. Die Schulstunden sahen die Kinder eher als ein notwendiges Übel an, dem sie lieber entkommen wären, aber um satt zu werden, mussten sie lesen und schreiben lernen oder zumindest anwesend sein und so tun, als würden sie lesen und schreiben lernen. Alles für diese eine dampfende Portion: montags Rindfleisch, Erbsen und Reis; dienstags Hühnchen, Erbsen und Reis; mittwochs Ei, Bohnen und Reis; donnerstags Schwein, Bohnen und Reis; freitags Fisch, Bohnen und Reis.

Ich fahre hinter Saint-Paul den Hang hinauf, zu Axel Gauvin, und finde auf Anhieb die Nummer 276. Doch es gibt kein Namensschild und keine Klingel. Und – anscheinend ist niemand da. Hinter einem weißen Zaun, versteckt hinter Mangobäumen und ausladenden dunkelgrünen Büschen, schlummert ein unscheinbares Haus. Die Fensterläden sind geschlossen; nichts, was im

Garten herumliegt und auf die Anwesenheit des Bewohners hinweist. Aber immerhin parkt ein weißer Peugeot vor dem Tor. »*Allô?*«, rufe ich über den Zaun. Nichts rührt sich. Dann ein »*Bonjour*«. Leider nur vom Nachbarn, der hinter der lila leuchtenden Bougainvillea hervorlugt. »Gehen Sie einfach rein, er ist da!«

Vielleicht hat Monsieur doch keine Lust auf ein Gespräch? In unserem kurzen Telefonat gab er mir zu verstehen, dass er erstens wenig Zeit habe und zweitens für ein Gespräch nur unter der Bedingung bereit sei, wenn es nicht um seine Bücher gehe. Die habe er vor vielen Jahren geschrieben, jetzt gebe es andere Dinge, die ihn beschäftigen. Wenn wir uns träfen, sollte es um das Kreolische, also um die Sprache der Einheimischen, gehen. Es gefällt mir gar nicht, wenn man mir thematische Vorgaben macht. Die kreolische Sprache ... na gut ... warum eigentlich nicht?

Wenn du aufwachst, bin ich da – plötzlich steht der Hausherr am Tor. Verschlafen fährt er sich mit den Händen durch das zerwuselte, graue Haar, versucht es mit den Fingerspitzen notdürftig zu glätten. Ich habe ihn geweckt, aus seinem Mittagsschlaf gerissen. Wir waren für drei Uhr nachmittags verabredet, und ich bin pünktlich um drei Uhr da. Doch wie ich bei dieser Gelegenheit lerne, gibt man hier gern eine halbe Stunde drauf. Ich bin also zu früh gekommen. Ich fühle mich plötzlich doch etwas fremd, nicht wegen der Sprache, meiner Hautfarbe oder meiner Herkunft, sondern wegen meiner Pünktlichkeit. Und noch etwas kommt hinzu: Oft stehe ich unter Druck, will im Gespräch schnell auf den Punkt kommen, denke ständig, zu wenig Zeit zu haben, effektiv sein zu müssen. Damit stehe ich hier allein auf weiter Flur. Ein Muster, das sich Jahrzehnte eingebrannt hat und auch unter Palmen nicht von selbst verschwindet.

Uhrzeiten, so bemerke ich bald, gleichen eher Empfehlungen, sind ein Vorschlag, eine Idee, eine Möglichkeit. Konzerte werden auf den Flyern gelegentlich sogar zu verschiedenen Anfangszeiten angekündigt, kleinere Läden verzichten ganz auf Schilder mit Öffnungszeiten, auch bei größeren gibt es, gerade was die Länge von Mittagspausen angeht, Abweichungen. (Supermärkte aber öffnen und schließen vorschriftsmäßig nach europäischem Standard, das muss ich der Vollständigkeit halber anmerken.)

In enger Komplizenschaft mit meinem inneren Antreiber, dem permanenten Gefühl von Rastlosigkeit, stresse ich mich, selbst dann, wenn es kein anderer tut. Lesen und dabei kochen, Telefonieren und E-Mails beantworten und möglichst alles gleichzeitig, um Zeit zu sparen und letztendlich dann doch draufzahlen. In einer Art zügelloser Zügigkeit hat sich der rasante Alltag derart verselbstständigt, dass ich mich daran erinnern muss, auch mal gelassen zu sein.

Hier auf der Insel fällt mir das wieder auf. Es gibt Vorbilder, die der Muße pflegen, sich für einen Plausch Zeit lassen, nicht hinter dem anfahrenden Bus herrennen. Oder die es sich, wie Axel Gauvin, trotz eines Berges von Schreibtischarbeit nicht nehmen lassen, Siesta zu machen.

Mit einem milden, nachsichtigen Blick und recht freundlich für einen eben Erwachten, öffnet Axel das Tor. Er trägt Jeans, ein rotes T-Shirt, läuft barfuß. Und er sieht eher aus wie fünfzig statt wie fast siebzig: straffe Haut, feine Gesichtszüge, ein schmales Kinn. Die von mattschwarzen Schatten umrandeten braunen Augen verleihen ihm etwas Geheimnisvolles. Ein schöner Mann. Er spricht sanft und leise, legt dabei den Kopf leicht zur Seite, wirkt etwas zu ernst und zu nachdenklich für einen Bewohner dieser sonnigen Insel, dem die Zeit gewöhnlich zu schade zum Grübeln, Analysieren und tief schürfenden Nachdenken ist. Immer wieder überlege ich, dass es doch Gründe geben muss, warum es in solch tropischen Gefilden weitaus weniger weltbekannte Philosophen gibt als im kühleren Europa.

Mein Gastgeber führt mich durch den Garten, zeigt mir dann in seinem Arbeitszimmer sein meterlanges Bücherregal, erläutert mir die Landschaftszeichnungen an der Wand, brüht einen starken Kaffee und kommt unumwunden zu dem, was ihm wichtig ist. Seit über dreißig Jahren engagiert er sich für das Kreolische, das im Mutterland Frankreich nach langem Kampf erst vor einem Jahrzehnt als Regionalsprache anerkannt wurde. Zuvor war sie laut internationaler Einstufung einem Dialekt gleichgestellt. Doch mehr als achtzig Prozent der Bevölkerung sprechen Kreolisch, es ist ihre Muttersprache. Ende der siebziger Jahre wurde sie fast vollständig aus dem Alltag verdrängt, Literatur, Radio, Fernsehen gab es konsequent nur auf Französisch. Die Kinder waren irritiert: Zu Hause sprachen sie mit ihren Eltern kreolisch, doch außerhalb der vier Wände, in der Schule, sollte das nicht mehr möglich sein. Die Erwachsenen widersetzten sich: Sobald sie Büro oder Bürgermeisteramt verließen und sozusagen wieder unter sich waren, unterhielten sie sich in gewohnter Weise. Mit ihren Kindern daheim sowieso.

»Ich bin der Meinung, dass es keine Hierarchie von Sprachen geben darf. Jede hat das Recht, gesprochen zu werden«, sagt Axel. Weltweit gibt es über sechstausend Sprachen, und man hat festgestellt, dass durchschnittlich alle zwei Wochen eine von ihnen stirbt! Schuld daran ist selten Desinteresse, vielmehr sind es Verbote, die die Menschen zwingen, zur gesellschaftlich akzeptierten Sprache zu wechseln. Auf La Réunion gibt es nach zähem Kampf für das Recht auf eigene Sprache und Kultur nun eine Koexistenz von beidem, Französisch und Kreolisch.

Axel klappt seinen Laptop auf und zeigt mir ein Foto: feierliches Anbringen der ersten offiziellen zweisprachigen Beschilderung für Ortsnamen – Hauptstadt *Saint-Denis* (französisch), darunter *Sin-Dni* (kreolisch). Das erinnert mich an die doppelte Beschriftung in der Lausitz, wo Bautzen auch Budyšin heißt.

»Bautzen«, ruft er, »ich kenne die Stadt, ich war dort! Ja, so möchte ich es auch haben, zweisprachige Schilder an Rathäusern, Apotheken, Schulen. Und Zeitungen, Rundfunk, Fernsehen – hm, natürlich nicht auf Sorbisch«, er lacht, »sondern auf Kreolisch!«

Ein komisches Gefühl, ich sitze hier, Tausende Kilometer von zu Hause entfernt, und fachsimple mit einem réunionesischen Autor über das Sorbische.

Zwar gibt es ein Programm für die zweisprachige Ausbildung von Schulkindern, doch nach wie vor dominiert das Französische auf der Insel, vor allem in den Medien. Kreolische Geschichtsbücher und Märchen zum Beispiel könnten dazu beitragen, die Sprache zu erhalten, denn für viele ist es die einzige Möglichkeit, im Laufe des Tages Texte in ihrer Muttersprache zu lesen und neue Wörter zu lernen.

Als Schriftsteller kämpft Axel einen zähen Kampf – in der Wirtschaft ist es vergleichsweise einfacher: Die Werbung lockt mit ihren Verheißungen oft ganz gezielt in der Sprache der Einheimischen. Beim hiesigen *Dodo*-Bier stand nie zur Debatte, auf Französisch zu werben, denn gerade die Alten mit ihren kecken Hüten, gestärkten Hemden und dunklen Anzughosen würden sich gar nicht erst angesprochen fühlen. Überall an den rot-grün-gelb bemalten Bistros mit dem rundlichen, vor Urzeiten ausgestorbenen Vogel heißt es kurz und bündig, damit es auch der letzte Suffkopp versteht: *La Dodo lé là*. (Das *Dodo*-Bier ist da).

Übrigens stammt das typische *Dodo*-Rezept von einem Deutschen, dem Braumeister Gerhard Avanzini, der einst die Münchener Brauereischule absolviert hatte. Als er 1962 nach La Réunion kam, verliebte er sich in die Schönheit der Insel, wollte nicht mehr fort und machte sich daran, seinen lang gehegten Traum zu verwirklichen: Er wollte das erste lokale Bier kreieren. Bereits ein Jahr später war es dann so weit, das *Dodo*-Pils kam in die Geschäfte, und zwar mit einem für die Kreolen ungewöhnlichen Etikett: zwei Dodo-Vögel vor einem roten Wachssiegel – ein deutsches, gotisch anmutendes Wappen, das ebenso wie der Name »Pils« auf die Herkunft des Braumeisters schließen ließ.

Wobei es mir bis heute eine Rätsel bleibt, warum ausgerechnet ein Vogel, der die blanke Lebensuntüchtigkeit (ob zu fett, weil er vor seinen Feinden nicht wegfliegen konnte, oder zu lahm, weil er seine zu kleinen Flügel nicht trainiert hatte) verkörpert, als Symbol für ein wirklich gutes Bier steht. Das *Dodo* gehört seit den sechziger Jahren zur Insel wie Mickey Mouse ins Disneyland. Auch für die, die kein Bier trinken.

Muttersprache vermag eben auch das – Gefühle anzusprechen, was in einer erlernten Fremdsprache auch möglich ist, doch nicht in derselben Intensität. Auch Fluchen, Streiten, Witzeln, Komplimentemachen ist nicht das Gleiche wie in der Sprache, die einen von Anfang an umgibt, die man nachzuplappern versucht, noch bevor die ersten, freihändigen Wackelschritte gelingen.

Mir fällt eine Zürcher Freundin ein, die mir erzählte, dass sie Deutsch nicht mag, weil sie Hochdeutsch mit Schule, Leistungsdruck und Autoritäten gleichsetzt und immer an die strengen Lehrer in der Schule erinnert wird. Ich stelle mir vor, dass es manchen Bewohnern dieser tropischen Insel ähnlich ergehen könnte.

Das Kreolische ist zu Beginn der Kolonialzeit aus verschiedenen Sprachen entstanden. Die einstigen Sklaven, die aus unterschiedlichen Ländern kamen und sich nicht verständigen konnten, griffen das Französische der Befehlshaber in reduzierter Form auf und vermischten es mit ihren eigenen Vokabeln. So wie auch auf Mauritius, Guadeloupe und Haiti.

Übrigens gibt es auch ein Deutschkreolisch, wie mir ein Berliner Professor erzählte: In der Südsee, auf Papua Neuguinea, dort wo Anfang des 20. Jahrhunderts deutsche Kolonialisten und Missionare eintrafen, entwickelte sich eine Minderheitensprache, das »Unserdeutsch«. Sie wird inzwischen nur noch von ein paar Alten gesprochen, da diejenigen, die sich in dem bizarren Kauderwelsch unterhalten können, die sechzig weit überschritten haben. Ihre Kinder verstehen es noch, wenn man ihnen sagt: »Drei Uhr i komm aufpicken du« (Um drei Uhr hole ich dich ab). Oder wenn jemand stöhnt: »Ganse Welt is ferik!« (Die ganze Welt ist verrückt!). Nur antworten können sie darauf nicht, weil sie des »Unserdeutschs« nicht mächtig sind. Denn es gibt weder eine Grammatik zum Nachlesen noch schriftlich überlieferte Erzählungen.

Axel öffnet die Terrassentür, ein warmer Wind weht in den Raum: »Wir auf La Réunion benutzen auch deutsche Worte!« Ich muss schmunzeln, denn im Supermarkt habe ich gestern neben dem einheimischen Fisch *morue* ein Glas »*Rollmops au Vinaigre*« im Kühlregal entdeckt. Nur des Etiketts wegen habe ich es gekauft: Ich werde es ablösen und in mein Tagebuch kleben.

»Wir bezeichnen etwas auch als *loustic* oder *kaputt*, genau wie im Deutschen. Oder trinken *schnaps*.«

Irgendjemand erzählte mal, er habe auf der Straße gehört, wie eine Afrikanerin ihren Mann mit *blödmann* beschimpfte. Doch im Vorbeigehen war nicht auszumachen, ob es sich um Réunionesen oder französische Touristen handelte.

Axel gießt Kaffee nach und holt ein dickes Buch aus dem Regal, legt es neben meine Tasse: »Ich habe eine Bitte. Das hier ist der erste Band eines Wörterbuchs des kreolischen Französisch bei uns im Indischen Ozean. Ich brauche die beiden anderen Bände für meine Arbeit.« Ich nicke verständnisvoll, nur, was hat das mit mir zu tun?

»Können Sie mir diese beiden Bücher zuschicken? Ich gebe Ihnen jetzt das Geld als Vorschuss.«

Zuschicken? Ich zweifle, ob ich ihn richtig verstanden habe, da er manchmal ein wenig ins Kreolische überwechselt. Doch dann sehe ich, dass dieses Lexikon in Hamburg erschienen ist. »Das gibt es hier nicht zu kaufen, das hatte ich mir aus Deutschland mitgebracht!«

»Ja, klar!«, antworte ich etwas verwirrt. Wie sehr doch die Welt zusammengewachsen ist!

Sein Handy klingelt: »*Koman i lé?* (Wie geht es dir?)... *Lé bon!* (Gut!)...« Seine Tochter ist dran, und er verabschiedet sich rasch, meint, das könne jetzt lange dauern. Ich muss lachen; wie ich das kenne!

Am Gartentor drehe ich mich noch einmal um. Während er, den Hörer in der linken Hand, andächtig lauscht, winkt er mir mit der anderen lächelnd nach.

Am Abend herrscht immer noch brütende Hitze, das Wunderbare ist jedoch: Auf dieser Insel kann man seine Wunschtemperatur weitestgehend selbst auswählen. Ich verlasse die sonnige, wolkenlose Westküste und fahre für eine Abkühlung in die Berge, hinauf nach L'Étang-Salé-les-Hauts. Stelle mein Auto ab und begebe mich auf die Suche nach einer Pension für die Nacht.

Die kleinen Orte ähneln sich. Eine schmale, gut geteerte und ausgeschilderte Hauptstraße schlängelt sich an bunten Häuserzeilen entlang, streift Bäcker, Schule, *tabac*-Laden, und wenn ich glaube, dass der Ort zu Ende ist, zieht er sich weiter in die Länge: hier ein schlichtes Haus aus Beton, da eins aus Holz, umgeben von Obstbäumen und leuchtend blühenden Hibiskusbüschen. Bevor die Straße schließlich aus dem Ort heraus zu einem Ananas- oder Zuckerfeld führt, blinkt das dritte oder vierte grüne Kreuz auf. Sehr französisch: Jedes noch so kleine Kaff hat mindestens eine *pharmacie*!

Und einen *tabac*-Laden, in dem Frauen sich einen kleinen Kaffee zwischendurch gönnen, Männer etliche Biere in sich hineinschütten, diskutieren, fernsehen und Lotto spielen. Der Verkäufer in L'Étang-Salé-les-Hauts, ein dunkelhäutiger Typ, die Haare zu feinen Zöpfe geflochten, sieht erschöpft aus: Schließlich muss er die Kontrolle über das Geschehen behalten in seinem *Boit-Sans-*

Soif-Laden, wo die Kerle ohne Durst einen, ach was, mehrere über den Durst trinken. Und sehr viel Zeit mitbringen.

»Einen *gîte* suchst du? Am Ende der Auffahrt wohnt Camille, die hat Gästezimmer.« Und der Verkäufer kritzelt mir den Straßennamen auf einen *Dodo*-Bierdeckel.

Chez Camille. Hier gibt es keine Klingel, nur ein Tastenfeld. Ich rufe laut in den Garten hinein. Ein Bubikopf schiebt sich durch das Küchenfenster. »1-9-3-4«, ist die Antwort. Ich tippe den Code ein, ähnlich wie in den alten Pariser Wohnhäusern, es summt, und die Eingangstor lässt sich öffnen.

»Tut mir leid, alles belegt. Aber warte, ich frage meine Schwiegertochter.« Camille schlurft, das rechte Bein nachziehend, an ihrem weiß getünchten Haus vorbei, hinter dem sich ein noch größeres, schöneres, helleres befindet. Ein Prachtbau mit Terrasse, darunter eine mehrspurige Garage und eine große Wiese. An der Gartenhecke beugt sie sich zu einer jungen Frau herab, die gerade Rosen schneidet. Ein paar Sätze, ein kurzes Nicken, dann verschwindet die Brünette in der Eingangstür, um wenig später zwei knittrige Plastiktüten auf die Terrasse hinauszustellen. Nadja, Camilles Schwiegertochter, hat ihr Schlafzimmer geräumt, um es für zwei Nächte an mich zu vermieten.

Als ich den Dachboden betrete, habe ich ein schlechtes Gewissen, nicht nur, weil die hübsche Gastgeberin mir zuliebe sich und ihren Mann ausquartiert hat, sondern auch ihre Tochter, die, im Barbie-Alter, an diesem Wochenende nicht in ihrer pinkfarbenen Zimmerecke mit den Puppen spielen kann. Sie liegen in kleinen Bettchen nebeneinander, bis zum Hals zugedeckt. Die Puppen mit schwarzer Hautfarbe sind in ein orangefarbenes, die mit weißer Hautfarbe in ein gelbes Laken gewickelt. Ich beruhige mich: Camille wird sich bestimmt um das kleine Mädchen kümmern, schließlich sah ich die beiden vorhin Domino spielen.

Der Raum, so groß wie ein Badmintonfeld, tut mir gut. Die geöffneten Dachluken sorgen für einen kräftigen Durchzug, und das mattbraune Tamarindenholz, mit dem die Wände getäfelt sind, wirkt optisch kühlend und beruhigend. Ich recke meinen Kopf aus der vorderen Dachluke und schaue über Palmen hinweg auf gelbgrüne Ananasfelder, die sich bis hin zum tiefblauen Meer erstrecken, wo in weiter Ferne Schiffe am Horizont vorbeiziehen.

Als ich die Treppe hinuntersteige, steht er plötzlich vor mir: *pepi,* der chinesische Großvater. Er mache gerade eine Pause zwischen Radiohören und Fernsehen, erklärt er mir, während er sich die schmalen Augen reibt und seine Stirn massiert. »Weißt du, Radio geht auf die Ohren, Fernsehen aufs Auge. Deshalb muss ich mich jetzt ausruhen, ich bin so müde. Mit dreiundachtzig braucht man eben viel Schlaf.«

Doch dann kommt *pepi* (er hat es sich wohl doch anders überlegt und schiebt sein Nickerchen noch etwas hinaus) mit einem vergilbten Foto zurück auf die Terrasse. Es ist so groß wie eine Zeitungsseite. Der Alte lässt sich auf einen der weißen Plastikstühle nieder, schiebt seine kurzen Beine, mit den Händen nachhelfend, auf einen Hocker und legt mir das eingerahmte Bild auf den Schoß. »Das bin ich.« Ein Junge mit seiner chinesischen Mutter; weiße Schuhe, weiße Kniestrümpfe, weiße Shorts, weißes Hemd, weiße Tropenmütze. Ungefähr zwölf Jahre alt.

Seine Mutter wurde bereits auf La Réunion geboren, ihre Mutter kam Mitte des 19. Jahrhunderts aus China. Es war die Zeit, als auf der Insel die Sklaverei abgeschafft wurde. Damals waren über die Hälfte der Einwohner Sklaven, die, nun befreit, die Arbeit verweigerten. Deshalb holten die Plantagenbesitzer Tausende Fremdarbeiter, darunter viele aus Asien.

Pepis Eltern eröffneten eine *boutik chinois*, wie man sie heute noch auf der Insel finden kann. Diese chinesischen Tante-Emma-Läden überleben neben den Supermärkten, gerade weil die Älteren lieber dort einkaufen als in den großen Shoppinghallen, wie er sie nennt. *Pepi* zeigt mir Postkarten seiner ehemaligen *boutik,* es gibt dort eine kleine, wunderbar chaotische Auswahl von fast allem: Auf langen Brettern reihen sich Gemüsekonserven, Toilettenpapier, Mangosaftflaschen, in den Regalen liegen Eier, Bananen, Salat, auf Tischen verstreut Seife, Sandalen und Briefpapier. An der Wand stapeln sich Säcke mit Reis.

Die *boutik* von *pepi* war mehr als ein Laden, sie war das Zuhause für ihn, seine Geschwister, seine Eltern und Großeltern. »Hinten im Zimmer wurde geschlafen, vorn gearbeitet. Schon als kleiner Junge musste ich Gemüse auswiegen und Preise zusammenrechnen. Mit achtzehn habe ich das Geschäft dann übernommen.«

Er wollte damals etwas Besonderes machen und buk *macatia en chocolat*, süße Milchbrötchen, mit Schokoladenflocken gespickt. Das Neue daran: Sie wurden aus Sauerteig gefertigt und waren somit haltbarer als die bis dahin üblichen Hefebrötchen. *Macatia* war ursprünglich ein Brotlaib, mit dem die Sklaven über eine lange Zeit auskommen mussten. Nun mit Schokolade verfeinert, wurde es zu einer Delikatesse. *Pepi* behauptet, er sei der Erfinder von *macatia en chocolat,* und ich glaube es ihm einfach mal ...

Macatia und auch *macatia en chocolat* sind für viele Réunionesen noch heute der Lieblingssnack; viele Kinder bekommen diese faustgroßen Brötchen als Vesper für die Schule. Deshalb hört man oft die Erwachsenen sagen: *Macatia*, so schmeckt Kindheit!

Ich mag sie auch, es ist, als ob man in feste, süße Watte beißt, die langsam im Mund zerschmilzt und einen zarten Schokoladengeschmack hinterlässt.

In der Nacht schlafe ich schlecht, höre *pepi* durch das Haus geistern – von wegen, er braucht viel Schlaf! Als ich gegen Morgen dann endlich einnicke, fangen die Hähne an, eher zu krächzen als zu krähen, und die Vögel zwitschern lauter, als ich es von zu Hause gewöhnt bin. Ich stehe auf: Wenn ich ohnehin wach bin, kann ich auch auf die Sonne warten, die bald am Horizont aufgehen wird.

Es ist kurz nach fünf, doch obwohl es noch dunkel ist, herrscht bereits eine Geschäftigkeit wie mitten am Tag. Alle sind schon auf den Beinen, Camille deckt den Frühstückstisch, die Schwiegertochter putzt das Haus, ihr Mann sprüht Rostschutz auf einen Lastwagenanhänger.

Noch recht verschlafen lehne ich an der Veranda, als ich plötzlich aufschrecke – Räder quietschen, drehen durch, und ein weißer Mercedes, der vor unbestimmter Zeit einmal bessere Tage gesehen hat, kommt aus der Garage hervorgeprescht und bremst dann ruckartig ab. Auf der Fahrerseite lehnt sich jemand aus dem hektisch heruntergekurbelten Fenster lässig raus, winkt und lacht; ein zahnloses Lachen. *Pepi*! Keine Zähne, aber ein Auto! Dann saust er los.

Seine Tochter erzählt, dass er immer sonntags zur Tao-Versammlung nach Saint-Denis fährt. Er zieht dafür ein weißes, faltenfrei gebügeltes Hemd an, tauscht seine ausgetretenen Latschen gegen blitzblank polierte Lederschuhe und tröpfelt lieblich duftende Ylang-Ylang-Essenz auf seinen Kragen. Herausgeputzt und gut parfümiert wie ein junger Mann, der sich für einen romantischen Abend mit seiner Geliebten fein macht, verlässt er das Haus. Nadja wird nicht müde, ihn auszufragen, wohin er denn fährt, wen er besucht. Aber aus *pepi* ist nichts herauszubekommen.

»Das mit dem Tao, das ist ja in Ordnung«, sagt sie, »aber was, wenn er weitergeht, also, na ja, wie soll ich mich ausdrücken, mit intimen Praktiken eben? Ich würde es gern wissen.« Die Tochter hat beobachtet, das Tao *pepi* gute Laune und rosige Wangen macht, denn beides hat der Alte, wenn er gegen Mitternacht putzmunter und heiter in seinem weißen Schlitten auf den Hof zurückkehrt.

Ein chinesischer Schwerenöter? Ein betagter kreolischer Alexis Sorbas, der seine Bubulina aufsucht? Eine leise Bewunderung steigt in mir auf.

Camille winkt mich an den mit Wachstuch bespannten Tisch

zum Frühstück. »Komm, iss was!« Es gibt Milchkaffee, selbst gemachte Tomatenkonfitüre und Baguette. Camille ist die Einzige, die *pepi* handfesten Spaß gönnt. »Hast du ihn gesehen, er fährt zu seiner Maitresse! Mir hat er das mal erzählt, die anderen sind viel zu jung, um sich vorzustellen, wie er noch kann!« Sie räuspert sich. »Das mit dem Tao ist alles Quatsch!«

Camille erinnert mich an das Phänomen, dass manche älteren Damen im Alter gern und freizügig über Sex reden. Mir fällt da plötzlich meine Tante Hannchen ein, die oft von ihrer Schneiderei erzählte und der alles entscheidenden Frage bei männlichen Kunden: »Links oder rechts?« Um zu erfahren, auf welcher Seite sie neben den Hosenknöpfen etwas mehr Platz lassen sollte. Als Tantchen mit siebzehn schwanger wurde, wusste es zuerst ihre Mutter – nicht weil sie es ihr gestanden hatte, sie ahnte ja nicht das Geringste und dachte, dass sie nun, auf die zwanzig zugehend, dicker werden würde.

»Nein, du hast nicht zugenommen, mein Kind! Du bekommst ein Kind«, lautete der nüchterne Kommentar eines Morgens, als Hannchen aus dem Bad kam.

»Wie? Schwanger? Und nun?«

»Na, so wie es reinkam, so kommt es auch wieder raus.«

Das war alles, was der Mutter dazu einfiel. Man sprach nicht *darüber*. Umso mehr erzählte Tantchen später, im Alter von Camille, von ihren ach so zahlreichen Liebhabern und frivolen Abenteuern, dass ich mich fragte, ob sie wirklich jahrzehntelang ihr verruchtes Doppelleben neben der einzigen, braven Ehe verschwiegen hatte oder ob die schamlosen Geschichten ihrer überbordenden erotischen Phantasie geschuldet waren.

Camille vertraut mir an, dass sie in frühen Jahren, trotz ihrer vielen Schwestern – Marie-Thérèse, Arlette, Hyacinthe, Olga, Juliette, Joseline, Nadesi, Joséphine – keine Ahnung hatte, was Frausein ausmachen würde. Ihre Brüder – Duval, Ivan, Marcel, Erland, Denis – konnten auch nicht weiterhelfen, und wenn sie mitbekamen, dass eine der Schwestern wieder mal blutete, rätselten sie stets aufs Neue, warum das denn so ist.

»An diesen Tagen wickelte ich mir Palmenblätter zwischen die Beine«, erinnert sich die Alte, »damit es nicht tropfte. Ich trug damals eine Art Sari aus groben Leinen und nichts darunter. Das hatten wir alle, wir Mädchen. Das mit dem Blut war lästig, aber diese Tage hatten auch ihr Gutes: Ich musste nicht ganz so lange auf dem Feld arbeiten und durfte mich abends eher schlafen legen. Wie wohltuend. Da konnte ich mir den Platz nämlich noch aussuchen, auf den mit Mais gefüllten Kaffeesäcken. Alle vierzehn Geschwister lagen wie die Ölsardinen nebeneinander in einem schlauchartigen, engen Raum.«

Als Camille mit neunzehn heiratete, trug sie ihre erste Unterhose, die ihr ihr Mann in der Nacht vorsichtig auszog, um der jungen Frau zunächst zu erklären und dann zu zeigen, was zur Ehe nun dazugehören würde. Er flüsterte ihr ins Ohr, das sie durch das, was sie jetzt machen würden, auch Kinder bekommen könne. »Ach, so ist das?«, staunte sie.

Es war eine nicht aufgeklärte Zeit und eine Zeit tiefster Armut, besonders unter den Bauern und Landarbeitern. Ihre ersten Schuhe bekam Camille mit zwölf. An den Weihnachtstagen wurden ihr, wie all ihren Brüdern und Schwestern, die Haare geschoren, da die Seife für das Jahr aufgebraucht war. Was nicht mehr zu waschen war, musste weg.

Am 25. Dezember dann gab es ein Festessen. Da kam der Vater mit grünen Bananen, die in Asche gegart wurden, bis der heiße Saft die Schale zum Platzen brachte. Geschält und mit Piment, dem Nelkenpfeffer, bestrichen, war es eine köstliche Abwechslung zu den üblichen Maniokfladen und der dünnen Reissuppe.

Das erste Ei, das sie aß, war ein Geschenk zur Kommunion. Auch ihr erstes Kleid bekam sie zu diesem Anlass – ein Kratzkleid, wie sie es nannte, aus geflochtenen Vacoa-Blättern, steif und scharfkantig, wie Palmenwedel nun einmal sind.

Während sie zurückblickt, fährt sie mit den Händen durch ihre grauen Haare, die sie nun nicht aus der Not heraus, sondern aus Gewohnheit immer noch kurz trägt. Auf ihren braunen Armen entdecke ich zahlreiche Narben. Ob sie sich diese mit der Machete bei der Zuckerrohrernte zugezogen hatte oder ob sie von Peitschenhieben väterlicher Erziehungsmaßnahmen herrührten, darüber will sie nicht sprechen.

»Wann bist du von zu Hause fort?«

»Mit siebzehn habe ich es dann nicht mehr ausgehalten. Ich suchte mir eine Stelle als Putzfrau, etwas anderes kam nicht infrage, denn lesen und schreiben hatte ich nicht richtig gelernt, kann ich bis heute nicht. Zwei Jahre Unterricht sind zu wenig, mein Vater nahm mich von der Schule, denn ich wurde auf dem Feld gebraucht. Und all die Jahre war immer viel zu tun und nie Zeit fürs Nachholen.«

Durch jahrzehntelange Arbeit und dadurch, dass sie selbst *nur* vier Kinder bekam, wie sie stolz betont, schaffte sie es, sich aus der einstigen Misere zu befreien. Der Rest war Glück und Zufall, nämlich dass einer ihrer Söhne als Rechtsanwalt gut verdient und diese beiden Häuser auf dem Grundstück bauen ließ.

Camille sitzt am liebsten auf einem Stuhl im Garten, jede Bewegung scheint ihr Mühe zu bereiten. Sie muss sich am Tisch hochdrücken, wenn sie aufsteht, hat Schmerzen beim Laufen und schlurft mit den Pantoffeln über den gefliesten Boden – aber, so ruft sie unvermittelt: »Schau, ich hab sie noch alle«, und entblößt ihr lückenloses, weißes Gebiss. Ihre Zähne bleicht sie seit eh und je mit Holzasche, benutzt aber inzwischen eine Zahnbürste. Früher hatte sie Zuckerrohrstangen angeknabbert und mit dem fasrigen Reststück die Zähne sauber geschabt.

Karies kennt sie nicht. Ich erfahre, dass Zuckerrohr reinste Zahnpflege ist – ausgerechnet eine Pflanze, die süß schmeckt! Doch wie sie erzählt, hätten Plantagenarbeiter nie Probleme mit ihren Zähnen gehabt, wahrscheinlich weil das Kauen der Stangen wie eine Bürste die Zähne reinigt. Aber da Zuckerrohr schnell verdirbt und sich nicht lange frisch hält, konnte es sich als Naturzahnbürste nicht durchsetzen, meint sie.

Über ihr Leben zu erzählen, macht Camille großen Spaß. Sie wüsste nicht, mit wem sie den lieben langen Tag sonst plaudern sollte, wenn sie nicht immerzu Gäste hätte. »Mein Mann hört mir nicht mehr zu, der stellt sich taub.«

Wenn sie länger erzählen will, schleppt sie sich zur Nachbarin, die zwar alle Geschichten kennt, aber trotzdem zuhört. Im Gegenzug erzählt sie dann von ihren eigenen Erlebnissen, und somit sind die beiden Frauen quitt. Das Wichtigste für Camille bleibt dieses Gefühl von Vertrautheit, gerade in einer Zeit, in der sich vieles so rasch wandelt. Sie mag keine Veränderungen, bestimmte Dinge will sie nicht wissen, nicht sehen, nicht kennenlernen.

»Warst du nie im Kino?«

»Im Kino?« Sie schaut mich fassungslos an, »Was soll ich denn im Kino? Wozu soll sie ich mir Filme ansehen von Leuten, die ich gar nicht kenne? Denen ich noch nie begegnet bin, die nie an meinem Tisch sitzen, nie von meiner selbst gemachten Tomatenkonfitüre gekostet haben!«

L'Hermitage/Saint-Gilles-les-Bain: Geld gewinnen im Galopp

Ich schalte das Autoradio ein. Die Nachrichten: Lkw-Fahrer streiken, blockieren den Weg zum Flughafen ... ein Betrunkener ist von einer Mauer vier Meter tief in einen Busch gefallen, blieb aber unverletzt ... im Supermarkt gibt es diese Woche Preisnachlass für Reis und Joghurt ... Sturmwarnung für die Nacht, schon jetzt riesige Wellen an der Westküste. Dann Tipps für Kino, Konzerte, Lesungen. Der Film *Barbara* ist in Saint-Denis zu sehen. Es werden Freikarten verlost. Ich stutze. *Barbara*? Hier? Ich hatte ihn vor meiner Abreise gesehen. Wen auf der Insel interessiert denn die Geschichte einer ostdeutschen Ärztin? Eine, die ihr Land verlassen will, deshalb in die Provinz strafversetzt wird und die tägliche Beschattung durch die Stasi ertragen muss? Wie lebt es sich in ständiger Vorsicht, ständigem Misstrauen? Und mit der Frage, was bleibt, wenn man bleibt; wann ist es besser zu gehen und auch, auf wen kann man sich verlassen, wenn man geht? Was passiert, wenn man seinen Job kündigt, sich vom Partner trennt, in eine andere Stadt zieht oder vermeintliche Freunden einen arg enttäuschen? Das berührt offenbar auch grundsätzliche Lebensthemen, die sich nicht nur darum drehen, wie es einer Frau in der DDR erging, die ihrem Land den Rücken kehren wollte, überlege ich.

Wie wäre es, den Film auf Französisch inmitten eines réunionesischen Publikums zu sehen? Im ersten Moment finde ich die Idee spannend. Dann setzen Zweifel ein: Will ich mir hier unter der wohligen Sonne diese Geschichte wirklich noch einmal ansehen? Eher nicht. Es folgen weitere Kulturnachrichten: Der anthropologische Verein hat zum Diskussionsabend eingeladen: Woher kommen wir? Warum sind wir auf der Erde? Was ist der Sinn des Lebens? »Die Veranstaltung muss leider ausfallen«, gibt der Moderator bekannt. Den Grund nennt er nicht. Vielleicht – allgemeine Ratlosigkeit?

»Dafür entschädigen wir Sie mit einem Lied, das immer wieder gewünscht wird: *Na de Milyon d'années* von der Gruppe *Ousanousava*. Allen zusammen einen wunderbaren Nachmittag!« – Helle Trompetenstöße, ein rhythmisches Gitarrensolo, zarte Keybordklänge, ein mehrstimmiger eindringlicher Gesang setzt ein. Was für ein Lied! Ich fahre an den Straßenrand, ich will nicht auf den Verkehr achten müssen und ungestört zuhören. Ich weiß nicht, ob ich das je schon mal gemacht habe, mit dem Auto anhalten für einen einzigen Song!

Der Text ist einfach: »Seit Millionen Jahren sind wir da – doch wie wir auf die Erde gekommen sind, das weiß man nicht. Und wenn wir sterben, wohin gehen wir? Das weiß man nicht. Wir sind da, nur für eine gewisse Zeit...«

»Das war *Ousanousava*«, erläutert der Moderator, »eine gute Frage – ›*ousa nousava*‹?« Das ist Kreolisch und heißt: Wohin gehen wir? Wohin gehen wir, wenn wir sterben? Wohin gehen wir, wenn wir neue Wege einschlagen? Auch, wohin gehen wir, wenn wir uns verabschieden für kurze Zeit, für länger, für immer?

Ich fahre in Richtung Strand. Von Weitem sehe ich auf einer meterlangen Wäscheleine zwischen zwei Bäumen Bikinis, Badeanzüge und Badehosen hin und her schaukeln. Eine Frau sitzt, an einem Stamm gelehnt, auf einem dünnen Klappstuhl und preist etwas müde ihre bunte Ware an. »Zwei kaufen, nur einen bezahlen!«, brabbelt sie vor sich hin. Eine Gruppe Kinder halten ein zusammengeknotetes Laken hoch, das als provisorische Umkleidekabine dient. Ich sehe nur Männer, die dahinter mit ein, zwei Badehosen verschwinden. Ihnen macht es nichts aus, wenn ihr Oberkörper zu sehen ist; die Kinder sind noch Kinder und nicht größer als eins vierzig – für ein Bikinioberteil müssen Frauen in dieser »Ankleidekabine« ziemlich tief in die Hocke gehen. Scheinbar hat keine Lust auf Verrenkungen, oder die Bademode entspricht nicht dem neusten Trend, für den es sich lohnt, sich hinter dem hellen Leinentuch die verschwitzten Kleider vom Leib zu zerren.

Ich stakse durch den Sand und bekomme Lust mich zu bewegen. Joggen? Zu heiß. Baden? Keiner da, der auf meine Tasche aufpasst wenn ich ins Wasser springe. Warum nicht jonglieren? Ich erinnere mich an die Ermahnung von Janis, meinem Berliner Jonglierlehrer, er gab mir auf den Weg, jeden Tag mindestens eine viertel Stunde lang zu üben!

Aus dem Kofferraum hole ich meine drei silber-weißen, festen, faustgroßen Bälle, suche mir ein abgelegenes Plätzchen und beginne mit meinem Warm-up – indem ich alle Bälle in die Hand nehme und fallen lasse, mehrmals. So hatte Janis es mir geraten, damit ich mich daran gewöhne, dass am Anfang die Bälle eben öfter zu Boden fallen, als dass ich sie fangen würde. »Und dann konzentriere dich auf das Werfen! Denn Werfen ist wichtiger als fangen«, war sein Spruch. »Fangen kommt irgendwann von selbst.« Na ja, das hoffe ich nun schon eine ganze Weile!

Ich nehme, wie er es nennt, die Butler-Stellung ein. Winkle die Unterarme an, so wie ein Butler eben ein Tablett hält. Drücke die Ellbogen an den Körper, drehe die Handflächen nach oben. Lockere meine Schultern, um sie nicht verkrampft hochzuziehen. Halte in der linken Hand zwei Bälle, in der rechten Hand einen. Werfe: rechts, links, rechts und fange nur einen der Bälle. Rechts, links, rechts, fange keinen. Rechts, links, rechts, fange zwei …

Die Kaskade, so heißt die Dreiballjonglage, klappt schließlich immer ein wenig besser, die Bälle zeichnen eine Acht in der Luft – das sieht gut aus, so soll es sein.

Dennoch mache ich wieder die gleichen Fehler, werfe die Bälle nicht senkrecht nach oben, sondern immer wieder nach vorn und laufe ihnen hinterher. »Stell dich vor eine Mauer, gegen die wirst du ja nicht rennen wollen«, riet mir Janis. Hier ist nun gerade keine Mauer da. Ich will aufhören, doch ich ermahne mich: Der letzte Wurf soll ein gelungener sein, denn der Kopf wird ihn sich merken und für das nächste Mal abspeichern. Also versuche ich mehr nach hinten zu werfen und höre nach einer einigermaßen geglückten Runde auf. Immerhin, zehn Minuten – ein Anfang ist gemacht.

Dann strecke ich mich am Strand aus und schaue in die Ferne. Ach, das Meer, gestern noch tobte es, heute döst es beinahe regungslos vor sich hin, leuchtet blaugrün, nicht mehr bedrohlich orangerot und braunschwarz wie in den vergangenen Tagen. Es ist spiegelglatt. Wenn ich einen Wunsch frei hätte, würde ich jetzt über das Wasser laufen, ach was, darüber hinwegschweben!

Ich ziehe die feuchte Luft durch die Nase. Ein leicht salziger Geruch vermischt sich mit dem harzigen Duft immergrüner Filao-Bäume, es ist eine andere Würze, anders als an der Ostsee oder am Mittelmeer. Dieses Meer ist anders, unberechenbarer, zupackender, besonders bei Wind und Sturm. Immer wenn ich am Ufer stehe, weitet es meine Seele, beruhigt mein Gemüt. Stundenlang kann ich einfach nur dastehen und auf das Wasser sehen.

Ich mag den Ozean: bei Ebbe, wenn er sich zurückzieht und verborgene Schätze wie Muscheln, Steine, Korallensplitter preisgibt – und bei Flut, wenn er das eben Gezeigte wieder vollständig verschluckt. So wie jetzt. Dafür grundeln umso mehr Fische im seichten Wasser, orange-weiß gestreifte Anemonenfische mit schwarz umränderten Flossen und bunt geschuppte Papageifische. Goldene, flimmernde Sonnenfäden breiten sich wie ein grob gewobenes Netz unter ihnen auf dem Meeresboden aus. Hier und da liegen dick und regungslos schwarze Seegurken auf dem Grund, sie erwecken den Eindruck, schon Jahre dort zu schlafen.

Fischer mit geflochtenen Rucksäcken aus getrockneten Vacoa-Blättern waten durch das glasklare Wasser und werfen die Angel in die Fischschwärme.

Der kilometerlange Lagunenstrand von L'Hermitage-les-Bains ist der längste auf der Insel. Die Fischer kommen vor Sonnenaufgang und packen mittags ihre Sachen zusammen, wenn Urlauber und Einheimische eintrudeln, um zu baden und unter den Filao-Bäumen ein Picknick vorzubereiten. Nicht nur die Menschen am Strand schwitzen, auch die langen weichen Nadeln der Filao tropfen in der Hitze vor sich hin, lassen winzig kleine Tröpfchen regnen, die auf der Haut eher kitzeln als dass sie nass machen. An solch heißen Tagen wie heute stöhnen eben auch die Bäume unter der Sonne; denn sie spenden anderen, nur nicht sich selbst, kühlen Schatten.

Ein paar Schritte von mir entfernt, wo der Sand weich ist und keine kantigen Korallenreste, Muschelsplitter und groben Steintaler liegen, sitzt ein alter Mann. Er zieht die Beine dicht zu sich heran, umfasst mit den Händen seine Knie. Die Bewegungen sind langsam, so als würden seine Muskeln schmerzen. Ich sehe nicht genau, wo seine Hose aufhört und die Füße freigibt; denn Füße und Hose haben die gleiche, dunkelbraune Farbe.

Sein blau-weiß gestreiftes Hemd liegt eng am Körper an, die breite Krempe seines hellen Strohhuts spendet seinem Gesicht und den Schultern Schatten. Er schaut über das Meer, über die Bucht hinweg zum linken Rand der Insel, zu den sanft abfallenden Berghängen, an die sich weiße Häuser schmiegen. Wo gerade Laub verbrannt wird, steigen zarte Rauchsäulen auf. Die grünen Wiesenhänge verschwimmen im Sommerdunst, und die Gebirgskuppen verstecken sich hinter den Wolken: Es sieht aus, als würden sie weiße Mützen tragen.

Der Alte hat sich auf meinem Lieblingsplatz niedergelassen.

Ich komme oft her, um genau hier an dieser Bucht zu sitzen: Weit hinter mir die Zweitausender im Rücken, an den Seiten die nördlichen und südlichen Küstenausläufer, felsig, spröde, von weißen Schaumrändern umspült.

Langsam wendet der Alte seinen Blick zu den Jugendlichen herüber, die neben ihm im Wasser springen und Fangen spielen. Was mag er denken? Erinnert er sich an die Zeit, als er noch glaubte, das Leben sei unendlich? Alles wäre möglich, und irgendwann würde er restlos glücklich sein? Wenn damals Schmerzen auftauchten, verschwanden sie rasch wieder, anders als jetzt, wo er die Beine nur noch mühsam bewegen kann und Pausen zwischen den körperlichen Qualen immer kürzer werden. Ich frage mich, ob auch er, wie manche Alten hierzulande, in einem viel zu kleinem Bett schläft, nicht weil er sich kein größeres leisten könnte, sondern weil er des Nachts lieber mehr sitzen als liegen möchte. Liegen in der Nacht macht Hochbetagten Angst, sie haben dann das Gefühl, dass ihr Schlafplatz bereits dem Totenbett ähnelt. Sitzen in Abwesenheit des Tages schützt dagegen vor solch düsteren Gedanken.

Nun wartet der Alte dort drüben in seiner dickflüssigen Zeit auf ein anderes Glück, auf das Glück, dass ein Schiff kommt, so eins wie gerade hinten am Horizont. Ein Schiff, das sich nähert, um ihn abzuholen und über den Horizont hinauszubringen. An das andere Ufer. Wo genau das liegt, weiß niemand.

Das Meer. Auf La Réunion sagt man: Am Meer hört immer etwas auf oder fängt neu an. Und wenn es nur die Gedanken sind …

Plötzlich fliegt eine Schippe voll Sand an meinen Rücken. Drei kleine Jungs bewerfen sich mit Matsch, und ich bekomme versehentlich eine Ladung ab. Ich erwache aus meiner Traumwelt und sehe wieder dieses Blau, vom Meer, vom Himmel, so unwirklich schön wie einst auf der Fototapete meines Kinderzimmers. Ich fühle mich ein wenig wie damals als Zehnjährige, als ich hoffte, dass diese schöne Aussicht an meiner Wand nie verschwinden würde. Es durfte nicht tapeziert werden, bevor ich auszog.

Ich krame meine Kamera aus meiner Leinentasche und fotografiere meinen Schatten, meine Füße im Sand, den alten Mann und das Meer.

Nun ist es Mittag, und ich bekomme plötzlich Heißhunger, Appetit auf Süßigkeiten. Ich klopfe den Sand von den Beinen und fahre in den Badeort Saint-Gilles, nicht weit von hier. Gewöhnlich meide ich das kleine Städtchen, denn in der engen Hauptstraße staut sich der Verkehr, die Luft ist voller Abgase, und auf dem schmalen Bürgersteig, dort, wo Kleiderläden, Souvenirboutiken und Papeterien wie auf einer Perlenschnur aufgereiht sind, drängen und drängeln sich die Touristen. Doch von Zeit zu Zeit fahre ich in den einstigen Fischerort, nur der Bäckerei wegen: *Chez Loulou* ist eine türkisfarbene, kreolische Hütte, bemalt mit Booten, Hibiskusblüten, Körben voller Baguettestangen.

Die Türen sind offen. Der Geruch von Teig, Hefe, Zimt und Kokos hat etwas Anheimelndes. Ich kaufe warme Macatia, Kokospyramiden und Zitronentörtchen. Die Verkäuferin zieht eine braune Papiertüte aus dem Stapel neben der Kasse, wirft geschickt Brötchen, Pralinen und Früchte hinein, hält beide Zipfel fest in den Händen, lässt die Tüte wie eine Überschlagsschaukel ein paar Mal um die eigene Achse kreiseln und hat sie somit luftdicht verschlossen. Da sie auf meinen Zehneuroschein keine Centstücke herausgeben kann, schenkt sie mir *Le Journal*, eine der beiden Tageszeitungen von La Réunion.

Ich schlendere zum kleinen *tabac*-Laden um die Ecke, einer der wenigen im Ort, wo sich auch in diesem Urlauberzentrum Einheimische treffen. Ich bestelle einen Kaffee und blättere die Zeitung durch, bleibe bei den Heiratsannoncen hängen und stelle fest, dass das Schönheitsideal der Männer mollige Frauen sind. Wie schön! Ohne schlechtes Gewissen leere ich meine bis zum Rand gefüllte Tüte voller Süßigkeiten.

Dann lese ich Anfragen, dass junge Männer gern Bekanntschaft mit älteren Damen wünschen; mit ernsten Absichten, wie sie versichern. Was auch immer das heißen mag! Gibt es hier den Trend zum jüngeren Mann? Ich stelle mir vor, wie eine Kreolin in den besten Jahren ihre Freundin anruft: »Er hat mich wegen einer Älteren verlassen!« Dem werde ich noch nachgehen!

Ich überfliege weitere Annoncen: Papageien zu verkaufen. Trommel gesucht. Orchideen, Grammofone, Geländewagen, Swimmingpool im Angebot.

Ich bestelle noch einen Kaffee und studiere den Stellenmarkt: »Dringend! Suche Job, fast alles. Arbeiten macht mir keine Angst!« Stelle mir diese Anzeige in der *FAZ* vor ...

Als ich mich dann in dem kleinen Bistro umsehe, bemerke ich, dass hier fast ausschließlich Frauen Zeitung lesen, und finde das ein wenig merkwürdig. Neugierig spreche ich das Vollblutweib mit den talergroßen Ohrringen und dem knallroten Lippenstift am Tisch gegenüber an. Ob sie denn jeden Tag herkomme, um zu lesen? Sie schüttelt den Kopf. »Nur wegen der PMU.«

»PMU?«

»Na, Pferdewetten.«

»Davon verstehe ich nun gar nichts«

»Brauchen Sie auch nicht. Pferdewetten sind einfach zu kapieren, aber es ist schwer zu gewinnen!«

»Und woher wissen Sie, auf welches Pferd Sie setzen?«

»Ich mache das nach Gefühl, mal auf einen Favoriten, mal auf einen Außenseiter. Ich hab auch keine Ahnung von Pferden, es ist wie Lotto, reine Glückssache eben.«

»Haben Sie schon mal gewonnen?«

Ihre Augen glänzen. Sie zündet sich eine Zigarette an und zieht den Rauch tief ein: »Ja, sehr viel Geld.«

Sie sagt das in einem solch überzeugenden Ton, dass ich ein bisschen neidisch werde und überlege, es auch mal mit PMU zu versuchen. Da es mir anmaßend erscheint, nach der Summe ihres Gewinns zu fragen, der so schwindelerregend hoch gewesen sein muss, dass sie sich in Schweigen hüllt, erkundige ich mich, was sie sich denn Schönes gegönnt hätte. Denn ich weiß, Kreolen sparen nicht. Oder eben nur sehr selten, dann gezwungenermaßen und unwillig. Für das Haus, die Kinder, ein Auto.

Sie nickt freudig und kostet den Moment aus, bis sie ihre Antwort preisgibt: »Ich habe alles Geld auf einmal ausgegeben .... und habe mir ein Kleid gekauft! Ein rotes, aus Baumwolle, mit feinen Trägern, einem schmalen Gürtel. Es macht eine gute Figur!«

Nach ihrer Beschreibung schätze ich den Wert des Kleides auf vierzig Euro. Wie schön, dass sie sich so sehr daran erfreuen kann!

Nachdem ich die Zeitung ausgelesen habe, laufe ich wieder zurück an den Strand. Heute möchte ich mich gar nicht vom Meer wegbewegen. Ich lege mich an den Plage des Roches Noires, einen schmalen Sandstreifen nahe dem Hafen, und döse vor mich hin. Als ich kurz vor dem Einnicken bin, werde ich hellhörig. Auf der Bastmatte neben mir diskutieren zwei junge Mädchen aufgeregt und heftig, woher sie denn Kondome bekämen. Ich öffne kurz die Augen und schaue unauffällig hinüber, um ihr Alter abzuschätzen – sie sind etwa dreizehn. Die Lage scheint für beide ziemlich aussichtslos, die eine kennt zwar ein Mädchen, die welche hat, kann sie aber erst morgen treffen. Doch heute Abend ist die Verabredung mit Gérôme. Mist.

Nach einer halben Stunde hitziger Diskussion, wen man noch so fragen könnte, tun die beiden mir leid. Ich rutsche zu ihnen herüber und biete meine Hilfe an, will ihnen das nötige Kleingeld spendieren, damit sie sich welche in der Apotheke kaufen können. Wie naiv von mir! Blankes Entsetzen zeichnet sich auf ihren Gesichtern ab. Nein, Geld hätten sie. Nur, es sei nicht üblich, dass Frauen Präservative kaufen. Außerdem kennt man sich im Ort, das würde sofort die Runde machen, und die Eltern wären informiert.

Verstehe ... und wenn ich mich als Komplizin anböte, den Einkauf für sie erledige? Erleichtert kramen sie drei Euro neunzig für einen Sechserpack zusammen und drücken mir die Münzen in die Hand.

In der Apotheke an der Strandpromenade bin ich darauf gefasst, dass die Verkäuferin mich abfällig mustern und nachlässig bedienen wird.

Doch nichts dergleichen, es macht ihr Spaß, mich zu beraten. Endlich käme mal eine Frau, denn Kondome kaufen könne man nun wirklich nicht immer den Männern überlassen! Sie stellt Fragen über Fragen, dass es mir langsam unangenehm wird, vor der übrigen Kundschaft erklären zu müssen, ob ich feuchte bevorzuge, lieber Kokos oder Mangogeschmack hätte oder eventuell eine Übergröße brauche. Ich bin heilfroh, als mir die Verkäuferin schließlich eine Standardpackung gibt.

An der Kasse steckt sie mir noch drei Pröbchen in die Plastiktüte, mit Mangogeschmack, schwarz genoppt und XXL. Augenzwinkernd verabschiedet sie mich, und letztendlich bin ich es, die mit hochrotem Kopf und schweißnass die gut besuchte *pharmacie* verlasse.

Die Mädchen sind begeistert, die Packung sei genau die richtige, und die Pröbchen lassen sich unter Freundinnen gut weiterverkaufen. Dann trollen sie sich. Und ich springe erst einmal ins Wasser, um mich abzukühlen.

Es dämmert. Die Urlauber packen nach und nach ihre Sachen zusammen und laufen zu ihren Autos oder zur Bushaltestelle. Lediglich ein junger Mann und ein aufgeregt gestikulierendes, älteres, französisches Ehepaar stürzen dem Strom der Nachhausetrabenden entgegen. Sie hetzen regelrecht zum Strand. Der durchtrainierte Réunionese trägt ein Gerät, das wie ein futuristischer Staubsauger aussieht. Ich beobachte die späten Gäste, die unweit von mir zum Stehen kommen. Der Alte, ganz in Weiß gekleidet, kurze Hose, ärmelloses T-Shirt (das tragen hier nur Touristen), zeigt auf zwei Stellen im Sand und zuckt immer hilflos mit den Schultern. Seine Frau schluchzt. Ich schnappe Gesprächsfetzen auf und reime mir zusammen, dass sie etwas verloren haben, was nun unter dem Sand vergraben liegt. Nur wo? Es gibt keinen markanten Anhaltspunkt, keinen Baum, keinen Strauch, keine Hütte, so als würde man in der Wüste einen Ort bestimmen wollen.

»Haben Sie zufälligerweise einen Autoschlüssel gefunden?«, fragt mich der Alte verzweifelt.

Ich schüttele den Kopf.

»Der ist mir wahrscheinlich aus der Tasche gefallen, ich hab es nicht gemerkt. Hier haben wir gelegen oder dort, ich weiß es nicht mehr.«

Der Helfer schaltet sein Gerät ein.

»Was ist das?«, frage ich.

»Ein Geigerzähler. Damit kann man nach Metall suchen. Wenn es piept und die Töne schneller werden, dann liegt da was, dann lohnt es sich, zu buddeln.«

Es tönt gerade in unregelmäßigen Abständen.

»Klingt wie eine heisere Autohupe«, kommentiere ich belustigt, doch keiner der drei achtet auf meinen Kommentar, alle beginnen zu graben. Die Frau fördert einen Kronkorken zutage, von *Dodo-Bier*. Also Fehlanzeige.

»Das Gerät unterscheidet Töne«, erklärt Marius. Er trägt ein Namensschild an seiner Latzhose und scheint einem Suchteam anzugehören. »Tiefer Ton, wie eben, heißt unbedeutendes Eisenteil. Rollton – größere Eisenteile. Hoher Ton – Münzen oder Ringe.«

Während er ein paar Zentimeter über dem Boden seine tellerförmige Scheibe hin und her gleiten lässt, als würde er Rasen mähen, frage ich, was er denn gewöhnlich findet.

»Münzen, an die zehn Euro pro Abend. Manchmal Armbänder, Uhren, Ketten, Ringe, einmal einen goldenen Ehering. Den habe ich aber im Strandcafé abgegeben, aber niemand hat danach gefragt. Wahrscheinlich stammte er von Urlaubern, die nach Hause geflogen sind.«

»Und?«

»Ich durfte ihn behalten, habe ihn zu Hause aufbewahrt. Wenn ich mal heirate, lass ich mir daraus die Ringe machen. Sonst finde meistens Schlüssel, Matchbox, Löffel, Feuerzeuge.«

»Lohnt sich das?

»Ich verkaufe es auf dem Flohmarkt. Es ist ein Hobby.«

Nun wird es dunkel.

»Eine tolle Stimmung jetzt, findest du nicht? Manchmal sehe ich Haie um die Zeit.«

»Haie?«

»Du brauchst keine Angst zu haben, Baden ist nach Sonnenuntergang sowieso verboten.«

Da Haifische im Dunkeln schlecht sehen, kann es passieren, dass sie Menschen mit echter Beute verwechseln. Wenn Surfer auf ihren Brettern liegen und auf die nächste Welle warten, ähneln sie einer Schildkröte, und das lockt die Raubfische an.

Beim Wort Hai muss ich an das Ungetüm in dem Steven-Spielberg-Film *Der weiße Hai* denken: Die Augen blicken starr, der mächtige Kiefer mit dem mehrreihigen Gebiss öffnet sich weit, die Zähne schlagen in die Beute und ziehen sie in die Tiefe.

Solche Filmmonster tauchen natürlich hier nicht auf, dennoch gibt es vor der Küste gelegentlich Haiattacken. Kürzlich kam ein zweiundzwanzigjähriger Réunionese beim Surfer ums Leben, als ihm ein Bein abgebissen wurde.

»Natürlich ist es kein Trost,« fährt Marius fort, »wenn man bedenkt, dass weltweit fünf Menschen durch Haiattacken sterben, dagegen hundertfünfzig durch herab fallende Kokosnüsse. Oder dass Hundebisse und Schläge häufiger zu Todesfällen führen als Angriffe dieser Meerestiere. Aber ich mag Panikmache nicht. Schließlich sind die Tiere hier zu Hause, in ihrer natürlichen Umgebung, und wir halten uns in ihrem Reich auf.«

Forscher rätseln, warum derartige Unfälle, die bis vor einigen Jahren noch ausgesprochen selten waren, in letzter Zeit ein wenig häufiger auftreten. Manche Experten sehen in der steigenden Anzahl von Wassersportlern einen Grund dafür.

Hinzu kommt, dass Bullenhaie, die für die Angriffe auf Menschen verantwortlich sind, auf La Réunion nicht zum Verzehr angeboten werden dürfen. Deshalb werden sie nicht gefangen und können sich stark vermehren.

Doch auch die Überfischung der Meere könnte eine Ursache dafür sein, dass die Tiere auf der Suche nach Nahrung näher an die Küste kommen.

»Gerade Bullenhaie fressen, was ihnen in die Quere kommt, man nennt sie deshalb auch die ›Mülltonnen des Meeres‹«, sagt der junge Mann.

Nun versuchen Forscher Haie zu markieren, um ihre zurückgelegten Strecken zu beobachten und ihr Verhalten berechenbarer zu machen. Schilder mit Warnungen, weder bei Sonnenuntergang noch nach starken Regenfällen ins Wasser zu gehen, wurden an den Ufern angebracht.

»Ich bin dafür, Strände ausreichend zu überwachen, Surfer und Schwimmer besser aufzuklären. Das ist allemal besser als die Tiere zu töten, wie es jetzt mehrfach geschehen ist. Denn die Haifische sind vom Aussterben bedroht – dabei haben sie eine wichtige Funktion im Ozean, sie fressen kranke und schwache Tiere und halten so auch das Wasser sauber.«

Gegen übertriebene Stimmungsmache und zielloses Abschlachten der Raubfische hat ein réunionesischer Umweltschützer protestiert. Mit einem Schwimmmarathon im Hairevier hat ein Aktivist der Tierschutzorganisation Brigitte-Bardot-Stiftung auf La Réunion demonstriert, dass beim Baden und Tauchen nahe dem Ufer an öffentlichen Stränden normalerweise nichts passiert. Er hatte sich genau das Gebiet vorgenommen, in dem bereits Menschen durch Haiangriffe ums Leben kamen.

»Haie«, so Marius, »gab es bei uns schon immer. Das war nie ein Grund, nicht zu baden, zu schwimmen, zu tauchen und zu surfen. Schließlich ist man auch beim Radfahren, im Auto oder im Flugzeug nie hundertprozentig vor Unfällen sicher.«

»Etwas finde ich bei den Haien phänomenal«, überlege ich. »Nämlich dass ihnen die Zähne nachwachsen, wenn sie ausfallen! Das hätte ich auch gern!«

»Ich auch!«, und er fährt sich wie zur Kontrolle mit der Zunge über seine Zähne.

Dann schaltet er das Gerät ab: »Zwecklos!« Schade, ich hätte so gern gesehen, wie er einen Schatz hebt oder zumindest den Autoschlüssel findet. Die beiden Alten sind enttäuscht. Sie wollen noch mal zum Wagen gehen und nachsehen, vielleicht ist ja die Kofferhaube nicht verschlossen. Dann könnte man von hinten zum Fahrersitz vorrobben und den Motor behelfsmäßig zünden. Da es ein älteres Modell ist, wäre es möglich, die Kabel aneinanderzuhalten und somit zu starten. Sie entrichten einen Obolus und trollen sich – und schon wenig später hören wir vom Parkplatz einen Aufschrei. »Jean-Baptiste! Wo bist du nur mit deinen Gedanken! Ich mach mir ernsthafte Sorgen«, wettert die Frau und ruft zu uns herüber: »Der Schlüssel steckt in der Tür!«

Der Abend ist samtig warm, wie eine der seltenen Sommernächte in Berlin. Für meine Freundinnen Lucie, Clara und Christine ist das nichts Besonderes. »Na ja«, stöhnt die kleine rundliche Kreolin Christine, »wenigstens ist es nicht mehr so heiß.« Clara, die brünette Französin pflichtet ihr bei. Wir vier haben uns vor dem Eingang des *Coco Beach*, einem Freiluftrestaurant, verabredet, um die Nacht durchzutanzen.

An der Pforte brennen Fackeln, Musik dringt von der Bar, man spielt *Santana*. Ein Kellner stochert mit einem langen Stock in der Glut und legt halbe Hähnchen auf den Grill. Es riecht nach scharf gebratenem Fleisch und Holzfeuer. Hinter der meterlangen Strandbar leuchten die Wellen, sie werden mit Scheinwerfern rot, gelb und blau angestrahlt. Mit einem »Na, dann los«, will ich den Eingang passieren, doch die anderen halten mich gleichzeitig an der Gürtelschlaufe meines Rockes fest.

»Du möchtest doch da nicht wirklich reingehen?« Lucie runzelt ihre braune Stirn. »Das mag ja hübsch aussehen, ist aber was für Touristen. Nichts für uns.« Christine und Clara nicken.

»Ich weiß was Besseres, das *Chapiteau*, gar nicht weit von hier, nahe Saint-Pierre. Da gehen WIR hin.« Ich hatte mich von einer großen Anzeige im Veranstaltungskalender und dem vielversprechenden Namen *Coco Beach* anlocken lassen. Aber natürlich will ich lieber dorthin, wo samstags die Einheimischen tanzen.

Chapiteau heißt auf französisch Zirkuszelt, doch es sieht überhaupt nicht mehr so aus. Ursprünglich als solches erbaut, platzte die bereits 1974 eröffnete Diskothek recht bald aus allen Nähten und musste ständig vergrößert werden. Sie ist nach wie vor die größte Tanzhalle der Insel, doch schon lange nicht mehr in Zeltform. Wir passieren einen plätschernden Wasserfall und stellen im ersten, zweiten, sogar im dritten Dancefloor fest, dass wir, abgesehen von einem Pärchen und einigen Freundinnen, noch die einzigen Gäste sind. »Es ist doch nun schon zehn Uhr, und wir sind immer noch zu früh da! Mein Gott, ist auch Jahre her, dass ich tanzen war!«, gesteht Clara. Für Christine ist es das erste Mal. Die wenige freie Zeit, die ihr neben der Arbeit bleibt, verbringt sie mit ihrem Mann, sie gehen in den Bergen wandern, und sie kochen gemeinsam, das sind ihre Hobbys.

»Und ich war vor drei Jahren das letzte Mal in der Disco«, meint Lucie.

Für mich ist es ähnlich lange her. Schuld ist mein Biorhythmus, den ich für lange Nächte überlisten muss. Wenn es so richtig losgeht auf der Berliner Tanzfläche, ist es weit nach Mitternacht, und da bin ich eher schläfrig statt in Partylaune. Manchmal habe ich versucht, mit meiner Freundin die Abendstunden vor vierundzwanzig Uhr mit Spätvorstellungen im Kino zu überbrücken. Doch hatten wir dummerweise Schmachtfetzen ausgesucht, waren dann zu Tränen gerührt, schnäuzten ins Taschentuch, tranken noch einen Rotwein und wollten nur noch eines, nämlich nach Hause: Wir brauchten den Blues nicht mehr zu tanzen, wir hatten ihn im Herzen. Und bevor wir auseinandergingen, versprachen wir uns, beim nächsten Mal nur noch Komödien oder Krimis anzusehen, falls wir wieder mal einen Versuch in Sachen Saturday Night Fever unternehmen wollten.

Vor einem der Dancefloors schaukelt ein Schild »*deuxième âge*«, was so viel wie zweites Alter bedeutet – eine ironische Anspielung auf »*troisìeme âge*«, womit Senioren gemeint sind. Wir bleiben stehen und schauen uns an. Lucie und Clara zucken mit den Schultern. »Komm, egal, ob *deuxième oder troisìeme,* lass uns Spaß haben!«

Es ist mein erstes Mal, dass ich Sega tanze. Ein Mann, jünger als ich, schwarzes Hemd, schwarze Hose, kurze braune Haare, groß gewachsen und muskulös, lässt meinen schüchternen Einwand nicht gelten, dass ich es noch nie probiert habe. Er packt mich fest an der linken Hüfte, nimmt meine rechte Hand und führt mich ohne Wenn und Aber über die Tanzfläche. Und das, ohne eine Miene zu verziehen, wenn ich ihm auf die Füße trete, auf seine blank geputzten hellen Lederschuhe.

Immer wieder komme ich aus dem Rhythmus und halte verzweifelt inne. Am liebsten würde ich aufgeben, habe aber keine Chance. Er drückt mich wieder in den Schwung der Bewegung hinein, bis ich mich dem Takt angemessen bewege. Raymond, mein netter Tanzpartner, erzählt mir, dass er Dachdecker ist und daher im Job heftigere Schmerzen aushalten muss als das Gewicht einer Frau von eins zweiundsiebzig. Er meint, es wären schon einige Bretter und Schindeln auf seinen Fuß gefallen, meine Tritte wären da vergleichsweise ein kleines Kitzeln. Das tröstet mich nur wenig. Verschwitzt, mit steifem Nacken und einem Krampf in der rechten Wade bitte ich schließlich um eine Auszeit und bedanke mich höflich.

Dann wird es von den Schritten her leichter, für mich jedenfalls. Raggae von Bob Marley und Rock 'n' Roll von Elvis Presley sind mir vertrautere Rhythmen als Sega und Maloya.

Einige Zeit später hört das grelle Discoflackern auf, rote Nebelschwaden ziehen durch den Raum, es wird dunkel und der DJ kündigt *Desert Rose* an, einen Song von Sting mit dem algerischen Sänger Cheb Mami. Da es ein langsames Lied ist, steige ich mit Clara, Christine und Lucie von der erhöhten, kreisrunden Tanzfläche hinab zur Bar. Raymond fängt mich ab: »Mit dieser Musik geht es doch besser, oder!« Er drückt mich zärtlich an sich, ich brauche mich nur seiner Führung zu überlassen. Ein wunderschönes Duett, diese angenehm tiefe Stimme von Sting gegenüber der sehnsuchtsvollen, helleren von Cheb Mami; eine gedämpfte Beleuchtung ohne zuckende Scheinwerfer, niemand, der rempelt und drängelt, in den Armen eines Fremden, in denen ich zu schweben beginne.

»*Merci, mon amour!*« Er verabschiedet sich wie ein Gentleman, einen Diener andeutend, küsst mir die Hand, es hätte ihm sehr gefallen. Der charmanteste und stilvollste Dachdecker, der mir je begegnet ist!

Danach wird die Musik wieder schneller, und ich tanze mit meinen Freundinnen. Der DJ mit Wollmütze und Sonnenbrille (keine Ahnung, ob er hier noch etwas sieht!) legt *Voyage, Voyage*« von *Desireless* aus den achtziger Jahren auf. Clara und ich singen laut mit, drehen uns, werfen die Arme in die Höhe. Ja, reisen, reisen, weiter als die Nacht und der Tag lang sind. Das ist es, was wir wollen!

Um drei Uhr brechen wir auf. Draußen ist es immer noch warm; ein leichter Wind geht. Aus dem weißen Transporter neben dem Discoausgang klingelt ein Glöckchen, schiebt sich ein Kopf mit Bäckermütze aus dem heruntergelassenen Fenster. »Heute schon gefrühstückt?« Ein schläfriger Kreole bietet uns frische Croissants und Kaffee an. Was für eine Geschäftsidee! Auf einem Stein neben dem Auto hocken bereits vier übernächtigte Gestalten und mümmeln vor sich hin. Wir setzen uns dazu, beißen in die knusprigen Hörnchen, trinken starken Kaffee und schweigen glücklich.

***

Warum nahm ich eigentlich nie meinen Laptop mit, zum Beispiel, wenn ich an den Strand ging? Ich kann nicht draußen unter freiem Himmel arbeiten, das war schon immer so. Um konzentriert zu schreiben, brauche ich meine ablenkungsarme Denkhöhle, egal wo, aber vier Wände um mich herum. Außerdem konnte ich nicht über das Meer schreiben, wenn ich es gerade vor mir sah: Ich musste an das Meer denken, um es mit Worten zu skizzieren.

Es war wie mit der Farbe Blau, die ich besser wahrnahm, wenn ich die Augen schloss und sie mir vorstellte. Blau ist meine Lieblingsfarbe und noch mehr als das, sie ist beinahe eine Philosophie für mich. Blau spiegelt unendliche Möglichkeiten wider, ist Heimat und Ferne, die Mitte zwischen Licht und Dunkelheit und beflügelt meine Phantasie: Die Berge schimmern blau, doch kommt man ihnen näher, sind sie grau. Der Himmel leuchtet blau, doch im Weltall ist er nur noch schwarz. Das Meer funkelt blau, doch wenn die Wellen ans Ufer schwappen, verwandeln sie sich in ein zart schäumendes Weiß.

Blau ist der Inbegriff meiner Sehnsucht nach Meer. Es zog mich schon immer an den Strand, ans Wasser. Deshalb liebte ich seit jeher Inseln: Hiddensee, Kreta, Zypern – La Réunion.

Inseln waren für mich überschaubare Fluchtpunkte, wohlige Projektionsflächen meiner Träume und sprachen beides an: den Wunsch nach Abenteuer und Geborgenheit inmitten umspülten Festlands. Wahrscheinlich brauchte ich auch das – Begrenzungen.

Am Ufer war klar: Bis hierhin und nicht weiter!

Meeressaum statt Mauer? Ein etwas weit hergeholter Vergleich, aber dennoch passend. Aufgewachsen in der DDR, einem Land, in dem ich mich in der Begrenzung eingerichtet hatte und die Jahre in Duldungsstarre aussaß, gewöhnte ich mich notgedrungen an eine räumliche Fixierung. Obwohl ich mich inzwischen frage: Wie konnte ich innerhalb jener Mauern so friedfertig leben, ohne zu wissen, was die entfernte Welt da draußen mir bot?

Einmal las ich in der Zeitung, dass äußere Reisen den inneren artverwandt seien. Was man unterwegs erlebte, schrieb der Autor, könnte man auch zu Hause erfahren – wenn man dafür offen wäre. Für mich stimmte das nicht, denn was ich auf Reisen erlebte, wäre niemals das Gleiche gewesen wie bei mir vor der Haustür!

Dabei wollte ich gar nicht in so viele verschiedene Länder fliegen, ich wollte vor allem eines – die französischen Überseegebiete kennenlernen. Meine Liebe zur französischen Kultur hatte mich immer wieder in dieses Land geführt, und bald stellte ich fest, dass Teile von Frankreich in einem völlig anderen Kulturraum und einer anderen Klimazone liegen. Überdies sind es außer Guyana ausschließlich Inseln. Martinique, Guadeloupe, Saint-Barthélemy, Saint-Martin (ein Teil gehört zu Frankreich), Saint-Pierre und Miquelon liegen im Atlantischen Ozean.

Auch Mayotte befindet sich im Indischen Ozean, wie La Réunion; Wallis und Futuna, Französisch-Polynesien und Neukaledonien dagegen im Pazifischen Ozean.

Nun war ich zwanzig Jahre nach dem Mauerfall hier am Ziel meiner Träume angekommen. Auf einer Insel, auf die sich all mein Fernweh konzentriert hatte.

Und noch ein letzter Gedanke für heute: Auf allen Inseln, auch auf La Réunion, habe ich bislang niemanden getroffen, der sich von seiner kleinen Insel auf einen großen Kontinent träumte! Der sozusagen reif für das Festland gewesen wäre ...

Saint-Gilles-les-Hauts: Langes Warten auf Giovanna

»*Bonjour!*« Ein braun gebrannter Gendarm in kurzer blauer Uniformhose hebt zackig grüßend die rechte Hand an seine Schläfe, schiebt die Mütze in den Nacken, zieht ein gebügeltes Stofftaschentuch aus seiner Hosentasche und tupft seine nasse Stirn trocken: »Wo wollen Sie hin?«, fragt er mit stechendem Blick.

Eine Polizeikontrolle steht an der Straße, hält Autofahrer, Radler, selbst Reiter an. Da ich mit meinem Rucksack nicht wie eine Spaziergängerin aussehe, möchte er wissen, wo ich heute Nacht bleiben werde. Ich zeige hinunter zur Küste. Ich will auf der Anhöhe von Saint-Gilles-les-Haut wandern und am Abend mit dem Bus hinunter nach Saint-Gilles-les-Bains fahren, mir dort eine Pension suchen.

»Zur Küste lass ich Sie nicht mehr. Wissen Sie denn nicht, dass wir einen Zyklon erwarten?« Ich schüttle wider besseres Wissens den Kopf aus Angst, dass mir während der ersten Alarmstufe eine Strafe drohen würde, denn so genau habe ich mich mit den Vorwarnstufen nicht beschäftigt. Die Warnung in der Zeitung habe ich nicht besonders ernst genommen.

»Ein Zyklon?« Ich spüre sehr wohl, dass etwas in der Luft liegt, ich bin schlapp, müde und verschwitzt wie der Gendarm.

»*Oh là là, Madame,* was sind Sie, Engländerin?«

»Nein, Deutsche.«

»Ah! Ich war mal in Aix-en-Chapelle, eine tolle Stadt.«

»Wo? Kenne ich nicht, liegt nicht in Deutschland.« Ich war mir sicher, dass er es mit Aix-en-Provence verwechselt.

»Aber doch! Aix-en-Chapelle, das war ein Schüleraustausch. Ich wohnte bei Ermann, also Chhhermann.« Er müht sich, das *H* aus seinem Mund zu pusten, und in dem Moment fällt mir ein, dass einige deutsche Städtenamen im Französischen anders klingen: Köln heißt Cologne … doch Aix-en-Chapelle … Aachen?

»*Oui*, Aaken!« Der Uniformierte ist sichtlich erleichtert, dass ihm der Name endlich eingefallen ist. Dann schlägt er wieder den forschen Ton eines Diensthabenden an, doch schon etwas freundlicher und entgegenkommender als zu Beginn unseres Gespräches.

»Ich lasse Sie nicht fort. Meine Nachbarin hat Gästezimmer.« Er zieht das Handy aus seiner Uniformtasche: »Chantal, *ça va*?« Der Gendarm erklärt, dass eine verirrte Touristen schnellstens untergebracht werden muss. Ich will aufbrausen, dass ich mich nicht verirrt habe, beherrsche mich aber angesichts der ernsten Situation, die ich immer noch nicht als solche wahrnehme. Dann zeigt er mir den Weg zu Chantal, immer geradeaus, erster Kreisverkehr links, gleich hinter der Snackbar: »Sie sind ein Notfall, da muss ich helfen!« Mit einem festen Händedruck verabschiedet er sich und schaut mir hinterher, ob ich auch wirklich die richtige Richtung einschlage.

Chantal, Bernard, die drei Töchter erwarten mich bereits an der Tür: »*Mon dieu,* Sie sind leichtsinnig, Sie sind in Gefahr!«

Im Wohnzimmer ist es dunkel, hinten im Raum höre ich jemanden husten, da erst entdecke ich eine hagere Gestalt in einem großen Korbstuhl. Der Mann wird mir als Cousin vierten Grades vorgestellt, man wisse nicht genau, wie alt Jules sei, so um die neunzig, es könnten auch zwei Jahre mehr oder weniger sein. Es gibt keine Geburtsurkunde, und niemand weiß, wann er Geburtstag hat. Die Behörden haben der Ordnung halber einfach mal ein Datum für den Pass festgelegt und dabei seinen Wunschtermin berücksichtigt, den ersten Juli. Der Mann fand, dass Juli und Jules gut zusammenpasst, und die Beamten hatten nichts dagegen. Er behauptete einfach, er könne sich schwach daran erinnern, immer am ersten Juli ein Jahr älter geworden zu sein.

Aber was bedeutet es schon, genau zu wissen, wann man auf die Welt gekommen ist! Viel wichtiger ist, dass man zur Familie gehört. Denn an solchen Zyklontagen möchte man nicht allein in seiner Wohnung hocken.

»Egal ob neunzig oder zweiundneunzig, wie wird man nur so alt?«, frage ich bewundernd.

»Nicht schwer. Mein Geheimnis ist: Arbeiten, andere respektieren ... und beten.«

Der hagere Mann im weißen Unterhemd sitzt kerzengerade auf seinem Stuhl, faltet die Hände, schaut in Richtung Zimmerdecke und beteuert, wie froh er ist, während dieser Tage hierbleiben zu dürfen. Er hat keine Frau, war auch nie verheiratet und lebt schon immer allein: »Es hatte sich einfach nicht ergeben«, murmelt er, »wahrscheinlich habe ich vor lauter Arbeit auf dem Feld nicht gemerkt, wenn eine *mademoiselle* mir schöne Augen gemacht hat! Dabei bin ich schon ein ansehnlicher Mann gewesen, ja ja!«

Jule erzählt, dass er im Fernsehen seit Neuestem Sendungen sieht, in der Singles verkuppelt werden. Ihm wäre aufgefallen, dass viele Bauern Probleme haben, eine Frau fürs Leben zu finden, denn wer will heutzutage noch körperlich so hart arbeiten und immerzu Tiere versorgen?

»Aber nun will ich auch nicht mehr heiraten«, sagt er mehr zu sich als zu den anderen. »Jetzt möchte ich nur noch diesen verdammten Zyklon überleben.«

Dann legt er die Hände in den Schoß. Seine Lippen zittern, er hat Angst. Eine Angst, die von ganz früher herrührt, als die Menschen auf La Réunion dem Sturm schutzloser ausgeliefert waren als heutzutage.

»1948, ich sag's Ihnen, der Zyklon, der war der schlimmste!«, erinnert er sich. »Die Dächer flogen von den Häusern, auch bei uns zu Hause! Ich wohnte mit meinen Eltern und den drei Brüdern in einer Hütte in Saint-Paul. Ein Teil vom Dach fehlte plötzlich, und der Regen klatschte in mein Bett. Alles flog im Zimmer durcheinander. Wir krochen auf einen umgekippten Schrank und wickelten uns in eine Wachstuchtischdecke. Überall war es nass und glitschig. Ich weiß es noch genau, das war am 27. Januar, gegen Mitternacht.«

Am nächsten Morgen watete dann sein Vater in den Schuppen, um das alte Fischerboot zu holen, mit dem er manchmal aufs Meer fuhr. Er brachte den Kahn zum Haus, lud die Familie ein und ruderte von dort mit Frau und Kindern zum Gartentor, so hoch stand das Wasser. Vor dem Grundstück hing auf einem abgebrochenen Baumstumpf ein toter Ochse, ein Stück weiter lag ein umgekippter Karren. Im Ort gab es Tote, erschlagen von den Trümmern des eigenen Hauses. »Das muss man sich mal vorstellen!« Jules kann gar nicht aufhören zu erzählen. »Und andere sind in ihren eigenen vier Wänden sogar ertrunken, weil die Zimmertür nicht mehr aufging und das Wasser stieg und stieg. Damals waren die Räume sehr niedrig. Niemand hatte mit solch einem gewaltigen Sturm gerechnet.«

Da er mehrere Zyklone miterlebt hat, hat Jules nie ein enges Verhältnis zu Besitztümern entwickelt. Alles, was man besaß, konnte irgendwann wieder abhanden kommen, weggefegt oder zerstört werden. Es war natürlich wichtig, ein stabiles Haus zu bauen, doch auch das war kein hundertprozentiger Schutz bei Naturkatastrophen: »Ich habe nicht viel vom Leben begriffen, aber eines doch – das mag nicht besonders schlau klingen, aber glauben Sie mir, nichts ist für immer. Nicht mal wir selbst!«

In diesem Moment wird mir bewusst, wie sehr ich bislang von Schicksalsschlägen verschont geblieben bin. Am Ende der Nachkriegszeit in den Frieden hineingeboren, konnte ich mich in Sicherheit wiegen. Natürlich war man nirgends sicher vor Katastrophen und Unheil, aber in Berlin musste man weder Vulkanausbrüche noch Zyklone fürchten.

Der Alte erzählt, dass er seit vielen Jahren nahe am Meer wohnt. Er hält die Fenster meistens geschlossen, denn der Wind trägt zu viel Sand in die Stube und bedeckt die Möbel, den Tisch, das Bett mit tausend feinen Körnern. Und dazu noch das Salz in der Luft, das alles angreift, was aus Metall ist. Lampenfassungen, Stuhlscharniere, Fernsehstecker, Kühlschrankregler – all das rostet schnell, wird undicht oder brüchig. Es gibt immer viel zu erneuern und zu reparieren, aber dennoch liebt er sein Zuhause, der Blick auf das Meer tröstet ihn, tut ihm jeden Tag gut. Nun, der fehlt heute.

Wir sitzen alle beieinander im Wohnzimmer und warten auf *Giovanna*, die gerade mit ihren Wirbelrändern Mauritius streift. Wie wir durch den Wetterbericht erfahren, wurde dort bereits die Alarmstufe drei ausgelöst, das bedeutet: Niemand darf mehr das Haus verlassen. Doch hier deutet noch nichts darauf hin, dass ein Unwetter droht – ist das die Ruhe vor dem Sturm?

Gegen Abend wird es windiger, die Dachluken klappern. Zunächst gibt sich der Zyklon verspielter, als ich es von einem gefährlichen Wirbelwind erwartet hätte. Doch er hält uns in Atem, kommt näher, dreht wieder ab, verliert an Kraft, – um kurz darauf richtig aufzudrehen. Durch einen winzigen Spalt zwischen den Fensterläden spähe ich hinaus. Zunächst ist der Himmel rosagrau, die Berge wirken trübe und blass, die Bäume neigen sich hin und her. Auch die Vögel hüpfen nervös auf den Ästen herum, als ob auch sie auf der Hut sind, um nicht von einer aufkommenden Böe überrascht zu werden. Die Sonne lugt für ein paar Minuten hinter dünnen Wolken hervor, leuchtet für einen winzigen Moment die Berghänge aus und lässt den Palmenhain noch einmal glitzern, um dann die Bühne zu räumen: für den großen Auftritt der zornigen Diva. *Giovanna* lässt mit voller Wucht einen Regen herabprasseln, der in einem Winkel von fünfundvierzig Grad über die Erde peitscht, die Wipfel der Palmen hinunterdrückt, an den Mangobäumen rupft, Hibiskusblüten samt Ästen abreißt. Nun holt die Diva noch tiefer Luft, um dann mit rasender Geschwindigkeit

Wassermassen gegen jegliche Widerstände zu pressen, platscht an Häuserwände, hebelt Straßenbefestigungen aus, rüttelt an Telefonmasten; zerrt an Stromleitungen, reißt Briefkastenklappen auf, bugsiert Mülltonnen die Wege entlang; zerlegt Brücken und reißt im anschwellenden Fluss Betonpfeiler mit sich. Ich höre Bambusstämme auf das Dach schlagen, mehrere Kilo schwere Brotfrüchte auf die Erde knallen. Ich zucke zusammen. »Du brauchst keine Angst zu haben, unser Haus ist sicher, es hat schon einiges mitgemacht,« beruhigt mich Bernard.

Wasser, Kerzen, Streichhölzer, Batterien, Konservendosen mit Fisch, Würstchen, eingelegtes Gemüse, alles liegt in meinem Zimmer bereit, falls ich darin einige Tage ausharren muss, wenn die Ausgangssperre angesichts der Wetterlage nicht aufgehoben wird. An der Zimmerwand stehen Dutzende Orchideentöpfe aufgereiht, die Chantal aus dem Garten hereingeholt hat.

Bevor die Nacht anbricht, ruft sie mich noch einmal in die Küche, zeigt mir, wo ich Brot und Käse finde, falls ich noch Appetit bekommen würde. Dann öffnet sie mit lautem *Blub* eine Flasche roten Bordeaux. Wir setzen uns vor den Fernseher, um die Wetterkarte mit dem weißen Wirbel zu verfolgen. Chantal gießt mir das Glas randvoll. »Hier, das beruhigt!« Sie hat eine Kerze angezündet, doch was für mich wie ein romantisches Candle-Light-Dinner aussieht, ist für sie pure Vorsorge – falls das Licht ausgeht wegen plötzlichen Stromausfalls.

Kerzen sind für die Réunionesen der Inbegriff von Zweckmäßigkeit. Entweder man zündet sie in der Kirche oder auf dem Friedhof an oder braucht sie in stürmischen Nächten wie dieser als provisorische Lichtquelle. Hier käme es kaum jemanden in den Sinn, einfach eine Kerze anzuzünden, um den Tisch zu dekorieren und eine gemütliche Atmosphäre zu schaffen: Kerzen bedeuten Ungewissheit, Angst oder Trauer. Und Duftkerzen werden höchstens verwendet, um mit dem Zitronengrasaroma Mücken zu vertreiben.

»Bist du aufgeregt?«, fragt Chantal.

»Ja, ist schließlich mein erster Tropensturm«, entgegne ich.

»Als Kind fand ich es toll, wenn ein Zyklon kam«, erinnert sie sich. »Ich durfte den ganzen Tag im Bett bleiben, die Schule fiel aus, und abends saß ich mit meinen Eltern und Geschwistern zusammen, wir spielten Karten. Und es gab Sonntagsessen! Denn vor vierzig Jahren kam nur am Wochenende Fisch oder Fleisch auf den Tisch, es war sonst zu teuer. Da ein Zyklon meistens die Stromversorgung unterbrach, musste der Kühlschrank abgetaut werden, und aus den eingefrorenen Vorräten wurde gekocht, was es sonst nur zu Weihnachten als Festessen gab. Zum Beispiel *cari bichique,* Tomatensauce mit Fischlarven, eine Delikatesse. Ich hatte auch Angst, weil der Wind durch alle Ritzen pfiff, es klapperte und schepperte, aber wir alle waren zusammen, und ich hatte das Gefühl, dass mir deshalb nichts passieren könnte.«

»Aber diesmal wird es nicht so schlimm, oder?«, erkundige ich mich, denn nun, nach all den Schilderungen, wird mir doch mulmig.

Chantal schüttelt den Kopf: »Man weiß es nie. Aber du kannst ein oder zwei Tage bei uns bleiben, auch wenn der Zyklon weiterzieht. Denn die Straßen sind dann mit umgekippten Bäumen blockiert, und bestimmte Wege kannst du nicht mehr entlanglaufen, weil sie komplett aufgeweicht sind.«

»Wie entsteht eigentlich so ein Zyklon?«, frage ich Bernard.

»Wenn die Wassertemperatur auf über siebenundzwanzig Grad ansteigt, verdunstet das Wasser über dem Ozean. Und durch die Erdumdrehung beginnt dann die aufgestiegene Luftmasse zu kreiseln und wird dabei immer schneller.«

Nach vielen Stunden bangen Wartens bei Rotwein und Kerzenlicht (ich glaube, ich werde zu Hause bei Rotwein und Kerzenlicht nun immer an den Zyklon denken), gibt es zwar noch keine Entwarnung, aber die Nachricht, dass *Giovanna* abdreht. Also gibt es zwar Sturm und Regen, aber nicht so heftig wie auf Mauritius, wo bereits Tote gemeldet wurden.

Ich atme auf. Draußen tobt zwar noch die Diva, aber ich fühle mich sicher bei Chantal, denn dem Haus kann dieser Zyklon nichts anhaben.

»Einmal mussten wir wirklich lachen«, erzählt Chantal, »ein Wirbelsturm, er hieß *Dina*, machte es ganz schlau: Er kappte genau den Sendemast, der Zyklone ankündigt, und unterbrach somit die Nachrichtenübertragung.«

Es ist nun weit nach Mitternacht, und ich krabbele müde in mein Bett.

Nach einer unruhigen Nacht wache ich auf: Die elektrische Kaffeemühle surrt, Geschirr klappert, Stimmengewirr im Flur. Verschlafen schlurfe ich zum Fenster, klappe die Fensterläden zur Seite. Auf der Straße liegen Palmenwedel, Äste, Holzleisten, zwei umgekippte Stühle, doch an der Hausfassade und am Zaun sehe ich keine Spur von Zerstörung. Der Himmel hängt wolkenschwer und grau über mir, die Erde ist völlig durchweicht, auf den Wegen stehen Wasserlachen. Ich krieche wieder ins Bett.

Jemand öffnet leise die Tür. Linda, die Kleinste der Mädchen, schleicht herein, neugierig, denn immerhin bin ich die Fremde, für die sie ihr Zimmer räumen musste. »Ich habe heute keine Schule«, flüstert sie, »wir haben zyklonfrei! Mama und Papa gehen gleich zur Arbeit, Colette und Odette müssen zum Unterricht. Ich nicht!«

Für Chantal, Bernard und die Mädchen ist es ein Wochentag wie jeder andere: Der Vater fährt ins Büro seiner Telefonfirma, die Mutter in den Schuhladen, wo sie als Verkäuferin arbeitet, die beiden größeren Geschwister gehen ins Gymnasium. Linda kann zu Hause bleiben, die Kleinen haben frei, eine pure Vorsichtsmaßnahme nach dem Unwetter, wo die Wege rutschig sind und überall umgekippte Bäume liegen.

»Wir können nachher mit Jules frühstücken!« Der Alte sitzt wieder oder immer noch im Sessel und döst. »Aber jetzt huschen wir noch mal ins Bett«, schlägt die Siebenjährige vor und erklärt mir das Spiel vom Wolf, das sie so gern mag. »Es geht so: Ich krabbele mit den Fingern an deinem Arm hoch und frage: Ist der Wolf da? Wenn du ›Ja‹ sagst, muss ich meine Hand wieder zurückziehen. Wenn du ›Nein‹ sagst, darf ich dich abkitzeln. Und dann wechseln wir, dann bist du dran.« Wir kitzeln und kichern so lange, bis wir hungrig werden wie ein Wolf, und gehen dann in die Küche, um mit dem Großvater Schokocroissants zu essen und Pfefferminztee zu trinken.

Linda hockt sich vor den Fernseher, ich gehe wieder zurück ins Bett. Seit Jahren ist es das erste Mal, dass ich mich morgens nach dem Aufstehen wieder unter die Decke verkrieche. Ich genieße das Gefühl von Geborgenheit, habe weder Lust zu lesen noch Musik zu hören, will einfach nur daliegen und an die Zimmerdecke starren. Zum Ventilator hinauf, der leise surrt und mit seinen fünf Holzlamellen frische Luft im Raum verbreitet. Unter dem gleichmäßigen Geräusch dämmere ich vor mich hin. Oft ist hier eine Zimmerdecke mit Balken gestützt oder hat an den Kanten Verzierungen, doch die über mir ist glatt, weiß, ganz weiß, sodass mein Blick ungestört daran haften kann, ohne Ablenkung. Ein meterbreites Quadrat, mit Platz für alles und nichts, eine Freifläche zum Träumen.

Ich frage mich, was Zimmerdecken eigentlich so alles erzählen könnten, wenn sie zu plaudern anfingen von den aufgefangenen Gedanken, die an der Decke gelandet sind. Gedanken hinterlassen dort keine Spuren, hängen weit oben, stumm, fern auch jeglicher Berührung. Alles rein weiß. Anders als die Wände ist die Zimmerdecke fleckenfrei, nirgends ein Kratzer, kein vergessener Nagel. Ich glaube, ich wäre mit meinen Zimmerdeckengedanken eingeschlafen, wenn nicht Linda wieder in das Zimmer gekommen wäre. »Ist der Wolf da?«

»Ja,« rufe ich, drehe mich genüsslich zur Seite und ziehe die Decke, die eigentlich nur ein dünnes Laken ist, über den Kopf;

ich mag jetzt nicht spielen und schon gar nicht aufstehen. »Der Wolf ist da!« Schmollend schließt Linda die Tür. So ein Zyklon macht müde, der fallende Luftdruck, die Schwüle, die Aufregung, das alles lässt mich schläfrig bleiben.

Was mir dann beim Dösen und Sinnieren auffällt – alle Zyklone auf La Réunion sind nach weiblichen Vornamen benannt: *Clothilda*, *Firinga*, *Colina*, *Dina*, *Diwa*, *Gaméde … Giovanna*. *Florine*, *Hyacinthe*, *Hollanda* und – *Jenny*.

Jenny?! So heißt meine Tochter! Als sie geboren wurde, kannte ich weder die Insel, noch wusste ich, dass es Zyklone gibt.

***

Wer hat eigentlich die Angst erfunden?, wollte ich als Kind herausfinden. Später als Journalistin griff ich manche meiner frühen Fragen auf und stellte sie Experten. Der Zeitungsausschnitt meines Gesprächs mit dem Hirnforscher Gerald Hüther und dem Psychotherapeuten Ulrich Sachsse über die Angst hängt heute noch über meinem Schreibtisch. Ich mag diese Passage des Gespräches sehr:

Wer hat eigentlich die Angst erfunden?

Hüther: Jemand, der unglaublich klug war, denn mit der Angst ist es wie mit dem Hinfallen: Wer nicht stürzt, lernt auch das Aufstehen nicht. Hinfallen ist keine Schande, aber Liegenbleiben. Erst das Aufstehen stärkt unser Selbstvertrauen. Ulrich, du würdest wohl sagen, der Teufel hat die Angst erfunden!

Sachsse: Nein, der Teufel hat sie dem lieben Gott geklaut, um damit Schindluder zu treiben! Da fällt mir das Märchen ein: »Von einem, der auszog, das Fürchten zu lernen.« Der Held kann erst Ruhe finden, als er die Fähigkeit des Gruselns gelernt hat und dadurch seine Gefühle besser wahrnimmt. Im Märchen macht man sich über diejenigen lustig, die keinen Zugang zu ihren Ängsten haben, weil ihnen eine wichtige Orientierung fehlt. Auf einem

Filmplakat mit Mister Bean las ich den Slogan: »Er hat keine Furcht, er hat keine Angst, er hat keine Ahnung.«

Demnach habe ich eine Menge »Ahnung«. Ich begriff, es brauchte Mut, sich mit diesem weniger angenehmen Gefühl auseinanderzusetzen. Einst dachte ich, mutig sein heißt keine Angst zu haben. Doch Mut hat die Angst zur Voraussetzung. Für mich ist es ein entschlossenes Trotz alledem.

Vor Reisen hatte ich die zwanghafte Angewohnheit, meinen Wecker jeden Abend drei Mal an- und auszustellen, damit ich wirklich sicher war, dass er am nächsten Morgen klingelte. Auf der Fahrt mit dem Taxi zum Flughafen schaute ich ständig in meiner Handtasche nach, ob ich mein Ticket eingesteckt hatte, und wäre am liebsten umgekehrt, nur um mich zu vergewissern, ob die Kaffeemaschine wirklich ausgeschaltet ist und die Fenster geschlossen sind.

Abreisetage sind die Tage, an denen ich keine Türschwellen und Pflastersteinfugen betrete – das könnte Unglück bringen ...

Angst machte mich vorsichtig, und das hatte auch etwas Gutes: Ich habe feine Sensoren, die mir signalisieren, hier kannst du bleiben, da kannst du hingehen, bei diesen Leuten mitfahren. Ich bin sensibel genug, unstimmige, unangenehme Situationen rechtzeitig wahrzunehmen. Dass ich dennoch auch vor weniger schönen Erlebnissen nicht sicher war, bleibt ein Restrisiko.

Auf Reisen überfiel mich manchmal unvermittelt die Angst: Was, wenn ich jetzt einen Unfall baue; was, wenn ich mein Geld verliere; was, wenn ich krank werde; was, wenn meine Einsamkeit überhand nimmt und niemand da ist, der mich auffängt? Nachts wurde ich wach, von Selbstzweifeln geplagt: War es richtig, wieder wegzufahren? Wird mein Geld reichen? Bekomme ich neue Aufträge, wenn ich nach Hause zurückkehre?

Halten meine Freunde zu mir, wenn ich lange fort bin?

Im Wartezimmer meines Hausarztes hing der Spruch an der Wand: »Angst klopft an, Vertrauen öffnet, niemand draußen.«

Les Colimaçons: Traurig in den Tropen

Der Jardin Naturel liegt versteckt hinter einem dichten Wald, direkt in der Einflugschneise der Gleitschirmflieger, die als bunte Punkte langsam am Himmel entlangschweben. Der Garten ist eine kleine, private Baumschule mit freiem Blick auf den Ozean. Er gehört Thierry, einem Pflanzenliebhaber der seit dreißig Jahren an diesem sonnigen trockenen Hang sät, setzt und steckt, was eben so wachsen kann an Büschen, Bäumen und Kakteen.

Er empfängt mich am Zaun; ich hatte mich angemeldet, um mir seine Anlage anzuschauen. »Hallo, ich muss noch unser Baby füttern und windeln! Wenn es schläft, habe ich Zeit für einen Rundgang.« Seine Frau und die drei größeren Kinder werfen vertrocknete Blätter und Äste in ein knisterndes Feuer. Es riecht nach Rauch, Holz und öligen Früchten.

»Manchmal weiß man einfach nicht mehr, wohin mit all dem Laub!« Die große, schlanke Frau drückt sich aus der Hocke hoch und massiert ihren Rücken: »Was Thierry an Samen in die Hände bekommt, muss in die Erde!«

Ich setze mich in den Schatten einer Palme, doch springe ich nach wenigen Sekunden wieder auf, da eine Schar von Mücken meine Beine zersticht. Da warte ich doch lieber neben dem Feuer auf den Gärtner, der gerade auf der Veranda das Baby in den Schlaf zu singen versucht.

Das dauert. Schließlich hole ich meine Jonglierbälle aus der Tasche. Wenn Frauen nachgesagt wird, dass sie in ihren Handtaschen stets das Wichtigste bei sich tragen, so als müssten sie unverhofft ins Exil gehen –, so trifft das auf mich in jedem Fall zu.

In meinem kleinen, eleganten roten Lederrucksack befinden sich Pass, Handy, Kreditkarten, Zahnbürste, Zahnpasta, Lippenstift, Traubenzucker, Taschenmesser, Notizblock und Kugelschreiber, Diktiergerät, Wasserflasche und – Jonglierbälle. Man kann ja nie wissen.

Die letzten Tage habe ich im Zimmer geübt und bin sicherer geworden, besonders im Werfen der Kaskaden. Nun, da das Baby immer noch »pruh« und »lalala« übt, statt zu schlafen, suche ich mir eine Wiese abseits der Blickrichtung von Thierry, nehme zwei der Bälle in die linke und einen in die rechte Hand: rechts, links, rechts, manchmal fange ich sie, manchmal eben auch nicht. Meine Bewegungen sind fließender geworden, doch ab und zu entwischen sie mir doch noch. Ich stelle mich vor einen Baumstamm, um nicht nach vorn, sondern mehr in die Höhe zu werfen. Plötzlich steht Thierry hinter mir: »Sie jonglieren? Wollen Sie damit Geld verdienen, als Zauberfee auf Familienfeiern?«

»Nein, ich mach das für mich.«

»Nur so? Dann hätten Sie doch lieber etwas Richtiges lernen sollen, Gitarre oder Akkordeon.«

»Dazu habe ich kein Talent. Außerdem wohne ich in einem Mietshaus mit zehn Familien, das stört die Nachbarn.«

»Oder Chinesisch lernen, Sie müssen die Vokabeln ja nicht laut aufsagen.«

»Nein, Jonglieren tut mir gut.«

»Wie, tut Ihnen gut?«

»Ein Professor erklärte mir mal, dass sich dadurch die rechte und linke Gehirnhälfte verbindet, wodurch man sich besser konzentrieren kann.«

»Soso. Alles neumodisches Zeug.«

»Stimmt nicht, es gibt Zeichnungen, auf denen die alten Ägypter jonglieren, vor viertausend Jahren!«

»Und haben die alten Ägypter das auch gewusst, das mit den beiden Gehirnhälften? – Sie wissen doch, dass das Wasser auf La Réunion andersherum abfließt als in Europa.«, setzt Thierry nach. »Also kann man davon ausgehen, dass auch das Blut im Körper andersherum fließt. Vielleicht verbinden sich dann hier Ihre Gehirnhälften auch in anderer Reihenfolge.«

»Jetzt nehmen Sie mich aber auf den Arm, oder?«, rufe ich beleidigt.

Da ich das wörtlich ins Französische übersetze, bricht er in schallendes Gelächter aus. Er versteht die Redewendung, da er Deutsch in der Schule gelernt hat, aber diesen Ausdruck gibt es so nicht im Französischen.

»Ich bin davon überzeugt, dass sich hier einiges andersherum dreht«, doziert er. »Seitdem ich auf der Insel lebe, kommen mir auch andere Ideen! Früher war ich Mathematiklehrer in Südfrankreich, heute bin ich Gärtner!«

»Wo sind denn die Baobabs?«, frage ich.

»Sie haben auch den *Kleinen Prinzen* gelesen von Antoine de Saint-Exupéry?«

Ich zitiere wörtlich: »Die Affenbrotbäume beginnen damit klein zu sein, bevor sie groß werden«. Das weiß ich noch auswendig, denn ich habe das Buch als Kind wieder und immer wieder gelesen. »Der kleine Prinz passte auf, dass der Baobab seinen kleinen Asteroiden nicht überwucherte!«

Thierry schmunzelt: »Im Gegensatz zum kleinen Prinzen habe ich Platz und möchte, dass sie riesengroß werden!« Er zeigt mir stolz seinen Baobab-Park, in dem zweihundertfünfzig dieser dickstämmigen Bäume stehen, deren kräftige Wurzeln tiefer in die Erde reichen, als die Krone in den Himmel ragt. Zwischen den grünen Blättern lugen gelbe, orangefarbene und rote Blüten hervor.

»Diese Bäume hier sind nicht älter als zwanzig Jahre, der reinste Kindergarten, wenn man bedenkt, dass Baobabs tausend Jahre und sogar älter werden können!« Er tätschelt einen wenig zerfurchten, schmalen Stamm: »Ein Babybaum, später haben die Stämme einen Durchmesser von vier, fünf Metern, sind knorrig und voller Einkerbungen! Kennen Sie die Geschichte von dem Nutzen eines ganz alten Baumes?«

Ich schüttele den Kopf.

Er beginnt sie mir zu erzählen: Ein Förster ging mit seinem Sohn in den Wald. Als sie vor einem uralten Baum standen, fragte ihn der Vater. »Weißt du, warum dieser Baum so alt geworden ist?« – »Nein, warum?« – »Weil er nutzlos ist. Wäre er brauchbar gewesen, wäre er schon längst gefällt und zu Tischen oder Stühlen verarbeitet worden. Weil er aber nicht brauchbar war, steht er noch hier. Die Vögel bauen sich darin ihr Nest, wir können uns in seinen Schatten setzen und uns ausruhen.

»Schön, oder?«, fragt Thierry.

Sein Vater war auch Mathematiklehrer und hatte dem Jungen untersagt, Gärtner zu werden. Er verlangte, dass der Sohn in seine Fußstapfen treten sollte. Doch nach einem Jahr Unterricht warf Thierry das Handtuch und siedelte nach La Réunion über. Auf der Insel wollte er endlich das machen, wovon er schon immer geträumt hatte – einen großen Garten anlegen.

Von manchen Pflanzen und Bäumen gibt es bei ihm nur ein Exemplar, von anderen Hunderte. Er lebt davon, Samen und Keimlinge zu verkaufen – Wüstenrosen, Agaven, Oleander, Kaktusse, Palmen und vor allem Baobabs.

»Auf der ganzen Insel werden Sie keinen Affenbrotbaum finden, der älter ist als dreihundert Jahre. Denn vorher lebten auf La Réunion noch keine Menschen. Lediglich Fledermäuse, Riesenschildkröten, Vögel und Krokodile waren hier zu Hause.«

Thierry tätschelt wieder einen Stamm. »Baobabs haben es mir angetan, vielleicht weil sie nahezu unsterblich ist? Stellen Sie sich das mal vor, in Kenia stehen Bäume, die wurden gepflanzt, als es noch das Römische Reich gab! Wenn die erzählen könnten, hätte man wunderbare Zeitzeugen, nicht wahr?«

Der Mann kommt aus dem Schwärmen nicht heraus: »Alles an diesen Bäumen ist überdimensional, nicht nur die Höhe oder der Stamm, auch die braunen Früchte: Die können ein halbes Kilo wiegen! Und alles von diesem Baum kann man verwenden – aus den Samen Öl gewinnen, aus der Rinde Seile drehen und den Saft einkochen, um Papier herzustellen.« Im Winter übrigens wirft der Baobab seine Blätter ab. Dann gleichen die kahlen Äste Wurzeln, die in den Himmel wachsen. Deshalb gibt es auch die Legende, dass der Teufel den Baum ausgerissen und ihn mit den Zweigen in die Erde gerammt hätte. Ein Baum also, der auf dem Kopf steht!

Man erzählt viele Geschichten über den Baobab. Zum Beispiel, dass Gott den Affenbrotbaum an ein Seeufer gestellt hat. Als der Gigant sein Spiegelbild sah, war er entsetzt, wie dick sein Leib und wie runzlig seine Haut war. Schließlich wollte er aussehen wie die anderen Bäume auch und wünschte sich eine ausladende Baumkrone mit vielen schönen Blättern an den Zweigen. Als Gott das hörte, wurde er wütend, denn er mochte den Baobab so, wie er ihn geschaffen hatte. Zornig riss er ihn aus der Erde und setzte ihn dort wieder ein, wo es weit und breit kein Wasser gab – damit der Baum weder sein Spiegelbild sah, noch sich mit anderen Pflanzen und Büschen vergleichen konnte.

Wir laufen durch den Gartenpark: »Es reicht nicht zu wissen, wie man einen Garten anlegen und Blumen und Bäume anpflanzen soll, man muss noch einiges mehr beachten für eine Anlage rund um sein Haus. Der Aberglaube spielt unter den Réunionesen eine große Rolle, auch was die Anordnung der Pflanzen daheim angeht. So dürfen Bananenstauden nie vor, sondern müssen immer hinter dem Haus stehen, da es sonst Unglück bringen könnte. Und weiße Frangipani dürfen nicht auf dem eigenen Hof wachsen, da es Bäume sind, die auch auf dem Friedhof stehen und somit die Seele der Toten anlocken könnten. Dagegen wird empfohlen, Granatapfelbäume auf dem Grundstück zu haben, da sie dafür sorgen, dass man viele Kinder bekommt.«

Dann entschuldigt sich Thierry, er müsse zum Gartentor gehen, es wären Kunden da, die kleine Baobabstecklinge kaufen wollen.

Ich begleite ihn. Er begrüßt Martin, einen Stammkunden, der mit dem Gärtner über den Preis von einem Dutzend Affenbrotbäumen verhandelt. Der hagere, hochgewachsene Mann dreht sich zu mir um: »Für mich ist es ein Glück, in der Nähe von Thierry zu wohnen. Ich züchte auch Baobabs. Aus den Früchten koche ich Gelee und Sirup, verarbeite sie auch zu Pulver.«

»Das kenne ich nicht – Pulver vom Baobab? Wozu das?«

»Das schmeckt gut, im Obstsaft zum Beispiel, und hat außerdem viel Vitamine und Kalzium. Baobabpulver gibt Kraft. Ein Baum, der so alt wird, hat viel Energie. Die kann ich gut gebrauchen.«

Ich nicke, das kann ich mir gut vorstellen. Dann hält er inne und fährt ungefragt fort. »Es ging mir nicht so gut, nach meinem Burnout … der Depression, wissen Sie«, dann verstummt er und kratzt sich verlegen hinter dem Ohr. Ich schweige auch, denn ich weiß nicht recht, wie ich mit seiner plötzlichen Offenheit umgehen soll.

Außerdem, ich traue meinen Ohren nicht, Depression, hier auf der Insel? Unter der Sonne, mit einem wundervollen Ausblick auf das Meer und diesem traumhaften Garten vor der Tür? Und dem netten, redseligen Thierry als Nachbarn? Verlegen schaue ich auf den Boden, schiebe nachdenklich mit den Fußspitzen ein paar Kieselsteine hin und her. Ich habe das Gefühl, dass Martin auf eine Frage von mir wartet, er wirkt zögerlich, ja unsicher, ob er nun weitererzählen sollte.

»Haben Sie keine Familie?«, setze ich vorsichtig an.

»Doch, das ist es ja, ich habe alles! Eine tolle Frau, zwei wunderbare Töchter; Geld, Haus, Hof, wohne auf der schönsten Insel der Welt. Tja, dennoch …«

Er hätte gehofft, so erzählt er, seine alte Haut abstreifen zu können. Der ehemalige Immobilienhändler war nach vielen Jahren permanenter Überarbeitung zusammengebrochen. Karriere zu machen und Ansehen zu genießen war verlockend. Der heute

Fünfundfünfzigjährige arbeitete an die achtzig Stunden in der Woche: »Zeit für meine Familie hatte ich kaum, Hobbys auch nicht mehr. Bei dieser übermäßigen Arbeit konnte ich mich auch nicht mit Freunden zum Tennis verabreden. Ab und zu schaffte ich es noch ins Fitnessstudio, das konnte ich auch alleine machen. Aber schließlich kam ich nicht einmal mehr dazu. Bis ich eines Tages auf der Intensivstation aufwachte.«

Martin und seine Frau beschlossen, einen Schlussstrich unter ihr altes Leben zu ziehen. Er hatte genug Geld verdient, sodass er nicht mehr zu arbeiten brauchte. Doch lieber hätte er weniger davon und würde sich gesünder fühlen, meint er heute. »Aber es geht mir schon besser.« Dann fügt er hinzu: »Wissen Sie, was mein Lieblingssatz ist?«

»Na?«

»›Oh, dies wird wieder ein glücklicher Tag gewesen sein.‹ Von Samuel Beckett. Ein irischer Schriftsteller. Da ich mich oft noch mit zermürbenden Gedanken und Selbstvorwürfen wundscheuere, versuche ich mir einen glücklichen Tag herbeizureden. Was soll ich sagen, auch unter einer so wunderbaren Sonne kann man nur so weit gesunden, wie es der innere Kosmos zulässt.«

Die Begegnung mit Martin hat mich überrascht. Dass es auch hier Psychotherapeuten gibt, habe ich bereits an den Praxisschildern in Saint-Denis und Saint-Pierre gesehen. Nun, aufmerksam geworden, lese ich von einem Burnout-Kongress auf La Réunion! Ich reiße mir die Telefonnummer vom Organisator aus der Zeitung heraus, um mich mit einem der französischen Psychologen zu verabreden, der auf der Insel seine Praxis hat.

In Saint-Pierre treffe ich mich mit Franck, der über Erschöpfungen und Depressionen auf La Réunion forscht und Vorträge hält.

»Warum ist das für Sie so abwegig?« Er ist verwundert über mein Erstaunen. »Wir sind zwar auf einer Insel, die Urlauber gern als das Paradies bezeichnen, aber paradiesische Zustände haben wir deswegen noch lange nicht. Im Gegenteil, in Deutschland oder Frankreich wird über Themen wie Burnout und Depression öffentlich mehr gesprochen, es gibt auch Bücher und Fernsehsendungen, die Menschen sind aufgeklärter als hier. Auf La Réunion wissen die Leute wenig darüber.«

Sie wissen nicht, was mit ihnen los ist, wenn sie sich scheinbar grundlos traurig fühlen und völlig antriebslos sind. Denn wie überall auf der Welt ist es auch hier ein Segen, einen festen Arbeitsplatz zu haben, gerade auf einer Insel, wo es wenig gut bezahlte Jobs gibt, die Lebensmittelpreise hoch sind und man für eine gute Ausbildung der Kinder ernsthaft sparen muss, um ihnen ein Mehr an Bildung zukommen zu lassen. Denn Studieren heißt oftmals für mehrere Jahre nach Frankreich zu gehen, das erhöht bei der Rückkehr die Chancen auf dem réunionesischen Arbeitsmarkt.

Außerdem sind die materiellen Ansprüche gestiegen auf einer Insel, die nicht in der Lage ist, ohne Unterstützung des Mutterlandes den derzeitigen Lebensstandard zu halten. Dennoch wollen besonders die jungen Leute all das, was in Frankreich gang und gäbe ist: Computer, Blackberry, Motorräder, Autos, Markenjeans. Nicht nur der Kaufrausch ist nach Übersee geschwappt, sondern auch die damit zusammenhängenden Probleme. Wer Arbeit hat, schuftet und schuftet.

Franck und seine französischen Kollegen haben die Arbeitsbedingungen auf La Réunion untersucht und festgestellt, dass ungefähr ein Fünftel der Beschäftigten keine guten Verhältnisse vorfindet. Dabei geht es nicht nur um das Einatmen der Abgase beim Straßenbau oder die körperlich schwere Arbeit auf dem Zuckerrohrfeld. In den Betrieben müssen immer mehr Aufgaben in viel kürzerer Zeit bewältigt werden. Es wird erwartet, dass die Angestellten flexibel einsetzbar sind, bereit, Überstunden zu leisten oder in einer anderen Stadt zu arbeiten. Wer im Süden wohnt und im Norden einen Job hat, muss stundenlang fahren und dabei oft lange im Stau stehen. Dass zu Hause mehrere Kinder warten, interessiert den Chef nicht.

Viele Frauen sind erschöpft und greifen zu Beruhigungstabletten, Männer versuchen mit Alkohol und Haschisch die Überforderungen in den Griff zu bekommen. Leider ist es unter den Réunionesen kaum üblich, über solche Überlastungsprobleme zu sprechen. Man erträgt eher passiv all die Überforderung; sich Hilfe zu holen, empfinden die meisten als Niederlage.

»Deshalb haben wir hier regelmäßig einen Kongress zu diesem Thema, einfach um über diese Krankheit aufzuklären«, fügt Franck hinzu.

Es beginnt zu nieseln, kein erlösender, prasselnder Regen, nur warme, feuchte Luft, die niedersinkt. Die Sonne sucht sich kleine Löcher in den tief hängenden, grauen Wolken und schlägt plötzlich vor mir, aus den Bergen heraus, einen leuchtenden Regenbogen auf, der aussieht, als würde er am anderen Ende ins Meer hinabtauchen. Statt mich über diesen wunderschönen Anblick zu freuen, fühle ich mich traurig, bin von einer seltsamen Melancholie erfasst. Das Gespräch mit Martin und Franck drückt auf mein Gemüt. Vielleicht weil Gedanken an meinen Alltag aufgetaucht sind, die ich hinter mir gelassen zu haben glaubte – dort, wo sie hingehören, neuntausend Kilometer entfernt.

Wenn mich zu Hause die Traurigkeit übermannt hat, aus welchen Gründen auch immer, bin ich zum Flughafen gefahren, habe mich ins Café gesetzt, den Suchenden, Hastenden, Wartenden zugesehen, mir ausgedacht, wo sie herkommen, wo sie hinfliegen, wer sie abholt. Stundenlang konnte ich startende und landende Flugzeuge beobachten.

Warum soll ich mich nicht auch hier, heute, ein wenig ablenken? Ich biege auf die Autobahn und brause zum Flughafen Roland Garros.

Ein angenehmes Gefühl, ohne schwere Koffer, ohne Zeitdruck das etwas altmodische Gebäude zu betreten, mich mit einem Espresso an den kleinen Wasserfall am Treppeneingang zu setzen und die Zeit einfach so vorbeifließen zu lassen. Ich lese die Anzeige des Terminals. Ankunft: Paris, Toulouse, Marseille, Südafrika, Mauritius, Madagaskar, Komoren, Mayotte. Abflug: die gleichen Destinationen. Kaum mehr als zwanzig Starts und zwanzig Landungen.

Die Passagiere, die gerade ankommen, sind vor elf Stunden in Paris eingestiegen, haben das Mittelmeer und die Wüste überquert, sind über Madagaskar nach La Réunion geflogen. In Nepal lief vielleicht gerade der Mitternachtskrimi, in Kairo schlief man bereits, in Antananarivo wurde der Morgenkaffee serviert – und auch die Passagiere über den Wolken schauten Filme, schliefen oder leerten ihre Plastikbecher.

Für mich sind Flughafenhallen ein wohltuender Gegensatz zum Alltag. Sie weiten meine Gedanken, haben etwas Beruhigendes, Wohltuendes. Während ich teilnahmslos vor mich hin döse, fragt sich niemand, warum ich hier bin, keiner will etwas von mir. Ich falle nicht auf, obwohl ich möglicherweise die Einzige bin, die lediglich in der Flughafenhalle sitzt, um hier zu sitzen. Eine Wartende, die auf nichts wartet.

Auf einem Bahnhof zu sein mit der gleichen Absichtslosigkeit wäre ähnlich. Doch es gibt keinen auf der Insel. Keine Züge, keine Schienen, keine Schaffner, keine Fahrkarten.

Als ich den Airport frohgemut verlasse, fällt mein Blick auf ein Schild: »Colipays«. Ein Versandservice, der Blumen, Rum, Obst und Konfitüre nach Europa schickt. Bunte Plakate locken. Warum nicht jemandem eine Freude bereiten?, überlege ich.

Ich suche das Paket »Passion« aus: Passionsfrüchte, Litschikonfitüre, Mangomus, Victoria-Ananas, Combava-Sirup, kreolische Fruchtpaste. »In ungefähr einer Woche ist es in Berlin«, verspricht die Verkäuferin und nimmt die Bestellung auf. Ich adressiere es an meine Nachbarin und lege noch eine Postkarte mit einem grünen Chamäleon bei für den kleinen Jungen. Darauf schreibe ich: »Ich werde dir bald erzählen, wer mich hier lieb hat! Aber ein bisschen musst du dich noch gedulden.«

***

Vor einiger Zeit wachte ich zu Hause auf, draußen wurde es hell, und in mir blieb es dunkel, dunkel wie die Nacht. Ich hatte keine Lust, aufzustehen. Auch am nächsten und am übernächsten Morgen und an all den darauf folgenden kam ich nur schwer aus dem Bett. Warum bloß war ich so erschöpft und deprimiert? Der Grund dafür blieb unsichtbar, wie bei einem Blatt, das umherflatterte, plötzlich herabsank, weil der Wind es fallen ließ. Man sah nur das Blatt hinabgleiten, nicht aber den Wind, der es nicht mehr trug.

Erschöpft zu sein war keine Ausnahme mehr, sondern entwickelte sich zum Dauerzustand, an den ich mich auf bedenkliche Art gewöhnt hatte. Gut bezahlte Aufträge brachen immer öfter weg aufgrund von Sparmaßnahmen in den Redaktionen. Der finanzielle Pfad, auf dem ich mich entlangschlängelte, wurde schmaler.

Ich blieb im Bett, griff in meinen Notfallkoffer; cremte mich mit Sonnenmilch ein, um mich mit dem Duft von warmem Kokosöl zu umgeben, schaltete meinen MP3-Player an, tippte auf meinen selbst zusammengestellten Ordner – »Musik als Antidepressivum«:

Fats Waller: *Stomp*.

Stan Getz live in Kalifornien: *Bossa Nova Medley* 1983.

Ravi Shankar: *I Am Missing You*.

Kanon in D-Dur von Johann Pachelbel.

Schließlich Cat Stevens: *If You Want To Sing Out, Sing Out*.

Ich erinnerte mich an ein Gespräch während meiner sich anschließenden psychosomatischen Kur. Der Therapeut schaute mich mitfühlend an, als ich in der Sitzung in Tränen ausbrach in der Hoffnung, nun auf den Kern meines Problems gestoßen zu sein. Er ermunterte mich, doch weiterzureden. Ich nickte und brachte schluchzend heraus, dass ich mir ein Ticket gekauft hätte – auf eine Insel.

Im professionellen Ton bohrte er nun weiter, wie es mir denn damit gehe? Vielleicht sei es doch keine gute Entscheidung? Zu weit, zu teuer, ganz allein?

Ich schüttelte den Kopf. Er lehnte sich ratlos zurück.

Dann versuchte ich zu erklären, dass ich mir dieses Ticket schon viel früher hätte kaufen sollen, denn es machte mich so froh, es jetzt in der Tasche zu haben. Tränen ja – aber Freudentränen.

Ich spürte noch einmal mehr in diesem Augenblick, wie gut sich das anfühlte, meine Wünsche nicht mehr aufzuschieben. Denn zum Aufschieben gab es immer genug Gründe, die auch mit verstreichender Zeit nicht abnehmen würden. Natürlich auch das: zu weit, zu teuer, ganz allein. Aber es gab genug, was dafür sprach. Ganz einfach, weil ich es wollte, schon so lange.

Ob ich denn nicht zu hohe Erwartungen habe?, wollte er wissen. Denn manchmal würde eine Reise gar nicht so schön werden, wie man sie sich erträumt habe.

Das wäre durchaus möglich, überlegte ich, doch unwahrscheinlich. Aber auch um das zu wissen, musste ich sie erst mal gemacht haben.

Ich wischte mir die Tränen ab und strahlte ihn an.

Wie diese Insel denn heißen würde, erkundigte er sich. Während er »La Réunion« in seinen Notizblock kritzelte, murmelte er leise, dass er mich um diese Tränen beneiden würde. Dann brach er die Stunde ab.

Saint-Leu: Ein Wahnsinnssprung

Ich liege am Strand von Saint-Leu. Der Sand wärmt meinen Rücken, ich verschränke die Arme hinter dem Kopf, schaue in den blauen Himmel und lausche dem Meer. Während ich tief durchatme, spüre ich, wie gut es tut, für eine Weile das Dauergeprassel der Stadt hinter mir gelassen zu haben. Und dennoch denke ich an die Geräuschkulisse von Berlin, nicht an den brausenden Verkehr, nein, an das Klingklong der Zugansagen auf dem Bahnhof, das Zischen des Milchaufschäumers im Café, den Gesang der Drosseln vor meinem Haus, das Glockenläuten der Kirche im Kiez und dieses ausgelassene Kinderjuchzen auf dem Spielplatz nebenan.

Welche Geräusche werde ich hier aufnehmen? Jene, die mir zu Hause fehlen werden, wenn ich die Augen schließe und mich zu erinnern versuche? Das helle Gurren der Inseltaube, die melodiöse Sprache der Kreolen, die manchmal wie ein Lied klingt, so sehr variieren Höhen und Tiefen der Stimmen innerhalb eines Satzes. Das Stampfen der Stößel im Mörser – da die Mörser aus Stein sind, hallt das abendliche schnelle Klackern überall aus den geöffneten Fenstern. Das Rauschen des Windes, der die Palmenblätter aneinanderprasseln lässt, sodass es sich anhört, als würde es regnen. Und natürlich das Tosen des Meeres, dieses herannahende Brausen und laute Zerschellen der Wellen am Kai.

Während ich an die Geräusche der Insel denke, sehe ich über mir wieder Gleitschirme auftauchen: Rote, gelbe, weiße, grüne, violette Segel schweben durch die Lüfte und ziehen langsam ihre Bahnen. Manche Flieger schaukeln kurz hin und her, unterbrechen ihre Kunststücke, fliegen ein Stück weiter, um dann wieder zu pendeln. Wie schön das aussieht!

Die Gleitschirme bewegen sich, aus den Bergen kommend, auf das Ufer zu und nähern sich in weitem Bogen langsam, sehr langsam dem Meer. Unweit von meinem warmen Liegeplatz setzen sie im Minutentakt auf. Heute, bei diesem sonnigen und windstillen Wetter, herrscht Hochbetrieb. Drei Männer mit Funkgeräten scheinen die Landungen zu dirigieren. Unten angekommen, machen manche freudige Luftsprünge, einige packen gleich routiniert ihre Fallschirme, andere halten, wieder Boden unter den Füßen spürend, erst einmal inne und atmen tief durch.

Manche kommen allein angeschwebt, andere als Tandem. Ein Junge, so um die dreizehn, fällt seinem Lehrer um den Hals und fleht: »Noch mal! Bitte!«

Die Lotsen am Platz passen auf, dass jeder die unsichtbare Landebahn am Ufer gleich wieder frei macht für diejenigen, die oben in der Luft noch in der Warteschleife hängen. Per Funk erhalten sie die Landeerlaubnis. Es sind meistens Männer, junge, ältere, ab und zu aber auch Frauen. Ich schaue dem Treiben schläfrig zu, doch plötzlich bin ich hellwach: Gerade landet eine kleine, zierliche Frau. Allein. Als sie ihren Helm vom Kopf zieht, die Sonnenbrille abnimmt und ihre halblangen Haare aus dem Gesicht streicht, sehe ich ein gebräuntes Gesicht, auf der Stirn und um den Mund zeichnen sich tiefe Falten ab – ich schätze die Dame um die siebzig. Sie schaut sich zufrieden um und faltet dann mit geübtem Griff ihr Segeltuch zusammen. Ich fasse es nicht! Als sie an mir vorbeiläuft, setze ich mich auf: »Ich bewundere Sie, Madame! Ich würde mich das nicht trauen!«

»Warum nicht? Ich sage immer, wer laufen kann, kann auch fliegen!«, ruft sie im Vorbeigehen zu mir herüber, läuft zur Bar und bestellt sich eine Cola.

Sollte ich es doch mal versuchen? Wenn sogar sie es wagt?

Die Damen im Anmeldebüro für Paragleiter machen mir Mut: Es sei kinderleicht, ich bräuchte keine Vorkenntnisse, ich müsse mich nur an die Anweisungen des Tandempiloten halten. Gut. Überredet! Ich schließe meine Sachen im Büro ein, nehme einen leichten Pullover und eine Flasche Wasser mit und steige in den Kleinbus, der die nächsten Debütanten zum Startplatz fährt. Wir sind drei, neben mir noch zwei Männer, die kurz grüßen und dann wieder schweigen. Nach gut einer halben Stunde Fahrt bergauf sind wir an einem Plateau angekommen, wo bereits die Piloten mit der Flugausrüstung auf uns warten. Ich werde Jean zugeteilt, einem Franzosen aus den Alpen. Immer wenn bei ihm zu Hause Schnee liegt, arbeitet er auf La Réunion.

»Schon mal geflogen?«

Ich schüttele den Kopf.

»Kein Problem, du rennst auf der schwarzen Gummimatte los, bis zum Ende, wo die Schlucht anfängt. Da springst du ab, ich bin bei dir, und alles andere geht von selbst. Ich lenke, du brauchst dich um nichts zu kümmern. Und bei der Landung, beim Aufsetzen, leicht in den Knien abfedern, ein bisschen noch auslaufen und stehen bleiben. Das wär's!«

Ich bekomme etliche Gurte angelegt und einen Helm aufgesetzt. Dann schnallt sich Jean an meinen Rücken fest. Beruhigend klopft er mir von hinten auf die Schulter. »Kopf hoch! Drei sind noch vor uns, die Vierte bist du. Ich gebe dir ein Zeichen.«

Mein Herz pocht, meine Hände sind vor Aufregung schweißnass. Ich schaue über das Ende der Startbahn. Will ich das wirklich? Zu spät zum Umkehren, ich versuche nicht in das Tal zu sehen. »Nun?«, fragt mein Hintermann, »bist du so weit?«

Ich halte den Daumen nach oben. Eine leichte Brise kommt von vorn, wir laufen vorsichtig gegen sie an, damit sich der Schirm hinter uns langsam mit Luft füllen kann. Der ausladend breite Gleitschirm richtet sich durch den Fahrtwind auf, am Ende der schwarzen Matte ruft es von hinten – »Go!» Ich drücke mich vom Boden ab, Jean ebenfalls – und dann, ganz von allein, wie von Geisterhand geführt, heben wir ab und gewinnen schnell an Höhe. Ich rüttle mich in meinem Gurten zurecht und sitze relativ bequem. Nur wenige Momente in meinem Leben waren befreiender als dieser Augenblick jetzt, wo ich federleicht vom Boden aufgestiegen bin! Ich schwebe, ich fliege! Ganz ohne Motor! Ein irres Gefühl!

Und was für eine Aussicht: buschige grüne Täler und spitze Berge, mittendrin Straßen, die um die Gebirgsketten führen, Flüsse, die sich an den Hängen entlangwinden. Kleine Siedlungen, manchmal nur vereinzelte Häuser, dann größere Städte und kleinere Wege, die die Orte miteinander verbinden. Auch die Autobahn sehe ich, die am Küstensaum entlangführt, so als wollte sie die Insel zusammenhalten, damit sie nicht ins Meer hineinfließt.

Ich spüre, wie Jean hinter mir an den Seilen zieht, um einen bestimmten Kurs einzuschlagen. Wir biegen nach links und fliegen somit parallel zum Meer. Es ist still, ich höre nur den Atem meines Tandempiloten und ein leises Zischen des Fahrtwindes. Sonst nichts. Ich fühle mich wie ein Luftballon, der über der Insel aufsteigt! Nun bin ich sogar auf Augenhöhe mit den kleinen Schäfchenwolken!

Doch mit einem Mal durchzuckt mich der Gedanke: Was ist, wenn wir plötzlich absinken?

»Haben wir eigentlich einen Rettungsschirm?«, rufe ich ängstlich nach hinten.

»Keine Sorge, unter deinem Sitz steckt ein Fallschirm«, beruhigt mich Jean und witzelt:

»Außerdem sind wir nur achthundert Meter hoch!«.

»Und wie schnell?«

»So um die dreißig Stundenkilometer.«

Hinter mir knackt es, denn Jean ist über Funk mit den Lotsen am Strand von Saint-Leu verbunden. Es wird angefragt, ob alles nach Plan läuft.

»*Oui!*«

Jean navigiert mit Höhenmesser, GPS und Magnetkompass, gelenkt wird über Bremsklappen. Wenn er an einer Seite zieht, fliegen wir in die entsprechende Kurve nach links oder rechts. Manchmal reicht es auch, dass wir uns in das Gurtzeug »hineinlegen« und dadurch das Gewicht verlagern. So wird die eine Flügelhälfte stärker belastet, und wir können die Richtung ändern.

»Wie geht es dir?«

»Gut!«, ich drehe mich um, und Jean fotografiert mich.

»Für dich als Erinnerung!« Dann schweben wir weiter. Unter mir erkenne ich deutlich die bonbonfarbenen kreolischen Häuser, auch die Autos und hell leuchtenden Blüten des Zuckerrohrs. Und vor mir glitzert unglaublich schön der Ozean.

»Wir fliegen gleich Thermik!«

»Was machen wir?«, rufe ich irritiert.

»Ich suche die Stellen, wo sich Warmluftpakete abwechseln, wo der Wald die Wiese ablöst. Zwischen dem Tal und den hohen Luftschichten drückt sich die warme Luft nach oben, da könnten wir noch etwas aufsteigen.«

Nach einer gefühlten halben Stunde und einigem Auf und Ab, wo ich immer kräftig schlucken muss vor Aufregung, stelle ich fest, dass wir immer noch sehr weit oben fliegen. Langsam werde ich unruhig.

»Wie lange dauert das noch?«

»Du hast Glück, das Wetter hält, wir können noch eine Stunde fliegen!«

»Waas?«

Bislang war es aufregend und schön, doch plötzlich, als wäre mein Mut nun aufgebraucht, wird mir mulmig, und mein Magen zieht sich zusammen.

»Ich will runter!«

»Ich dachte, es gefällt dir! Für dich habe ich noch eine Extrarunde gedreht!«

»Es reicht! Ich möchte runter!«, rufe ich panisch.

Das hätte ich nicht so bestimmt sagen sollen, denn nun demonstriert Jean sein Können und legt an Geschwindigkeit zu, in Richtung Strand. Was aber nicht bedeutet, dass wir wie ein Flugzeug direkt den Strand ansteuern, um zu landen, nein, wir drehen Pirouetten, um langsam an Höhe zu verlieren und dennoch zügig hinunterzukreiseln.

Mir wird schwindlig, als hätte ich zu viel Rum getrunken. Durch die halb geöffneten schmalen Augenschlitze sehe ich jedoch zum Glück den Boden immer näher kommen, und als ich dicke große Schildkröten in Zuchtbecken ausmachen kann, weiß ich, gleich haben wir es geschafft. Daneben liegt der »Landestrand«. Saint-Leu ist in Sicht.

»Rutsch auf dem Sitz etwas nach vorne und halte dich bereit zum Laufen!«, befiehlt Jean.

Er bremst die Geschwindigkeit etwas ab, ich spüre, wie meine Füße den Sand berühren, und renne automatisch einige Meter, bis wir zum Stehen kommen. Dann sinkt der Gleitschirm hinter uns wie ein müdes Tier zu Boden. Ich reiße die Arme hoch: »Juhuuu, ich hab's geschafft!«

Jean klopft mir anerkennend auf den Helm, den ich dann gleich vom Kopf ziehe. Wir packen den Gleitschirm zusammen und laufen ins Büro. Ich bin so froh, diesen Sprung gewagt zu haben, aber mehr noch, nun glücklich gelandet zu sein.

»Na, war's schön?«, fragen die Frauen hinter dem Anmeldetresen, überreichen mir eine Urkunde und drucken das Fotos aus, das Jean von mir gemacht hat: Ich lächle mit etwas verzerrtem Mund in die Kamera wie jemand, der gerade den Boden unter den Füßen verloren hat, sich aber nichts anmerken lassen möchte. Doch aus meinen Augen, trotz allem, blitzt Begeisterung.

Ich fühle mich, als hätte ich einen Sieg errungen. Aufgeputscht von meiner ungewöhnlichen Mutprobe, schlendere ich an der Uferpromenade von Saint-Leu entlang. Es ist Mittag, kurze Schatten liegen dicht an den Baumstämmen und Häuserwänden. Die Luft ist erfüllt von würzigem, etwas beißendem Rauch. Typisch Sonntag, denn da werden überall auf La Réunion an Straßen und Wegen gebratene Hähnchen verkauft. Saftige Keulen für Leute, die noch etwas Fleisch für ihr Picknick brauchen, und andere, die keine Lust zum Kochen haben. Ein Schild verkündet: »Sechs kaufen, das Siebte gibt's gratis!« Nichts für einen Singlehaushalt, denke ich.

Was den Deutschen ihre Bratwürste, sind den Réunionesen die knusprigen Hähnchenschenkel. Ich kaufe mir eins, setze mich mit einem Stück Baguette und einer Flasche eiskaltem *Dodo*-Bier an den kleinen Jachthafen. Beim Essen schaue ich den Booten zu, wie sie träge vor sich hin schaukeln, und beobachte die bunten Wimpel an weißen Fahnenstangen, die an den Seilen zerren.

Dann setze ich meine Inseltour fort, nehme die Autobahn, passiere Saint-Louis. Von Weitem steigen weiße Wölkchen aus langen dunklen Schloten auf, ich fahre an der *Sucrérie du Gol* vorbei, der größten Zuckerfabrik der EU.

Bei der Anfahrt überrascht die Silhouette dieser Stadt, die den Hang hinaufgebaut wurde: Ein blaues Minarett steht nur unweit vom grauen Kirchturm entfernt, Christen, Hindus und Moslems wohnen dicht nebeneinander. Man sieht sie auf der Straße, muslimische Frauen, die dunkle Kopftücher tragen, Inderinnen in weinroten Saris, Afrikaner, eingehüllt in bunte Stoffe. In Saint-Louis habe ich das Gefühl, das europäische Frankreich hinter mir gelassen zu haben. In den Bistros werden frittierte Ballonbrote, Fischbällchen, Falafel und Kochbananenchips angeboten. Und Männer sitzen Wasserpfeife rauchend in den Cafés.

Der nächste Ort, La Rivière, ein unscheinbares Dorf, in kaum einem Reiseführer erwähnt, liegt in Richtung der ansteigenden Straße nach Cilaos. Das Interessanteste an dem winzigen Nest ist die Drechslerei – wer einen hochwertigen, tropentauglichen Tisch oder Schrank in Auftrag geben will, kommt nach La Rivière. Sonst ist hier nicht viel los.

Um nach Cilaos zu kommen, muss ich eine Serpentinentour von vierhundert Kurven bewältigen! Es geht über tausend Meter hoch! (Die Einheimischen lächeln über so viel Aufregung und sagen, es gebe doch insgesamt nur zwei Sorten von Kurven, eine, die nach links, die andere, die nach rechts führt ...)

An den Berghängen geht es nun im Wechsel scharf links, scharf rechts hinauf. Dazwischen passiere ich schmale Tunnel, fahre einspurige Straßen im Winkel von gefühlten fünfundvierzig Grad hoch und hupe zur Sicherheit vor jeder Kurve. Sogar zwei Linienbusse kommen mir entgegen. Wir manövrieren zentimetergenau aneinander vorbei mit eingeklappten Seitenspiegeln. Ich frage mich, ob der Fahrer eines solchen Busses eine Sonderzulage erhält, denn die Strecke nach Cilaos zu schaffen ist unvergleichlich anstrengender als auf der breiten, gut asphaltierten Autobahn an der Küste entlangzubrausen.

Als ich in Cilaos ankomme, werden gerade die Stände des Wochenmarkts abgebaut. Ein junges Paar hat es damit nicht eilig, sie bleiben als Einzige zurück, vielleicht will ja doch der eine oder andere etwas kaufen.

An einem robusten Holztisch sitzt ein Mann, die verfilzten Locken unter die Wollmütze geschoben. Neben ihm liegt seine Ware übereinandergestapelt – Teller, Lampen, Töpfe, alles Handarbeit, aus halbierten, getrockneten Flaschenkürbissen geschnitzt. Die getrockneten, ausgehärteten Gegenstände sind verziert mit eingeritzten Blüten, Palmen und orientalischen Ornamenten. Am Stand gegenüber hockt seine Frau in einem roten afrikanischen Kleid, die Haare ebenfalls zu Dreadlocks gezwirbelt und mit einem schwarzen Tuch nach hinten gebunden. Sie bietet Shampoo, Zahnpasta, Massageöl und Seife an, in den Duftvarianten Jasmin, Ylang-Ylang und Rose. Inmitten der Wellnessprodukte liegen zwei CDs, deren Cover die beiden zeigt.

Es ist ruhig auf dem Marktplatz, die Touristen sind fort. Der Mann spielt Gitarre. Als er mich erblickt, winkt er mich heran.

»Such dir einen schönen Teller aus, bei Marktschluss kosten die nur die Hälfte.«

Ich nehme einen Teller, in den eine Palme und Hibiskusblätter eingeritzt sind. »Woraus ist das?«, frage ich.

»Hast du schon mal eine frische Kalebasse gesehen?«

»Ja, am Wegesrand. Das sind doch die Pflanzen, die sich am Zaun emporranken. Die Früchte sehen aus wie lange Kürbisse.«

»Genau. Dieser Teller ist absolut wasserdicht, daraus kannst du Suppe löffeln.«

Mir gefallen diese dunkelbraunen Schnitzereien, und ich kaufe ihm drei Teller ab. »Und das ist unsere Musik«, er legt eine CD in die Papiertüte. »Kannst mir ja mal sagen, wie sie dir gefällt.«

Er legt die Gitarre beiseite und dreht sich eine Zigarette.

»Ich bin Ben I Jah.«

»Benjamin?«, frage ich.

»Nein, Ben I Jah. Wobei du nicht ganz unrecht hast, Benjamin hieß ich im vorherigen Leben. Da drüben, das ist meine Frau Elv I Jah.«

»Lass mich raten – Elvira?«

Er grinst.

»Rauchst du?« Ich schüttele den Kopf. »Schade für dich, das entspannt«, meint er, und ich ahne, es ist *zamal*, Haschisch, das in manchem Garten in kleinen Töpfen oder versteckten Beeten angepflanzt wird. Es ist nicht erlaubt, aber bei einer einzigen Pflanze drücken die Gendarmen ein Auge zu …

»Dafür rühre ich keinen Alkohol an.« Ben I Jah kommt ins Plaudern: Mit zwanzig haben beide ihre französische Heimatstadt Lille verlassen, sie hatten das Stadtleben satt, sehnten sich nach Meer, Wald und Bergen und kamen nach La Réunion. Hier suchten sie sich einen abgeschiedenen Ort, in dem kaum mehr als hundert Häuser stehen. Auf dem Plateau im Talkessel von Cilaos, in Îlet-à-Cordes, begannen sie radikal ihr Leben zu ändern. Damals, vor fünfzehn Jahren, gaben sie sich andere Namen, fingen an, im Glauben an »Jah« zu leben, dem Gott der Rastafaris. Sie ernähren sich vegan und bauen an, was sie zum Leben brauchen.

»Du wirst lachen, aber ich hatte als Junge keinen blassen Schimmer von Pflanzen. Die einzigen, die ich kannte, waren Rosen und der Weihnachtsbaum. Ich dachte, Ananas wächst auf Bäumen, und Kokosnüsse sind Wurzeln, die man aus der Erde holt und daraus Bountys formt.«

Elv I Jah räumt ihren Tisch ab: »Komm doch am Nachmittag vorbei, wenn du Lust hast! Es ist nur eine Viertelstunde entfernt!«

Ich nicke und rufe Tina an, denn ich weiß, dass sie heute Gäste aus ihrer Pension nach Cilaos gebracht hat. Tina, eine Deutsche, lebt seit sechs Jahren mit ihrem Mann auf der Insel und führt mit ihm gemeinsam das charmante, kreolische *Gandalf Safari Camp*. Oft ist sie hier oben, denn hinter Cilaos steigen viele Wanderer in den Cirque de Mafate hinab, um dieses abgeschiedene Tal zu durchqueren. Auch ich werde in ein paar Tagen durch Mafate wandern.

Zwar bin ich die vierhundert Kurven sicher hinaufgefahren, aber diese extrem schmale Straße von Cilaos nach Îlet-à-Cordes, die aussieht, als wäre sie an den Berghang geklebt, traue ich mir heute nicht mehr zu. Neben einer wunderschönen Aussicht bietet sich einem hier auch ein weniger romantischer Blick in die Hölle, gesäumt von steil abfallenden Hängen.

»Kein Problem!«, ruft es fröhlich durchs Telefon. Für Tina ist solch eine für mich halsbrecherische Tour ein kinderleichter Ausflug. Wenig später zuckeln wir langsam durch das Nadelöhr. Stur starre ich durch das heruntergekurbelte Autofenster hinauf in den wolkenlosen Himmel, um nur nicht auf die beängstigend enge Straße und in die tiefen Schluchten schauen zu müssen.

Doch mit dem Anblick, der sich uns bald darauf bietet, hätte auch Tina nicht gerechnet: Das Dorf Îlet-à-Cordes scheint im Sonnenlicht zu schweben, auf einem unsichtbar gespannten Netz zwischen grünen Gipfeln, über ein paar Wattewolken. Hier und da ein paar blaue, weiße, gelbe Häuser, dazwischen hundert Jahre alte Wellblechhütten, umgeben von Linsenfeldern und Weinstöcken. Die Weinstöcke wachsen nicht am Hang, sondern ranken sich waagerecht auf langen Holzgittern, wie ein Blätterdach, um die Erde vor Regen und Wind zu schützen.

Die Linsen, die hier angebaut werden, zählen zu den teuersten und aromatischsten der Welt: klein, fest, nicht zu mehlig, würzig und doch auch ein bisschen süß. Das Besondere ist: Sie bleiben nach dem Kochen kernig und bissfest. Auf dem alljährlichen Linsenfest im Oktober ist eine Fünfhundertgramm-Tüte nicht unter acht Euro zu bekommen.

Der Wein schmeckt mir nicht, er ist lieblich und hat kein charakteristisches Aroma. Es ist wohl eher eine Verlegenheitslösung, oben in den Bergen Trauben anzubauen, weil es keine Zuckerrohfelder gibt und man somit auch keinen Rum brennen kann. Aber mit irgendeiner Droge muss man sich wohl den Feierabend nach der harten Feldarbeit versüßen …

Plötzlich zucke ich zusammen. Ein Geräusch wie ein harter Peitschenknall. Ein Bauer schlägt getrocknete Zweigen auf Vacoa-Matten. Tina erklärt mir, dass nach alter Tradition so die Linsen aus den getrockneten Ästen herausgeschlagen beziehungsweise herausgeschüttelt werden. Wir stehen am Zaun, schauen dem kräftigen, schwitzenden Mann zu. Zum ersten Mal sehe ich nicht nur, wie Linsen wachsen, sondern auch wie sie geerntet werden. Ich fühle mich ein wenig wie Ben I Jah, als er noch Benjamin hieß und dachte, es gäbe Ananasbäume.

Nicht in achtzig Tagen um die Erde, aber in achtzig Minuten von der Küste bis ans Ende der Welt. Ich bin dem Himmel ein Stück näher, über dem Meer, den Bergen, den Wolken. Auch wenn es immer wieder heißt, man befinde sich mal hier, mal da am Ende der Welt – hier würde ich dem wirklich zustimmen. Die Bushaltestelle zeigt an: »Bus 62. *Terre Fin*«. Hier ist Schluss. Hier geht es nicht mehr weiter. Dahinter nur noch Abhang und tiefe, tiefe Schlucht. Doch immerhin, der Bus fährt alle ein bis zwei Stunden, wir befinden uns schließlich im erweiterten Europa! Das nenne ich Luxus.

Îlet-à-Cordes: Übersetzt heißt das: »Inselchen an den Seilen«. Hier hatten sich einst Sklaven hochgezogen, die vor ihren Herren geflohen sind und keine Fußabdrücke hinterlassen wollten. Denn jedem entlaufenden Sklaven schickte man Kopfgeldjäger auf die Fersen, um sie einzufangen und zu töten.

Es ist ein kleines Ende der Welt. Ganz klein und ganz still. Ab und zu zwitschert ein Vögelchen. Ein Webervogel, ein *bellier*. Vor uns ein Baum mit unzähligen Nestern, die von den Zweigen hängen wie Weihnachtskugeln am Tannenbaum. Eines fällt herunter, direkt vor meine Füße. Ein längliches Nest mit einem kleinen Eingang und einem hinteren »Wohnzimmer«, geflochten aus grünen Fasern. »Du weißt«, erklärt mir Tina, »es ist kein Zufall, das ist Absicht, dass dieses Nest vom Baum fiel! Das Weibchen überwacht die Bauarbeiten ihres Gatten. Wenn der fertig ist, setzt er sich an den Eingang, schlägt mit den Flügeln und ruft sie herbei. Dann wird kontrolliert: Hat das Männchen schludrig gearbeitet, gibt es Löcher oder hängt das Nest schief? Dann macht Madame kurzen Prozess und beißt den Faden mit ihrem scharfen Schnabel durch. Nach der wohlverdienten Strafe zieht sie von dannen, um nach einem geschickteren Männchen Ausschau zu halten!«

Wir schlendern weiter. Es gibt so gut wie keine Zäune, ich sehe Einwohner, die ihr Haus verlassen ohne abzuschließen.

»Sind Sie von hier?«, frage ich neugierig den Mann, der mit seinen Töchtern den Weg entlangschlendert. Das kleine Mädchen sitzt auf seinen Schultern, das größere hüpft fröhlich nebenher.

»Ja, ich wohne dort drüben!« Simon zeigt auf ein weißes Haus mit Terrasse, vor dessen Brüstung die Wäsche wedelt.

»Gibt es ein Bistro im Ort? Wir haben Durst und wollen was trinken.«

»Nein, es ist alles geschlossen. Ich kann euch Wasser mit selbst gemachtem Pfefferminzsirup anbieten!«

Auch er öffnet die Tür zu seinem Haus, in dem er sie einfach aufstößt, sie war ebenfalls nicht abgeschlossen. An einem langen massiven Holztisch serviert er uns eiskalte Limonade in großen Honiggläsern. Ich schaue mich um. Im Wohnzimmer sehe ich ein Puppenhaus, ein Saxofon, daneben Notenständer und eine Musikanlage. Gegenüber ein roter Kamin. Dunkle afrikanische Masken hängen an den Wänden. Die Tür zum Garten steht offen. Eine Schaukel schwingt zwischen zwei Orangenbäumen. Auf einem gusseisernem runden Tisch liegen Bananen, Passionsfrüchte, Erdnüsse, Ingwerknollen, getrocknete Rosmarinstängel.

Ein Schild, das auf die Toilette hinweist. Ich folge dem Pfeil, laufe zu einer winzigen Holzhütte und finde ein Ökoklo, einen mit frischen Spänen gefüllten Behälter. Eine Toilette, die ohne Wasser auskommt, die Ausscheidungen werden anschließend als Kompostdünger verwendet, wie ein Plakat an der Holzleiste erläutert. Ein blauer Vorhang dient als Tür, von draußen weht ein Duft von Rosengeranien herein, die sich am Häuschen entlangranken.

Den beiden kleinen Mädchen wird es sicher seltsam vorkommen, dass sie in der Schule oder bei Freunden Toiletten vorfinden, bei denen mit Wasser gespült wird.

Im Garten entdecke ich eine Art Ufo: eine Metallschüssel, die mit ausrangierten Telefonkabeln zusammengebunden ist. »Den haben wir aus Madagaskar mitgebracht.« Simon setzt einen Topf auf das kleine Metallgitter, das sich in der Mitte der silbern blinkenden Halbschale befindet, richtet das wuchtige Ungetüm zur Sonne aus, und wenige Minuten später beginnt das Wasser mit dem Reis zu kochen. Er schiebt den Topf zur Seite und brät in einer Pfanne Auberginen, Zucchini, Paprikaschoten, Tomaten für das Ratatouille an, zupft Rosmarin und Thymian aus dem Kräuterbeet. Der Tisch ist für ihn und seine Töchter gedeckt.

Seine Frau ist Kunstlehrerin an der Grundschule und kommt erst am Nachmittag nach Hause. Sie verdient das Geld, während er sich um die Kinder, das Haus und den Hof kümmert.

»Es gibt eine Schule hier im Ort?«, frage ich erstaunt.

»Aber ja, wir sind sechshundert Einwohner, und die Kinder müssen doch unterrichtet werden!«

In diesem traditionsbewussten Dorf, wo die Männer auf dem Feld arbeiten und das Essen auf dem Tisch steht, wenn sie abends nach Hause kommen, wundern sich die Leute über dieses seltsame Leben von Simon und seiner Frau. Aber nach guter kreolischer Art werden nicht nur verschiedenste Religionen, sondern auch solch »merkwürdige« Familien wie diese akzeptiert. Schließlich ist man hier froh über junge Leute, denn viele von ihnen verlassen Îlet-á-Cordes schon deshalb, weil andernorts auf La Réunion der Handyempfang besser ist, das Internet nicht nur stundenweise, sondern Tag und Nacht funktioniert und auch sonst mehr los ist als in diesem abgeschiedenen Weiler. Nicht jeder möchte am Ende der Welt wohnen.

Viele Ältere verstehen nicht, wie man auf all die neue Technik freiwillig verzichten kann, wie es bei den »Simons« der Fall ist. Wo sie es sich doch leisten könnten, Smartphone, Laptop und ein nagelneues Auto anzuschaffen. Doch diese Familie dreht die Zeiger der Uhr zurück, bei ihnen gibt es keine Satellitenschüsseln, keinen Fernseher und nur eine Klapperkiste von einem Wagen. Mobil zu sein ist wichtig, wenn man außerhalb der Buszeiten in Cilaos einkaufen will oder zum Arzt muss.

»Mein Vater ist Hausmann«, erzählt die sechsjährige Sascha stolz, »er passt auf uns auf, weil Mama arbeiten geht. Meine Mama hat zwei Berufe. Sie ist Lehrerin und Malerin. Mein Papa hat auch zwei Berufe, Hausmann und Saxofonspieler – in einer Band. Wenn ich groß bin, will ich auch zwei Berufe haben.«

»Und was willst du werden, später?«, frage ich.

»Nichts.«

»Und das zweimal?

»Genau. Doppelt nichts.«

Und sie schaut mich erwartungsvoll an.

»Den Beruf kenne ich nicht, vielleicht kannst du mir das erklären!«

»Nein, bleibt mein Geheimnis!«

Nichts tun und das gleich zwei Mal! Das kann vielleicht auch anstrengend sein, überlege ich, behalte es aber für mich, um das Mädchen nicht mit philosophischen Gedanken zu überfordern.

Ich erkundige mich nach Ben und Elv I Jah. Simon weist nach links, sie würden gleich um die Ecke wohnen, hinter dem Linsenfeld, wo drei Häuser stehen.

»Schöne Grüße. Ich kann leider nicht mitkommen, ich muss Sascha und Sihem ins Bett bringen, die Mädchen brauchen noch ihren Mittagsschlaf.«

Ein grünes Haus leuchtet am Ende des langen staubigen Weges mitten in einer kleinen Bananenplantage. An der Eingangstür hängt ein grün-gelb-rotes Schild »*Holy Place*«. Ein heiliger Ort also, eine geduckte Kate und daneben ein winziges Musikstudio. Ben und Elv I Jah sitzen mit ihren kleinen Rastakindern, die ebenso lange Dreadlocks haben wie sie, im Hof und zählen die Einnahmen des Markttages. Sie freuen sich, als sie mich kommen sehen.

»Das ist unser *zion*, unser Gelobtes Land. Es ist unser Paradies im Paradies, also auf unserer Insel.«

Eine lange Tafel ist gedeckt für den Bruder von Elv I Jah, die Kinder und sie selbst. Es gibt grünen Salat, Gries, rote Bohnen, Kürbiskerne, auf Bananenblättern angerichtet. Dazu Linsen aus eigener Ernte.

»Alles, was wir essen, ist frisch zubereitet«, erklärt Elv I Jah. »Das sind wir unserem Köper schuldig. Wenn ich daran denke, wie ich früher als Kind Dosenfisch in Tomatensoße gegessen habe. Tote Nahrung! Das würde ich nie mehr anrühren. Auch keine Konservierungsstoffe, kein Salz und all das Zeug.«

Die beiden machen Musik. »Rasta ist unsere Religion und Reggae, wenn man so will, die Messe«, sagt Elv. »Für uns ist das Meditation.«

Und die Haare sind Teil ihrer Philosophie: Ein Rasta ohne Dreads ist ein *baldhead,* ein Kahlkopf und kann nicht ernst genommen werden.

»Haare wachsen wie die Wurzeln eines Baumes. Durch die Dreads kann ich klarer denken, es sind meine Rezeptoren, durch die ich Inspirationen von Jah empfange«, fügt Ben hinzu. »Jah, der Gott, inspiriert mich für meine Texte und Songs.«

Dann mustert er mich aufmerksam und legt die Stirn in Falten. »Dir fehlt Liebe!«

»Wie kommst du denn darauf?«, entgegne ich erschrocken.

»Ich sehe dir an, dass du noch nicht zu Gott gefunden hast!«

Auch das noch, denke ich

Ben und Elv I Jah fühlen sich heimisch in Îlet-à-Cordes: »Was uns alle eint, das ist die Gelassenheit, mit der wir in der Natur leben, ruhig und innig.«

Ruhig, das ist das Lieblingswort, nicht nur der beiden, sondern der Réunionesen überhaupt. Ich höre es oft – wenn einer sagt, was er getan hat oder noch tun muss, dann fügt er gleich hinzu, er würde die Sache ganz ruhig angehen.

»Die Mentalität der meisten Réunionesen ist eben nicht auf Profit und Organisation gerichtet«, erklärt mir Elv I Jah, »in den Seelen und Herzen herrschen Besonnenheit und Gleichmut. Wirkliche Freiheit also«, schwärmt sie. »Ich glaube, das unterscheidet uns von anderen Rastafaris, dass wir nicht unter schwierigen gesellschaftlichen Bedingungen leben. Wir haben einen gewissen Wohlstand auf der Insel und dennoch die Chance, Jah nahe zu sein und in aller Abgeschiedenheit zu leben. Und das ist viel wert.«

Tina fährt mich nach Cilaos. Am Sonntag haben die Geschäfte geschlossen, und das Städtchen ist wie ausgestorben. Den Nachmittag verbringe ich in Cilaos. Der Name kommt aus dem Madagassischen und bedeutet: »ein Ort, den man nicht verlässt«. Wahrscheinlich weil er so weit von der belebteren Küste entfernt ist. Fortzugehen von hier oben, das überlegt man sich zwei Mal.

Ich spaziere um den kleinen Teich, schaue mir die kreolischen Hütten an. Ihre Bordüren, die sogenannten *lambrequins*, werfen ihre Schatten an den Häusersims und schmücken die Fassaden mit Mustern, wenn die Sonne daraufscheint. Die meisten Häuser auf La Réunion sind mit diesen filigranen Platten dekoriert, ursprünglich, um die Wasserrinnen am Dach zu verbergen und den Regen über die Rundungen und Spitzen der gestanzten Blumenkelche, Blätter und Spitzen abtropfen zu lassen. Andernfalls würde das Wasser hier und da und völlig unkoordiniert an der Wand herabfließen.

Wohlhabende konnten es sich leisten, den gesamten Dachsims mit den Verzierungen zu schmücken, Ärmere statteten lediglich das Fenster an der Vorderfront oder einen schmalen Teil der Dachkante damit aus. Auch heute noch sind diese senkrecht herabhängenden und festgeschraubten Blenden recht teuer.

Ich laufe weiter zur Kirche, an deren weißer Turmseite ein großes blaues Kreuz leuchtet. Dort hoffe ich, ein paar Leute zu treffen, denn bislang bin ich offenbar die Einzige, die in der grellen Nachmittagsstunde durch den verlassenen Ort schlendert. Doch auch hier ist niemand. Die Stadt hält Siesta.

Ich atme noch einmal tief die frische, würzige Luft ein. Dann schaue ich hinüber zu den dunkelgrün bewachsenen Bergwänden und habe Lust, dem Sonnenuntergang entgegenzufahren, die vierhundert Windungen hinab zur Küste.

Nun bin ich schon etwas geübter, und die Tour macht mir diesmal sogar Spaß. Im Abendlicht breitet sich der weite funkelnde Ozean vor mir aus.

Der Anblick hat etwas Erhabenes für mich – das Meer war schon immer da, noch bevor ich kam, und wird da sein, wenn ich wieder wegfahre. Ich stelle mir vor, das Meer zu teilen und aus jedem Rand wieder ein neues Meer entstehen zu lassen, immer weiter, immer weiter. – So stelle ich mir die Ewigkeit vor.

Kurve, Kurve, Kurve, eine meditative Fahrt in der Abendglut, um diese späte Zeit kommt mir kaum noch jemand entgegen. Ich fahre den Tag leer.

***

In mir steigen Fragen auf, hier auf der Insel, die ich mir schon lange nicht mehr gestellt habe. So auch die: Was eigentlich Freiheit für mich bedeutet? Ich muss schon eine Weile überlegen. Vielleicht dies – trotz aller Verpflichtungen und Zwänge den bestehenden Rahmen mit meinen Entscheidungen zu füllen. Meine Pläne umzusetzen und mich nicht vereinnahmen zu lassen – weder von einer politischen Partei noch von beruflichen Notwendigkeiten. Ich wollte immer frei sein – frei sein, auch um zu reisen, und das für Wochen und Monate.

Die Freiheit, als Selbstständige zu arbeiten und Zeiten finanzieller Unsicherheiten auszuhalten, war meine Entscheidung, meine Art zu leben.

Der minimalistische Lebensstil und eine weitgehende materielle Anspruchslosigkeit erlaubten mir eine gewisse Radikalität – was ich nicht schreiben wollte, schrieb ich nicht. Für wen ich nicht arbeiten wollte, für den arbeitete ich nicht. So erhielt ich mir trotz Krisen und allerlei Schwierigkeiten die Liebe zu meinem Beruf. Was ich aber schrieb, das wärmte meine Seele. Insbesondere die Texte über La Réunion machten mich glücklich, es tat gut, dem nachzugehen, was meiner Leidenschaft entspricht.

Aber Freiheit hatte auch die andere Seite in mir verstärkt: Ich war eine ewig Suchende. Auch wenn im Moment alles zu stimmen schien, meldeten sich dennoch Fragen: Gab es nicht vielleicht doch noch etwas anderes, Besseres, Schöneres? Ich beobachtete, bewunderte und beneidete zuweilen das Leben derjenigen, die sich nicht anderswo hinsehnten, sondern zufrieden waren mit dem, was sie gerade hatten, auch wenn der Mann, das Haus, der Job weit hinter ihren Träumen zurückblieben.

Manchmal wünsche ich mir jene Genügsamkeit. Doch wäre ich dann hier?

Saint-Leu: Salzblüte, so weiß wie Schnee

»*Bonjour,* Birgit«, begrüßt mich Pascale, als ich das Café betrete. »Wie geht's?«

»Danke, gut!«

»Kannst du bitte für heute Abend *fleur de sel* mitbringen?«

»*Fleur de sel*?«, frage ich verwundert.

»Na wir wollen doch zusammen kochen! *Fleur de sel,* Salzblüte, ich habe keine mehr da. Die gibt es im *Pointe au Sel* in Saint-Leu. Am besten gleich ein Kilo, kostet dreißig Euro.«

»Ein Kilo Salzblüten?«

Sie stellt mir einen Kaffee auf den Tisch und legt das Geld daneben.

»Du, ich muss zurück an die Theke, es sind gerade neue Gäste gekommen. Bis später ... hier noch meine Adresse!« Sie kritzelt Ort und Straße auf ihren Rechnungsblock und schiebt den Zettel unter meine Tasse.

Pascale hatte ich neulich in Entre-Deux kennengelernt, eine weiße Kreolin mit roten Haaren. Sie kellnert als Aushilfe in verschiedenen Bistros, mal hier mal da. Das Tablett mit Wassergläsern, Kaffee und Orangensaft geschickt über dem Kopf balancierend, flitzt sie durch die Tischreihen, verschmitzt lächelnd und ohne zu schwitzen. Mir läuft der Schweiß herunter, obwohl ich nur regungslos auf dem Stuhl sitze, am Espresso nippe und ihr zusehe.

Ich blättere in der Zeitung. Heute prangt auf dem Titel von *Le Journal* ein großes Foto mit der Frage: »Wer wird Miss Frankreich?« Dazu ein Kommentar; der Autor erläutert, warum es sein Traum ist, dass eines Tages eine Miss Frankreich gewählt wird, die aus La Réunion stammt, doch gebürtige Mahorerin ist, da ihre Eltern auf Mayotte geboren sind. Das wäre für ihn echte Gleichstellung *à la française*. Auf der nächsten Seite geht es mit einem tragischen Motorradunfall weiter, dann folgen Nachrichten aus den einzelnen Kommunen, der Kulturkalender, das Fernsehprogramm, das Horoskop. Anschließend die Wetterkarte vormittags und nachmittags, Pferdewetten, ausführlicher Sportteil – und auf den letzten vier von insgesamt vierundsechzig Seiten findet man dann Neues aus aller Welt. Meistens sind es Infos aus dem Mutterland. Diesmal aber sogar eine Meldung aus meiner Heimatstadt: eine Art Nachruf auf Knut, den Eisbären. Das ist alles, was es über Berlin zu berichten gibt? Hier ist Knut offensichtlich bekannter als der Berliner Bär, bekannter sogar als das Brandenburger Tor.

Ich blättere weiter: Die Journalistin Cynthia Ramalingompoullé schreibt über Gérard Allamèle-Ranganayaguy, einen Säbelhersteller von der Ostküste. Ich habe ohnehin schon Probleme – leider –, mir nicht nur schwierige, sondern überhaupt Namen zu merken. Die kreolischen sind zum Teil für mich eine echte Herausforderung!

Dann, wie jeden Freitag, folgen Hochzeitsfotos der vergangenen Woche: ein Bild mit einem würdevoll, meist nur zaghaft lächelnden Paar, daneben ein Bild mit der Großfamilie, die sich in zwei, drei oder vier Reihen brav aufgestellt hat.

Freitag und auch Sonntag sind meine Lieblingslesetage, sonntags sammle ich die Beilage *C'était hier* (Es war gestern) aus der Sonntagszeitung: alte Fotos vom Flughafen, als man noch auf dem Feld stehen konnte, wenn eine Propellermaschine landete; von Kindern, die mit verrutschten weißen Kniestrümpfen vor der Kirche stehen; von Holzhäusern, die windschief den Gehsteig säumen. Dazu Geschichten über die alten Zeiten.

Ich trinke meinen Kaffee aus und entdecke auf der kleinen Tasse die Silhouette des Vulkans: Hier schleudert der Piton de la Fournaise statt Lava Kaffeebohnen aus seinem Krater. Ich winke

Pascale zu mir und frage, ob ich die Tasse als Souvenir kaufen könne.

»Nein, warum?«

»Wegen des Vulkans.«

»Warst du noch nicht oben?«

»Lange her, vor ein paar Jahren.«

»Los, steck sie in deine Tasche! Ich habe nichts gesehen«, und sie legt mir noch zwei Servietten zum Einpacken auf den Tisch.

»Wenn du magst, kann ich dich morgen hinfahren. Da hat sich nach den letzten Ausbrüchen einiges verändert, es gibt neue Krater! Kannst es dir überlegen, ich wohne in Bourg-Murat, von dort ist es nicht weit. Aber du musst früh raus, sonst siehst du kaum etwas, denn ab acht oder neun Uhr zieht es ohnehin meist zu, da hängen dicke Wolken über den Kratern.«

Ach ja, die Salzblüte, erinnere ich mich beim Hinausgehen. Von der Saline habe ich schon gehört, dass es jedoch dort verschiedene Sorten Salz gibt, ist mir neu.

Als ich in Saint-Leu ankomme, ist es bereits Mittag. Die Läden lassen die Rollos herunter – Post, Apotheke, Boutiquen öffnen erst wieder um zwei. Lediglich die Supermärkte, Bäcker und *tabac*-Läden haben durchgängig auf.

In einer Snackbar bestelle ich ein Schinkensandwich und muss warten, denn der Verkäufer wärmt das Brot trotz der Hitze im Ofen auf. Neben mir stehen vier junge Bauarbeiter mit ihren Colaflaschen in der Hand und starren auf den Bildschirm des Fernsehers neben der Kasse. Sie verfolgen gespannt das Skispringen in Österreich, wischen sich den Schweiß von der Stirn, während die Liveübertragung eingeschneite Autos, Buden mit Eiszapfen und frierende Zuschauer zeigt. Mir kommt es gerade völlig unwirklich vor, dass es in Europa schneit; ich schaue mit einem Erstaunen auf den Bildschirm, als würde ich eine Landung auf dem Mars verfolgen.

Schließlich setze ich mich mit dem dampfenden Sandwich auf die Terrasse an der Straße. Ab und an kommen Passanten vorbei. Was mir immer wieder auffällt: Man schaut einander an und lässt es sich nicht nehmen zu grüßen, auch wenn man sich nicht kennt. Selbst mir wird freundlich zugenickt. Ein bisschen irritiert bin ich darüber immer noch, so ungewohnt ist das für mich. Ich stelle mir vor, in Berlin wäre das ebenfalls üblich. In einer Millionenstadt? Kaum vorstellbar, da geht es eher um ein schnelles Abchecken im Vorübergehen. In Berlin weicht man einander geschickt aus als Zeichen der Höflichkeit, denn es ist schon stressig genug, durch die Straßen zu hasten, die S-Bahn pünktlich zu erreichen, die Ampel zu überqueren, die immer viel zu schnell auf Rot springt.

Dann mache ich mich auf zur Saline unweit von Saint-Leu. Ich sehe sie schon von Weitem. Eine nur mit niedrigen Gräsern und Büschen bewachsene, trockene Steppe, braun und gelb, eine von der gnadenlos brennenden Sonne ausgedörrte Erde. Vor dem felsigen Ufer liegen ungefähr zwanzig schwarze Bassins, terrassenartig angeordnet. Über ein langes Rohr fließt Meerwasser von den oberen Becken hinab in die unteren und füllt die flachen, rechteckigen Gefäße. Dort, wo sich glitzernde, weiße Berge auftürmen, stapfen Männer mit Gummistiefeln, klitschnassen T-Shirts und Baskenmützen durch das Wasser und ziehen mit einem langen Rechen grobes körniges Salz an den Rand. Da bleibt es liegen, wahrscheinlich zum Trocknen. Vor den Bassins türmen sich weiße Säcke, die die Männer zur Lagerhalle schleppen. Einer der Arbeiter wirft die Last ab, massiert sich den Nacken, streckt die Arme in die Luft, setzt sich auf die Erde und legt eine Pause ein. Mit einem Zug leert er eine Halbliterflasche Wasser, schaut auf und winkt mich zu sich: »Kann ich helfen?«

»Ich brauche ein Kilo *fleur de sel*.«

Er schüttelt seine lockige schwarze Mähne, aus der viele weiße Körnchen herausrieseln: »Hier!« Und lacht.

»Da drüben. Komm mit.«

Er gibt mir seine raue Hand, drückt fest zu, ich spüre die Schwielen, die Hornhaut und die Kraft in seinen Fingern: »Ich bin Frédéric.«

Der fast zwei Meter große Kreole mit perlmuttfarbenen Ohrsteckern und tätowiertem Arm reibt sich die Augen. »Ich bin verdammt müde, bin immer müde. Wir fangen um fünf Uhr an mit der Arbeit. Ich kann mich nicht an das frühe Aufstehen gewöhnen.«

Aber dafür, erzählt er, ist am frühen Nachmittag bereits Feierabend. Dann wäre es auch zu heiß, um die Säcke zu schleppen; die wiegen zwanzig, dreißig Kilo.

Im Bassin funkeln hauchdünne Krusten auf der Wasseroberfläche, es sieht aus, als würde das Wasser gerade anfangen zu gefrieren.

»Das sind Kristalle, die werden mit der Schaufel oder mit der Hand abgeschöpft und ungefähr eine Woche getrocknet«, erklärt er. »Durch den Wind und die Sonne verdunstet schließlich das Meereswasser – diese feine Schicht ist die Salzblüte.«

»Sieht aus wie eine Eisblume, eine Eisblume im Winter auf meiner Fensterscheibe!«, sage ich mit Blick auf die glitzernde Kruste und erinnere mich plötzlich an das markante Gebilde an meinem Schlafzimmerfenster, als ich losfuhr.

»Ach ja?«, Frédéric schaut auf, »ich kenne keine Eisblumen.«

Frédéric erklärt mir, dass die Salzblüte, so wie sie sich gebildet hat, verkauft werden kann. Anders als das Salz, das im Geschäft angeboten wird, braucht man sie nicht zu mahlen, nicht zusätzlich zu behandeln. »Salzblüte ist etwas Besonderes, Salzblüte hat auch einen sehr feinen Geschmack und ist leicht knusprig.«

»Und was mache ich damit?«

»Na, du kannst damit Fisch einreiben oder ein paar Kristalle auf den Salat streuen. Wenn du aber *fleur de sel* ins Nudelwasser schüttest, dann werde ich richtig sauer, denn dafür ist dieses Salz zu kostbar und die Ernte viel zu aufwendig.« Er droht mir scherzhaft mit der Faust.

Für die Ernte muss genau der richtige Moment abgepasst werden – bleibt das Salz zu lange im Wasser, werden die Kristalle groß und sinken zu Boden. Dieses gröbere, kantigere Salz, das sich so bildet, hat eine andere Qualität, es ist nicht mehr so zart und fein, man kann es zum Kochen verwenden oder in den Mörser geben, um Gewürze zu zerstampfen.

»Koste mal!«, und er legt mir ein paar Brösel Salzblüte in die Hand: »Und?«

»Hm, mild ... fast lieblich«, versuche ich zu beschreiben, was ich gerade auf der Zunge wie Schokolade schmelzen lasse.

Frédéric zieht sein graues, durchgeschwitztes T-Shirt aus: »So, Feierabend. Ich gehe jetzt zur Bucht ans Meer mich waschen. Wo kommst du eigentlich her?«

»Aus Berlin.«

»Schneit es da oft?«

»Manchmal schon.«

»Ich hab noch nie Schnee gesehen, sieht Schnee so aus wie das Salz hier?«

Ich schaue auf den weißen Berg. »Schwer zu sagen, Schnee ist feiner und natürlich richtig kalt!«

»Wie ist Berlin?«, will er wissen. »So wie La Chaloupe? Da wohne ich«, und er zeigt auf die Berge gegenüber der Saline, auf eine Anhöhe, einige Kilometer entfernt.

Ich schüttele den Kopf.

»Wie Saint-Gilles, da wo die Urlauber alle sind?«

»Nein.«

»Wie Saint-Denis, Berlin ist doch auch eine Hauptstadt, oder?«

»Warst du schon mal in Paris?«

»Nein.«

»Anderswo?«

»Hat sich noch nicht ergeben.« Frédéric, den ich so Ende dreißig schätze, zuckt nachdenklich mit den Schultern, als würde er das erste Mal darüber nachdenken, warum er seine Insel noch nicht verlassen hat.

Ich suche nach einem Vergleich: »Berlin ist eher mit Paris vergleichbar als mit Saint-Denis. Oder sagen wir, wie Saint-Denis, aber viele, viele Male größer, mit breiteren Straßen, höheren Häusern, Millionen Menschen, Autos, Zügen, Straßenbahnen.«

»Ich kenne weder Schnee noch Züge. Besitze weder einen Wintermantel noch Stiefel.«

»Und sicher kennst du auch kein Solarium, in dem man sich bräunen kann.«

Frédéric grinst mich an: »Sie sind komisch, die *z'oreils*!«

Z'oreil, heißt übersetzt Ohr und meint die Franzosen, die, des Kreolischen unkundig, die Hand hinter die Ohrmuschel legen – als Zeichen, dass der Satz noch einmal wiederholt werden soll.

»Ich habe gehört, im Sommer ist es bei euch bis zehn Uhr abends hell, stimmt das? Da würde ich gar nicht einschlafen können. Wenn ich in La Chaloupe um neun ins Bett gehe, ist es immer Nacht, ob Sommer oder Winter.«

Ich male ihm die Erde auf, oben links zeichne ich ein Kreuz für Berlin, unten rechts für La Chaloupe, in der Mitte der Äquator. »Ist das weit weg! Trotzdem, wir sind auch Europäer!«, sagt er stolz.

Das Wasser in der Bucht ist grün, blau, türkis. Ich halte meine Füße hinein und ziehe sie ruckartig heraus. Ein Schwarm gelber, schwarzer Fische attackiert meine Zehen.

»Was ist? Sauberer bekommst du deine Füße nicht, die knabbern den Schmutz von der Haut! Kreolische Pediküre!«

Frédéric stellt sich barfuß auf den flachen Grund und genießt es, dass die Fische an seinem Spann, den Fersen und Zehen herumzupfen.

Dann holt er einen Sack *fleur de sel*. »Wo musst du hin, ich kann dich fahren! Jetzt habe ich Zeit.«

»Bourg-Murat.«

»Los, steig ein!« Und er öffnet die Tür seines nagelneuen Mini. Ich staune nicht schlecht, das hätte ich nicht erwartet.

Es ist sein siebenter Wagen! Frédéric liebt Autos, sie müssen schnell sein, eine schöne Form haben und gute Lautsprecherboxen, die er richtig laut aufdrehen kann. Als die ersten Autos nach La Réunion importiert wurden, konnten sich die nur die Reichen leisten, meistens waren es Plantagenbesitzer der Zuckerrohrfelder. »Als Kind träumte ich davon, mir später unbedingt ein Auto zu kaufen, um zu zeigen, dass ich reich bin.«

Reich ist Frédéric nicht, aber er konnte einen Kredit aufnehmen. Und um die Miete zu sparen, wohnt er bei seinem Bruder im Haus, der wie er geschieden ist. Manche seiner Freunde haben Autos, die teurer sind als ihr Haus. »Man braucht einen Wagen auf La Réunion. Busse haben oft Verspätung und fahren meist nach sechs Uhr abends nicht mehr.«

Eine Straßenbahn, ein Tram-Train, war mal geplant, doch das Projekt wurde als zu teuer verworfen.

»Mit dem Auto ist man eben flexibel, gerade wenn man eine Familie hat. Mütter bringen ihre Kinder zur Schule, holen sie meist auch wieder ab, obwohl es Schulbusse gibt. Als ich noch mit meiner Frau zusammenlebte, haben wir unsere Tochter auch zur Schule und zum Handballtraining gefahren.«

»Und jetzt?«

»Nach der Trennung sehe ich Mery am Wochenende. Sie wohnt mit ihrer Mutter an der Küste. Mit dem Bus bräuchte ich inklusive ein paar Mal umsteigen fast einen halben Tag dorthin. Mit meinem Mini eine Stunde.«

Ein Auto können sich die meisten Réunionesen leisten, einige Banken geben Kredite sogar an jene, die Sozialhilfe beziehen, damit sie mehr Chancen auf dem Arbeitsmarkt haben. Manche Betriebe finanzieren auch den Führerschein. Frédéric bekam einen Zuschuss, denn er wohnt eine halbe Autostunde von seiner

Arbeit entfernt. Wenn er früh um halb fünf das Haus verlässt, fährt noch kein Bus.

In der Zeitung las ich, dass jeder dritte Einwohner einen Wagen besitzt und dass die Neuzulassungen für Autos bereits die Geburtenrate überstiegen haben.

Die Straßen auf der Insel sind in einem sehr guten Zustand: kaum Schlaglöcher, selten Dellen, wie ich es eigentlich nach all den Zyklonen, Regengüssen, Stürmen erwartet hätte. Jegliche Unebenheiten werden ausgebessert, emsig sehe ich Männer mit neongrünen Warnwesten die Fahrbahn ausbessern und Markierungen nachzeichnen. Aufwendige, teure Reparaturen werden nach größeren Vulkanausbrüchen nötig, wenn glutrote Lavaströme bis zum Meer hinabfließen über die einzige große Straße im Süden und diese stellenweise zuwalzen. Dann kann es Monate dauern, bis Abertausende von Tonnen schweren Gesteins geräumt werden und die Straße wieder befahrbar ist.

Die Arbeiter wissen, es kann immer wieder geschehen, dass sie genau denselben Abschnitt eines Tages erneuern müssen. Aber das lässt sich nun mal nicht ändern, denn der Piton de la Fournaise liegt auf dem Feuerring der Erde und ist einer der aktiven Vulkane unseres Planeten.

Wir biegen von der Autobahn ab in Richtung Bourg-Murat. Ich sehe durch die tief hängenden, jedoch dünnen Schleierwolken meterhohe Bambusbäume und blauweiße Hyazinthen am Straßenrand.

Es geht schleppend voran. »Wir stecken mitten im Berufsverkehr.« Frédéric nimmt seine Sonnenbrille ab, mit zunehmender Höhe wird es angenehm kühl. Ein leichter Sprühregen lässt den Asphalt dampfen. Er schaltet das Radio ein, sucht die Verkehrsnachrichten: »Ah, ein umgestürzter Baum auf der Strecke. Dauert noch ein bisschen, bis wir wieder richtig Gas geben können.«

»Sag mal«, frage ich vorsichtig, »hast du eine Freundin?«

»Hatte ich. Nach der Scheidung war ich mit einer Frau zusammen, ich liebe sie noch immer, aber sie hat drei Kinder und wollte mit mir ein viertes. Das war mir zu viel. Es war schon nicht einfach mit ihren drei Jungs, die mir stets zu verstehen gaben, dass ich ihnen nichts zu sagen hätte, denn ich sei ja nicht ihr Papa! Und dann noch ein Baby, nein, nein. Da bin ich lieber fort.«

»Als ich neulich Heiratsannoncen las, ist mir aufgefallen, dass junge Männer ältere Frauen suchen. Das ist in Deutschland eher selten.«

»Ältere Frauen wollen keine Kinder mehr und können noch richtig gut kochen, so wie früher. Das gefällt mir auch. Und sie haben Lebenserfahrung. Drei Freunde von mir in La Chaloupe sind mit Frauen zusammen, die um die fünfzig sind. Die Beziehungen halten, sie sind glücklich. Wie alt bist du eigentlich?«

»Jünger als du«, lüge ich.

»Wirklich? Ich kann Frauen mit weißer Haut schlecht einschätzen.«

»Hm«, ich grinse in mich hinein.

Frédéric schließt seinen MP3-Player an die Musikanlage im Auto an. Wir hören *Corneille*, einen schwarzen Musiker aus Ruanda, der in Deutschland gelebt hat und nun in Kanada wohnt. »Was er singt, ist so wahr! Hör mal, in diesem Lied heißt es, wenn Gott eine Frau wäre, gäbe es weniger Kriege und Gewalt.« Ich schaue den kräftigen Mann an, der nun mit weicher, zarter Stimme mitsingt und dabei eine Regenrinne übersieht – der Wagen setzt leicht auf dem Boden auf, wir stoßen mit den Köpfen an das gepolsterte Innendach. Ich muss lachen – so ein Hüne in so einem Mini! »Warum hast du dir kein größeres Auto gekauft?«

»Der Mini ist cool, findest du nicht? Ich hab doch Platz.« Das sehe ich anders, denn seine Knie reichen bis zur oberen Kante des Lenkrades. Der Riese sitzt, etwas eingezwängt wie in einem Rennauto, fühlt sich aber sichtlich wohl.

Vor dem Vulkanmuseum dann halten wir an und fragen nach Pascales Hausnummer. An einem weiß-roten Holzhäuschen fragt mein charmanter Fahrer: »Sehen wir uns wieder? Wir könnten was zusammen unternehmen, mir ist oft langweilig nach der Arbeit.«

»Langweilig?« Ich stutze, wie lange habe ich dieses Wort nicht mehr gehört! Geschweige denn selbst gebraucht. Und in dem unwahrscheinlichen Fall, dass einer meiner Freundinnen wirklich mal langweilig zumute wäre, was ich mir kaum vorstellen kann bei all der Arbeit, dem Stress, dem täglichen Leistungsdruck, dem wir alle ausgesetzt sind – keine würde dieses Wort gebrauchen! Dann hieße es vielleicht: »Mir ist gerade ein Termin geplatzt, ich habe Zeit – wir können uns treffen!« Aber ein Anruf: »Du mir ist langweilig, wollen wir uns verabreden?«, ist ziemlich unwahrscheinlich. Langeweile, was für ein exotischer Zustand! Ich finde das so ehrlich, so arglos, bin irgendwie gerührt von dieser Aussage. »Was machst du denn am Nachmittag?«

»Fahrrad fahren, dienstags hab ich Volleyballtraining und samstags Spiele. Sonst nichts.«

Frédéric kennt die Langweile, kennt das, was mir abhandengekommen ist. Doch dafür kennt er nicht das Alleinsein. In seinem Haus geht es zu wie in einem Bienenstock, erzählt er, irgendjemand ist immer da: einer seiner drei Brüder, die beiden Schwestern oder auch Nachbarn, Kumpels, Cousins, seine Tochter. Nicht selten kommen sie auch alle auf einmal zu ihm, zunächst nur auf einen Kaffee, um dann doch bis zum Essen zu bleiben. Seinem Bruder René macht es Spaß, für alle zu kochen.

»Du hast bestimmt keinen Kalender, in den du dir Termine einträgst?«, frage ich.

»Was für Termine? Montag bis Freitag arbeite ich, das weiß ich auch so, danach habe ich frei, das muss ich mir nicht einschreiben!« Und er lacht. »Wenn ich mich beim Betriebsarzt vorstellen muss oder es mal eine Abendveranstaltung gibt, wird mir das vorher gesagt.«

»Und wenn du dich mit Freunden treffen willst?«

Frédéric schaut mich an, als hätte ich gerade Deutsch gesprochen, was er überhaupt nicht versteht. »Dafür muss ich mich nicht verabreden, ich gehe über die Straße und treffe sie vor dem Kiosk, an der Kreuzung oder an der Tankstelle, wo auch immer. Oder ich fahre mit dem Fahrrad und halte an, wenn ich einen von ihnen sehe. Was für eine komische Frage!«

Dennoch ist ihm manchmal langweilig zu Hause, besonders wenn es regnet. Und es regnet oft in La Chaloupe. Dann liegt er auf dem Sofa vor dem Fernseher.

»Wir können uns am Strand treffen«, schlage ich vor.

»Am Strand? Nee, lieber in den Bergen. Schwimmen ist was für Urlauber.«

»Wo in den Bergen?«

»Bei mir in La Chaloupe!«

»Warum nicht woanders?«

»Na, weil ich mich dort auskenne, schließlich bin ich da geboren und habe immer da gelebt!«, fügt er stolz hinzu, so als wäre es ein Beweis dafür, etwas ganz Großes geleistet zu haben: »Ich muss nirgends anders hinfahren!«

Schon auf vergangenen Reisen fiel mir auf, dass viele Réunionesen, die so alt sind wie Frédéric oder auch älter, gar nicht so sehr das Verlangen verspüren, weit weg zu fliegen. Sie kennen das Wort Fernweh nicht. Es gibt Reisebüros auf La Réunion, doch die werben mit Nahzielen: Mauritius, Madagaskar, Seychellen, Südafrika, Indien, Mayotte. Urlaub auf Mayotte wird groß angepriesen, seit die Komoreninsel, halb so groß wie Rügen, als Übersee-Département zu Frankreich gehört. Ein kleines, bitterarmes Eiland, auf dem vor gar nicht allzu langer Zeit die erste Verkehrsampel installiert wurde. Doch Mayotte hat den Euro als Landeswährung und muss auf La Réunion krampfhaft das Klischee vom Ferienparadies erfüllen: weiße Palmenstrände, unberührte Natur, afrikanische Kultur. Im Reiseprospekt heißt es, die Frauen auf den

Straßen würden den Fremden zulachen, Kinder sähe man fröhlich auf der Straße spielen, die Menschen lebten unter einfachen Verhältnissen, aber alles wäre sehr authentisch. Was auch immer authentisch heißen mag, ein Wort, das mir ziemlich schwammig vorkommt. Jedenfalls, als Urlauber vergäße man dort seinen geliebten Komfort und könne die Ursprünglichkeit der Natur genießen und endlich richtig entspannen.

Nun ja, die Realität sieht anders aus: Es herrschen mehr oder weniger bürgerkriegsähnliche Zustände, da die Menschen für gleiche Sozialleistungen, sprich Kindergeld und Arbeitslosenhilfe kämpfen, wie es in Frankreich und auf La Réunion gang und gäbe ist. Mayotte ist ein Landstrich, in dem Arbeitsproduktivität und Bruttoinlandseinkommen in keiner Weise an kontinentale Maßstäbe heranreichen, Massenarbeitslosigkeit und Analphabetentum gehören hier zum Alltag. Immer mehr Mahores wollen dem Elend entfliehen und versuchen deshalb nach La Réunion überzusiedeln. Für sie ist die wenige Flugstunden entfernte Insel ein Paradies.

In Deutschland wird La Réunion von den Reiseagenturen als *das* Paradies beschrieben, was immer auch die Agenturen darunter verstehen (ich suche noch Reiseagenturen, die ohne Traumstrände und Paradiese auskommen und sich etwas mehr Mühe geben, ihre Destinationen ohne Klischees zu beschreiben). Nun also sitze ich also auf La Réunion, im »Paradies« sozusagen, und lese von Reiseveranstaltern, die mich von dem einen Paradies in das nächste bugsieren wollen. Ja, was ist denn nun das Paradies? Und vor allem, wo finde ich es?

***

»Macht Reisen süchtig?« Das hatte ich meinen Vater gefragt, der mit Mitte siebzig immer noch um die Welt reist. Er ist Mitinhaber einer Agentur für Marathonläufer, organisiert Touren zu den jeweiligen Rennen, egal ob sie in Asien oder Amerika stattfinden. Er selbst hat achtundsechzig Länder bereist. Mir schien, je älter er wurde, desto mehr Pläne schmiedete er. Holte er ein Leben lang nach, was seine Mutter sich sehnlich gewünscht hatte, die selbst nie weiter als bis zur Ostsee kam?

Er lebte es mir vor, dieses eindeutige »Ja! Reisen macht süchtig.« Nur gab es einst den entscheidenden Unterschied: Als Sportreporter war er einer der wenigen, die bereits in der DDR den Reisepass besaßen und überall hinfahren konnten. Mit der Begrenzung im Reisen verhielt es sich ähnlich wie mit der Eingrenzung durch die Mauer: Ich bin an der Sonnenallee groß geworden; die Mauer stand für mich, die 1962 Geborene, schon immer da, wie die Häuser und die Bäume auch. Nach und nach erst begriff ich, dass ich die Menschen, die ich abends in den hell erleuchteten Fenstern auf der anderen Seite sah, nicht treffen konnte. Nach und nach erst verstand ich, dass ich meinen Vater nicht begleiten durfte, zu den Skiweltmeisterschaften 1974 im schwedischen Falun oder zu den Olympischen Spielen 1976 in Innsbruck.

Es ist nicht so, dass ich mich jeden Morgen beim Aufwachen wie in einem riesigen Gefängnis fühlte und überlegte, was ich tun könne, um die weite Welt kennenzulernen. Gefragt habe ich mich das schon, aber nicht immerzu. Ich war die Begrenzung gewöhnt. Denn die graue Mauer mit den Wachtürmen, die das Stadtbild durchschnitt, störte mich als Kind wenig, da ich Berlin nie anders erlebt hatte. Sie begann mich massiv zu stören, als ich älter wurde.

Denn ich wollte reisen, und das Gefühl, etwas zu verpassen, wuchs mit den Jahren. Das Fremde, das andere, das Gegensätzliche hatte mich stärker interessiert und angezogen, als das Vertraute mir wert war.

Reisende, die aus der Ferne wiederkommen, riechen anders, mein Vater roch nach Zimttee, Weihrauch, Kokosshampoo; nach Zugabteil, Straßenstaub, Kamelschweiß, Whisky, manchmal nach

Mottenpulver, immer jedoch nach Abenteuer. Er brachte Schlangen in Schnaps mit oder eine mit Perlmutt verzierte arabische Holztruhe.

Leben fand dort statt, wo er herkam, nicht zu Hause, wo der Staubsauger surrte und ich nach dem Sandmännchen ins Bett musste.

Schon damals dachte ich, wenn ich woanders wäre, könnte ich auch ein wenig anders sein! Mutiger, verwegener! Ich könnte mich neu erfinden, den nicht vorhandenen großen Bruder aufspüren, adlige Vorfahren haben oder nach einem orientalischen Prinzen Ausschau halten.

Ich träumte von fernen Ländern und Menschen, die nicht meinten, mich zu kennen. Ich sah auf mich durch ihre Augen, wie von einem fernen Planeten. Ich war überall in meinen Träumen, nur nicht hier, am anderen Ende der Welt, das für mich das Ende von Anfang bedeutete – scheinbar unverrückbar. Ich hatte stets das Gefühl, etwas zu verpassen. Als die Mauer dann fiel, war ich siebenundzwanzig und meine Tochter zwei.

Meine Freundin hat schon recht mit ihrem Lieblingszitat von Pessoa – natürlich geht die Sonne auf La Réunion genauso unter wie in Konstantinopel oder auch in Berlin, doch leuchtet sie mit ihren Strahlen einen anderen Teil der Erde aus. Und natürlich ist auch das eigene Selbst ein so reicher Kontinent, dass man ihn problemlos ein ganzes Leben bereisen und immer wieder Neues entdecken kann. Dennoch …

Bourg-Murat: Glutrotes Spektakel

Es ist noch dunkel, als Pascale an die Wohnzimmertür klopft: »Aufstehen!« Draußen kräht der Hahn, wieder fällt eine reife Mango vom Baum, knallt auf das Blechdach, rollt das schräge Dach hinab und schlägt dumpf auf die Erde auf.

Ich falte das dünne Laken zusammen, mit dem ich mich erst gegen Morgen zugedeckt habe, als es etwas frischer wurde. Dann versuche ich die Anordnung der hellblauen Kissen mit den kleinen Elefanten so wieder herzustellen, wie ich sie mir gestern Abend einzuprägen versuchte – das große in die Mitte, die kleineren links und rechts aufgetürmt.

Wir lehnen am offenen Fenster, trinken Milchkaffee, essen Biskuit mit Guavengelee. Ich blinzele auf den ovalen Holztisch, auf dem das Kilo *fleur de sel* steht, in einem breiten Glasbehälter abgefüllt. Pascale hatte gestern dann doch keine Lust mehr zu kochen, aber sie schnippelte Tomaten und Gurke für einen Salat, dazu ein paar Streifen Palmenherzen und Artischocken, etwas Salzblüte darüber, fertig! Es liegen Welten zwischen dem herkömmlichen Meersalz aus dem Supermarkt und diesem edlen Kristall. Besonders, dass Salz knusprig sein kann, begeistert mich. Und auch dieser fast schon süße Nachgeschmack ist wunderbar.

Pascale wohnt mit ihrem Freund zusammen, der in Saint-Denis arbeitet und lediglich Samstagabend für das Wochenende nach Hause kommt. Der junge Vertriebsleiter, der den Arztpraxen medizinische Apparaturen wie Narkosegeräte, Absaugpumpen, Untersuchungsleuchten anbietet, ist jeden Tag bis spät abends im Norden von La Réunion unterwegs. Selbst auf dieser Insel gibt es Fernbeziehungen, das hätte ich nicht für möglich gehalten. Doch die Distanz zwischen Saint-Denis und Bourg-Murat morgens und in der Nacht zu bewältigen wäre anstrengend, denn hin und zurück braucht man gut fünf Stunden Fahrzeit.

Die beiden haben das Anwesen in Bourg-Murat von seinen Eltern geerbt: Ein gemütliches Häuschen mit einem rotbraunen Blechdach, umrandet von einer weißen Metallbordüre, die mich an geschliffene Mäusezähne erinnert. Vor dem Eingang glänzt eine Terrasse mit viereckigen Säulen und einem weiß gefliesten, glatten Boden. Die massiven Fensterläden sind weit geöffnet und haben eine Halterung, die aussieht wie ein Z. Auf der gegenüberliegenden Seite befindet sich ein spiegelverkehrtes Z. Es sind uralte Fensterläden aus Holz, die zusammengeklappt mit einem Balken an der Innenseite verschlossen werden. Der Verschluss ist so fest, dass weder Einbrecher noch Zyklone ihm etwas anhaben können.

Die Küche ist durch einen langen Tisch geteilt. Auf der einen Seite stehen blaue Stühle, auf der anderen ein Gasherd und zwei Kühlschränke mit Gefriertruhe, die bis unter die Decke reichen. Der Kühlschrank ist den Kreolen so heilig wie ihr Auto und neben dem elektrischen Reiskocher und dem Mörser aus Vulkangestein das wichtigste Utensil in der Küche. Es werden darin nicht nur selbst geschlachtete Hühnchenkeulen, ausgenommene Fische, geschälte Mangoscheiben und vorgekochtes Cari aufbewahrt. Neben Butter, Wurst und Käse findet man hier auch – säuberlich aufgereiht – Nagellack, Lippenstift, Hustensaft, Zäpfchen und Waschlappen, die vorher in Orangenwasser getaucht wurden, um sich damit zwischendurch Stirn und Nacken zu kühlen. Schokolade fehlt. Warum?

»Die würde im Kühlschrank ihren Geschmack verlieren, und auch ihr dunkle Farbe«, erklärt Pascale. »Schokolade lege ich in die ausgeschaltete Mikrowelle, da schmilzt sie nicht und ist außerdem vor den gefräßigen Ameisen sicher.«

Dann folgt ein Verhör: »Hast du einen Pullover dabei?« Am Morgen ist es noch kühl am Vulkan, der ist immerhin über zweitausend

Meter hoch. »Regenjacke? Sonnenschutz? Lippenpomade?« Dort oben gibt es nirgends Schatten, und die Sonne brennt mörderisch. »Feste Schuhe mit dicker Sohle? Die scharfkantige Lava schneidet wie Glasscherben!« Wie eine besorgte Mutter geht sie mit mir alles durch.

»Ich habe an alles gedacht, wirklich«, beruhige ich sie, »sogar an einen Kompass!«

Pascale schaut mich an und prustet los: »Einen Kompass? Was willst du denn damit?«

Ich blicke sie verwundert an: »Na, mich orientieren, was sonst!«

»Ein Kompass auf einem Vulkan ist genauso unnütz wie eine Taucherbrille in der Wüste. Die Kompassnadel zeigt immer auf den Vulkan, egal wo du stehst. Einnorden geht nicht!«

Ein Vulkan enthält Mineralien, die magnetisch sind, und die lassen die Nadel stets in Richtung Piton de la Fournaise springen.

Pascale legt mir eine Wasserflasche und Salamibrote auf meinen Rucksack.

»Das wirst du brauchen.«

Dann drückt sie mir einen Integralhelm in die Hand. »Los, steig auf!«

Immer mehr Frauen satteln vom Auto aufs Motorrad um, weil man sich somit am Stau vorbeischlängeln kann. Dass es dennoch ungewöhnlich ist, sieht man an den Blicken der Männer, die manchmal wie angewurzelt stehen bleiben und sich den Hals verdrehen, wenn eine Kreolin in roter Lederkluft und wehenden Locken unter dem schwarzen Helm an ihnen vorbeirauscht.

Je näher wir dem Vulkan kommen, desto karger wird die Landschaft. Wir verlassen den Wald mit seinen dunkelgrünen Sicheltannen und gefächerten Höhentamarinden. Lassen schließlich die gut geteerte Straße hinter uns, ruckeln auf einem rumpeligen, kahlen Weg hinauf in Richtung Piton de la Fournaise. Lediglich graue Erdrisse und rostrote Flecken lockern farblich den finsteren Untergrund auf. Links wird die Erde schwarz, rechts auch, vor uns erhebt sich eine lang gestreckte Silhouette dunkler Berge wie ein drohendes Unheil.

Überraschend türmen sich die eben noch feinen Wölkchen zu dicken Nebelfeldern auf, ein scharfer Wind kommt mit tropischer Geschwindigkeit auf uns zu.

Nach knapp einer Stunde halten wir am Parkplatz des Pas de Bellecombe an. Ich schaue auf eine kilometerweite Steinwüste, eine Mischung aus Mond- und Marslandschaft. Schaurig schön. Wir steigen vom Motorrad, stehen wie auf einem Aussichtsbalkon und blicken auf die steinige Einöde.

Plötzlich reißen die Wolken auf, für einen Moment scheint die Sonne, um sich kurz darauf hinter einer weißen Wattewand zu verstecken – das Wetter zeigt sich überaus launisch.

Ich ziehe meine Fleecejacke über, denn es ist empfindlich kühl geworden – vorhin noch knapp dreißig Grad, jetzt gerade mal ungemütliche fünfzehn.

»Ruf mich an, wenn du ein Problem hast, ja? Ich arbeite zwar im Café heute, höre aber auch am Tresen mein Handy klingeln!«

»Keine Sorge, ich bin nicht allein.«

Für sieben Uhr bin ich mit Claus verabredet, Tinas Mann, der mit Freunden zum Vulkan wandert. Sie hatte mir angeboten, mich seiner kleinen Gruppe anzuschließen. Claus organisiert Exkursionen und wirkt mit seinen kurzen olivgrünen Hosen, dem gleichfarbigen Hemd, Taschenmesser und Handy am Gürtel wie ein waschechter Pfadfinder.

Schweigend kraxeln wir los, zehn in Wetterjacken eingemummelte Gestalten, Mütze tief in die Stirn gezogen, auf einem schmalen Pfad, der über etliche Stufen und Kurven hundert Meter in den Enclos Fouqué hinabführt, einen der Krater des Piton de la Fournaise. Der Boden des Enclos Fouqué glänzt glatt und schimmert grauschwarz wie das Gestein in mondänen Empfangshallen.

Eine nackte dunkle Welt: Klaffende Spalten, tiefe Einschnitte und Risse zeichnen die Struktur verschiedener Ausbrüche, zwischen denen oft Jahre liegen und die das wechselhafte Antlitz der Landschaft geprägt haben.

»Der Name Piton de la Fournaise heißt wörtlich übersetzt ›Backofenkoppe‹«, erklärt Claus: »Sozusagen ein überdimensionaler Backofen mit vielen Feuerstellen, also vielen Kratern!«

Die Krater Bory und Dolomieu, direkt am Gipfel, sind die größten, aber selbst um sie herum gibt es viele kleinere Vertiefungen, aus denen Magma austreten kann.

Wenn man von einem aktiven Vulkan spricht, bedeutet das nicht, das er permanent Lava spukt. Auch wenn er sich sozusagen ruhig verhält, ist er dennoch aktiv. Man spürt es an den heißen Steinen unter den Füßen. Es herrscht eine trügerische Ruhe. Aber man braucht keine Angst zu haben, Eruptionen werden rechtzeitig angekündigt.

»Schaut mal, das sind ineinandergeschobene Basaltplatten«, ruft Claus in den pfeifenden Wind. »Man nennt diese Lava auch Stricklava, weil das Muster dem auf den Boden gelegter dicker Stricke ähnelt.«

Die Lava hat eine Struktur wie eine Blätterteigschnitte, mit verschiedenen Farben und unterschiedlicher Steindicke, je nachdem aus welcher Tiefe die einstige Glut an die Erdoberfläche geschleudert wurde.

Mal sieht sie aus wie flüssig hingegossenes Blei, mal wie bröseliger Schotter, dann wieder wie eine drapierte schwarze Fahne oder ein riffliger Meeresboden.

Im vorderen Bereich eines kleineren Kraters liegt ein rötlich schimmernder Trichter, an dem wir vorsichtig entlanglaufen, um dann schließlich bergauf zu staksen auf einem Pfad, der zum Hauptkrater führt.

Unter den Füßen knirscht das Gestein, und über unseren Köpfen fegt ein kalter Wind. Wir sind bereits über eine Stunde unterwegs; alle schweigen und genießen den Marsch. Nur ab und zu hört man das Klacken der Fotoapparate.

Dann plötzlich öffnet sich vor uns eine meterhohe Grotte, die Chapelle de Rosemont am Fuße des Vulkans. Sie sieht aus wie eine dicke Gesteinsblase und ist ein perfekter Unterschlupf, um vor Wind und Regen Schutz zu suchen – oder um eine Picknickpause einzulegen. Doch niemand möchte rasten, wir wollen ankommen.

Nach weiteren anderthalb Stunden stehen wir auf dem Aussichtspunkt und blicken auf den Krater Dolomieu. Der Himmel ist wolkenverhangen, doch ab und zu reißt er auf, und ich schaue aus schwindelerregender Höhe hinab in eine dunkelgraue Tiefe, wo aus Ritzen vereinzelt Dämpfe aufsteigen. Ein furchterregender Abgrund – und ein öder Anblick, wäre nicht hinter dem Rand des Piton de la Fournaise diese ferne hellgrüne Landschaft mit dem blauen Ozean – leuchtende Farben, die der steinernen Lavazone das Trostlose nehmen.

Dann geht es den gleichen Weg zurück. Ich bin erschöpft, weniger durch die Anstrengung als durch die permanente Konzentration, nicht vom Weg abzukommen und mir nicht die Schuhe an scharfen Steinkanten aufzuschlitzen. Außerdem müssen wir immerzu gegen diesen unerbittlichen, harten Wind anlaufen.

»Der Piton de la Fournaise ist ein sogenannter Hotspot-Vulkan, wie auch der Kilauea, sein Bruder auf Hawaii«, erzählt Claus. Hotspot bedeutet, dass Magma aus mehreren Hundert Kilometern Tiefe an die Erdoberfläche strömt, dadurch die Lava sich nach und nach auftürmt. Im Kampf zwischen Feuer und Wasser ist die Insel vor mehr als zwei Millionen Jahren aus dem Ozean aufgestiegen.

La Réunion ist insgesamt siebentausend Meter hoch, viertausend Meter davon liegen unter Wasser. Die restlichen dreitausend Meter ragen aus dem Ozean heraus, die höchste Spitze ist der Berg Piton des Neiges.

Wenn der Vulkan ausbricht, fließt die Lava den Hang des Grand Brulé in Richtung Ozean. Die Eruptionen selbst sind beindruckend und spektakulär, doch nicht sonderlich gefährlich, denn die Lava spritzt nicht explosiv, sondern quillt langsam aus dem Krater heraus und schafft sich so eine Schneise in Richtung Meer.

Selten finden Ausbrüche außerhalb des Kessels statt, doch wenn dies passiert und Lava tagelang herabbrodelt, wie 1977 und 1986, kann es passieren, dass nahe gelegene Häuser zerstört werden. Deshalb haben sich in dieser »Kraterschneise« keine Menschen mehr angesiedelt.

Der Vulkan ist aber auch dafür bekannt, dass er die Insel vergrößert mit seinem aus dem Erdinneren herausgeschleuderten Gestein. Die Lava fließt ins Meer, erkaltet und verbreitert den Küstensaum. Bei dem gigantischen Ausbruch 2007 kam so viel Lava an die Oberfläche, dass La Réunion im Südosten insgesamt 450 000 Quadratmeter an Fläche zulegte.

Der Piton de la Fournaise wird permanent beobachtet. Verantwortlich für den heißen Riesen ist das Observatoire Volcanologique du Piton de la Fournaise in Plaine des Cafres, dessen Leiter viele Jahre ein Deutscher war, der Vulkanologe Thomas Staudacher aus Heidelberg. Er kommt aus einem Land, wo sicher alles Mögliche passieren kann, kaum aber ein Vulkanausbruch. Doch vielleicht ist gerade deshalb das Interesse an diesem Naturphänomen besonders groß? Denn kein deutscher Urlauber auf La Réunion lässt es sich nehmen, dem Piton de la Fournaise wenigstens einmal einen Besuch abzustatten.

Wie ich später von Claus erfahre, war es nicht so, wie ich zunächst annahm, dass sich Deutschland ausdrücklich um die Überwachung des französischen Übersee-Vulkans beworben hatte.

Der einstige Physikstudent folgte seiner Frau auf die Insel und übernahm später die Leitung der Beobachtungsstation.

»Dieser Vulkan gehört zu denen auf der Welt, die am besten überwacht sind. Er ist zu Fuß und mit dem Hubschrauber gut zu erreichen und im Vergleich zu anderen Giganten recht überschaubar«, erzählt Claus. »Zwölf GPS-Stationen senden rund um die Uhr Daten an das Observatorium. Sollte er wieder ausbrechen, zeigen Stunden vorher seismologische Geräte eine erhöhte Aktivität an. Es ist dann, als ob der Berg wie ein Hefekloß aufgeht; er schwillt an, weil Magma aus dem Inneren aufsteigt.«

Jeder Ausbruch sorgt für Überraschungen: Noch Jahre nach einer Eruption werden Höhlen entdeckt, manche führen unter der Erde sogar bis ins Meer. In diesen Höhlen gibt der Vulkan Geheimnisse der Erde preis. Forscher untersuchten darin eigenartige Kristallsäulen, die aus den Gasen des Magmas entstanden sind: Gebilde, die wie Eisblumen und Gipspflanzen aussehen. Die Höhlenwände sind von goldfarbenem Schimmer und blauen Wasserrinnen durchzogen.

Junge Männer der südfranzösischen Luftfahrtschule, die bereits für die Erforschung von Mond und Mars in die USA geschickt wurden, um in der Wüstenregion von Utah unter mondähnlichen Verhältnissen ein Überlebenstraining zu absolvieren, besuchten wie andere Raumfahrtforscher auch diese einzigartigen Tunnelwege. Man plant, dort eine wissenschaftliche Station zu errichten, im kargen Gestein, fernab der Sonneneinstrahlung. Denn es gibt kaum eine Region auf der Erde, die mehr dem Mond ähnelt als das Lavafeld um den Piton de la Fournaise.

Die Stadt Sainte-Rose am Fuße des Vulkans fühlte sich dazu berufen, die Raumfahrtforschung ein wenig zu unterstützen, und arbeitete mit internationalen Organisationen zur Erforschung von Mond und Mars zusammen. Die jungen Luftfahrtoffiziere aus Südfrankreich haben nämlich festgestellt, einer der Tunnel dort wäre ideal, um Astronauten auf die ungewohnten Bedingungen fern ab der Erde vorzubereiten. Der Bürgermeister von Sainte-Rose engagierte sich für exorbitante Projekte, stellte Pakete getrockneter Litschifrüchte als süße Bord-Knabberei für die langen Flügen bereit, unterstützte ein Programm zur Erforschung des Pluto, dem entferntesten Planeten unseres Sonnensystems, und sammelte Geld für einen nachgebauten Sputnik, den französische Studenten ins All schickten.

»Was eigentlich, wenn es wieder so weit ist und eine Eruption bevorsteht?«, frage ich trotz allem etwas besorgt.

»Dann rufen die Wissenschaftler des Observatoriums die Präfektur an und informieren die Polizei – der Piton de la Fournaise wird sofort für die Öffentlichkeit gesperrt. Am Bildschirm beobachten die Experten, wo es losgehen könnte, und wenn der Vulkan tatsächlich beginnt, Lava zu spucken, kreisen über ihm Helikopter, um das Gebiet zusätzlich zu überwachen. Lediglich einige wenige Spezialisten dürfen sich der Ausbruchstelle nähern, um zum Beispiel Lavaproben zu entnehmen, denn an ihnen können Experten ungefähr abschätzen, wie lange die Eruption dauern wird.«

Zurück geht es mit dem Geländewagen über die Seitenstraßen Richtung Le Tampon. Das ist das Wunderbare auf La Réunion: Man kann sich nicht nur sein Klima aussuchen, sondern auch genau die Landschaft, auf die man gerade Lust hat. Eine Weile später ist mir, als wäre der Vulkan, dem wir uns eben noch auf Augenmaß genähert haben, eine Fata Morgana gewesen: Plötzlich weiden vor uns auf grünen Wiesen Kühe, Pferde und Schafe, ähnlich wie auf einer Alm. Es ist, als ob wir einen übergroßen Garten durchqueren, hier wachsen Pfirsich-, Pampelmusen-, Eukalyptusbäume und Sicheltannen.

»Es gibt viele Sicheltannen hier«, erzählt Claus, »diese Bäume wachsen schnell, und das Holz eignet sich bestens zum Heizen.« Im Winter ist es kühl auf den Hochebenen, und da wird der Kamin angefeuert. Manche Einheimische kochen auch wie früher draußen auf ihrem Herd und brauchen dafür Brennholz.

»Und die auffälligen hohen Büsche am Wegesrand«, fährt Claus fort, »heißen im Volksmund falscher Tabak, weil sie dem Tabak ein wenig ähnlich sind. Früher wurde damit Geschirr abgerubbelt und abgewaschen, da sich mit den lappenähnlichen Blättern Fett gut abreiben lässt. Auch heute noch werden oft nach einem Picknick die Töpfe damit gereinigt. Die Innenseite des Blattes ist sehr weich und wurde einst als Toilettenpapier verwendet. Die Bauern benutzen es immer noch für den Notfall unterwegs.«

Wir kommen in das Städtchen Le Tampon – blumengeschmückte Straßen und der übliche Kreisverkehr, der wie überall auf der Insel Ampeln ersetzt und ein zügiges Fahren ermöglicht. Am Anfang hatte ich Respekt davor, denn von allen Seiten fahren Autos an das Rondell heran. Doch ich bin überrascht, wie umsichtig die Leute sind: Man lässt dem anderen eher mal die Vorfahrt, als dass man sich selbst noch schnell in eine Lücke hineindrängelt. In Berlin wäre das undenkbar – nicht, dass es unhöflicher zugeht, aber wie heißt es so schön: Zeit ist Geld, und davon hat man nie genug …

Wir fahren aus dem Ort hinaus, einen Schlenker über die Bergroute nach Piton Sainte-Rose. Dort wird sichtbar, dass mit jedem Ausbruch nicht nur die Insel ein wenig wächst, sondern mit ihr auch der Glaube: Nach dem Vulkanausbruch 1977 floss ein breiter Lavastrom durch den Ort Piton Sainte-Rose, zerstörte Häuser, verbrannte Bäume und Zuckerrohrfelder. Wer dieses Schauspiel damals miterlebte, sagt, es wäre gewesen, als ob die Bergflanke aufriss, aus der Erdspalte ein heller, roter Feuerwind herausbrach und ein Flammenmeer entzündete, das sich mit rasender Geschwindigkeit ins Tal hinabwälzte. Aber wie durch ein Wunder kam die Lava vor der Dorfkirche ins Stocken und bremste ab.

Meterhohe graue Gesteinsmassen umschließen noch heute die Kirche. Ich kann mir lebhaft vorstellen, wie bedrohlich die Situation damals gewesen sein muss, denn noch immer sind an den Fassaden Brandspuren zu erkennen. Viele der Einwohner sind sich sicher, dass der liebe Gott seine Hand darüber gehalten hatte, denn nichts außer dieser Kirche blieb dort vom Vulkanstrom verschont. Seitdem heißt das Gotteshaus Nôtre-Dame-des-Laves und wurde zur Pilgerstätte nicht nur für Gläubige.

Entlang der Straße durch den Süden halten wir mit Claus an den verschiedenen Buchten, um den mächtigen Vulkanhang von der Küste aus zu betrachten. Mal sieht das Gestein aus wie knitterige Elefantenhaut, mal wie eine poröse Knetmasse.

Wenn es stimmt, dass in der Lava alle Elemente des Periodensystems enthalten sind, laufe ich gerade über das Urgestein unserer Erde. Ein tolles Gefühl.

Aber nicht nur deshalb wird mir plötzlich warm. Ich spüre, wie meine Gummisohlen »glühen« – selbst Jahre nach den Ausbrüchen verhindert die von unten aufgeheizte Erde, dass das Gestein sich abkühlt; man sieht es deutlich an den teilweise noch dampfenden dunklen Lavaflächen.

Was entdecke sehe ich da? Kleine Pflanzen ragen aus den schwarzen Gesteinsspalten hervor! Ich zeige Claus, was mich so überrascht: »Ja, das ist wirklich unglaublich! Drei Monate nach einem Ausbruch grünt es wieder auf der verbrannten Erde. Und einige Zeit später ist die karge Fläche bewachsen, man baut Zuckerrohr oder Vanille an.«

Ein Vulkanausbruch bewirkt auch, dass manches durch die plötzliche Hitze besser wächst, Vanille reift im Süden schneller als in anderen Gegenden der Insel. Aber es gibt noch weitere Überraschungen. Vor einigen Jahren, als wieder ein gewaltiger Lavastrom in den Ozean floss und das Wasser an der Küste wohl bis hinab zum Meeresgrund erhitzte, wurden tote Fische an die

Oberfläche gespült, die noch nie ein Mensch gesehen hatte! Sie kamen aus den tiefsten Tiefen des Meeres – ein sensationeller Fund für die Meeresbiologen, die nun diese urzeitlichen Meerestiere untersuchen.

Saint-Pierre: Einkaufen mit dem Unbekannten

Der Inselkoller sitzt eines Morgens an meinem Bett und starrt mich an. Will mich einfangen, weil er weiß, dass ich das nun gar nicht mag, dieses Gefühl von Enge. Um mich seiner erdrückenden Anwesenheit zu entziehen, brauche ich Ablenkung. Ich beschließe, nach Saint-Pierre zu fahren, mich durch die Straßen treiben zu lassen, einkaufen, essen, Stadtleben in mich einsaugen. Heute werde ich also nicht am Strand sitzen und aufs Meer schauen, so sehr ich es sonst auch mag.

Es ist selten, aber ab und zu kommt für mich der Moment, wo ich die Stadt brauche: Aufregung, Spannung, Krach, Lärm; kurzum, es muss etwas los sein. Saint-Pierre ist perfekt gegen meinen Inselkoller: Straßencafés, Märkte, Boulevards, Geschäft an Geschäft, Läden für Kleider und Hüte, für Fische und Vögel; eine Moschee neben der Sprachschule, indische Restaurants neben chinesischen Snackbars, Biobistros, Suppenküche, Saftbar.

In einer Bar bestelle ich mir ein Getränk, weil ich über den Namen lachen muss: *Le diab'l marie sa fille* (der Teufel heiratet seine Tochter), ein Fruchtmix aus Birne, Banane, Ananas, Ingwer und Orange.

Ich genieße den eiskalten Cocktail und blicke durch das Fenster. Eine Gruppe deutscher Touristen schlendert auf der Uferpromenade entlang und eilt mit einem Mal auf ein Verkehrsschild zu. Alle fotografieren, als würden sie ein seltenes Insekt sehen oder ein scheues Chamäleon. Passanten schauen irritiert – als ob die Deutschen keine Verbotsschilder kennen würden! Es ist eines für Busse, mit dem Satz *sauf bus* (das französische *sauf* heißt: »ohne«, gemeint ist: nur für Busse erlaubt).

Ich laufe die Straße entlang, Reggaemusik hallt aus der Ferne und zieht mich in das *Café de la Gare*. Die Terrasse ist bis auf den letzten Platz besetzt, doch ich habe Glück, gerade wurde an einem kleinen runden Tisch gezahlt. Ich setze mich und bestelle einen Kokossaft. Mit dem süßen Aroma will ich den Inselkoller einschläfern. Ein Student prostet mir mit seinem Bier zu, zwei Althippies nippen am Espresso. Andere sitzen bei Kaffee und Kuchen, lesen Zeitung oder telefonieren. Ein paar junge Männer, in Zigarettenrauch eingehüllt, spielen Karten. Jugendliche mit goldenen Ketten und Bikershorts hocken Cola trinkend vor ihrem Laptop, schauen ab und zu auf, um mit einer Urlauberin zu flirten. Sie vertieft sich um so mehr in ihren Reiseführer, wagt jedoch ab und zu einen kecken Augenaufschlag.

Das Plakat an der Wand des mehrstöckigen Steinhauses lädt heute zum Salsa, morgen zur Livemusik mit Jazz und Soul. Alles wie in einer »echten« Stadt. Das tut gut und ist mir vertraut.

Das *Cafè de la Gare* gehört zu den »angesagten« Adressen. Es war einst die Endstation der Eisenbahn auf La Réunion, die Mitte des vorigen Jahrhunderts stillgelegt wurde. Sie rentierte sich nicht, weil immer mehr Autos auf der Insel fuhren. Das Haus erinnert an koloniale Zeiten: hohe Decken, geflochtene Vacoa-Matten als Raumteiler, im Saal flache, dunkle Holztische, weich gepolsterte Sessel mit blau gemusterten Kissen, schmiedeeisernen Lehnen und rote Vorhänge. Mitten im Raum ragt eine Palme zur Saaldecke empor.

Von außen sieht das Café noch aus wie ein historisches Bahnhofshäuschen: Die Terrasse war einst die Empfangshalle, die großen Eingangstüren erinnern an die Zeiten, als abends noch der Bahnhof abgeschlossen wurde, nachdem der letzte Zug durchgefahren war. Die Bar steht im ehemaligen Wartesaal, und ich vermute, dass dort wo die Toiletten sich befinden, damals Fahrkarten verkauft wurden. Die Züge bestanden damals aus zwei, drei Waggons, in denen sich nicht nur Fahrgäste drängten, sondern auch Zuckerrohr verladen wurde. In meiner Vorstellung höre ich noch das Schnaufen der Lokomotive, rieche den Kohledampf, der aus den Schornsteinen ausgestoßen wird. Wie schade, dass es kein Museum gibt, das Geräusche und Gerüche »ausstellt«. Ich träumte schon früher von einer Ausstellung verlorener Dinge. Gegenstände bleiben zuweilen erhalten: Es gibt Expositionen, wo man alte Grammofone, Kaffeemaschinen, Hufeisen betrachten kann, doch hören, wie die Lieder aus den handbetriebenen Musikmaschinen klangen, geröstete Bohnen in der Mühle krachend zermahlen wurden, oder wie es klackerte, wenn Ochsenkarren auf den Pflastersteinen vorbeizuckelten – solche Geräusche gingen verloren.

Etwas benebelt, aber leichten Fußes, schlendere ich zum Fußgängerboulevard. Die Rue des Bons Enfants ist eine der beliebtesten Einkaufsmeilen, so berühmt, dass Lieder darüber geschrieben wurden.

Der réunionesische Sänger Dominique Barret besingt die *wunderschönen* Häuser mit ihren *wunderschönen* Menschen, die ihn in eine *wunderschöne* Stimmung versetzen – so *wunderschön* sei alles, dass er es sogar mit geschlossenen Augen sehen könne. Nun ja... Dieses Hochgefühl kann ich nicht ganz teilen, doch die Straße hat etwas Besonderes an sich, schon durch ihre Lage: Sie teilt die Stadt. Im Norden liegt das feinere Villenviertel mit den weißen Herrenhäusern, im Süden der Kiez mit Kontoren und Lagerhallen der ehemaligen Ostindischen-Kompanie. Hier wurde einst die Grenze zwischen den Armen und Reichen gezogen. Die Rue des Bons Enfants selbst vereint beides: abgeschabte Warenlager, dunkle Büroräume, Wohnräume hinter eisenverzierten Balkonen, aus deren geöffneten Fenstern schäbige Vorhänge flattern.

Ein paar Schritte weiter sehe ich helle Holzfassaden mit Emailleschildern, die Jahrhunderte überdauert haben. Die verschnörkelte Schrift ist noch gut lesbar – hier werden auch heute Kolonialwaren angeboten: indische Fächer, chinesische Porzellanvasen und afrikanische Holzhocker, Tee, Kaffee und Kakao.

In den Auslagen der meisten modernen Geschäft sieht man jene bekannten Modelabels, die man überall auf der Welt finden kann.

In einem Spielzeugladen lehnt eine braune Babypuppe mit schwarzen Locken an einer Barbieblondine. Im Geschäft gegenüber gibt es Rabatt auf Espressomaschinen und gusseiserne Kaffeekannen, die sogenannten *grègues*, mit denen Kreolen seit Ewigkeiten Kaffee zubereiten. Das Prinzip ähnelt unserem Papierfiltersystem: Der gemahlener Kaffee wird mit heißem Wasser überbrüht und tröpfelt dann in die untere Kanne.

In einem der prall gefüllten Läden kaufe ich mir ein großes gelbes Baumwolltuch mit kleinen, schwarzen Elefanten, die ich als Tagesdecke über mein Bett werfen kann. Schon lange habe ich ein dünnes Tuch für meine Reisen gesucht, um trostlose Hotelzimmer oder lieblos eingerichtete Pensionen mit etwas Eigenem, Schönem zu schmücken. Die Farbe muntert auf, und Elefanten mochte ich schon immer wegen der dicken Haut, die ihre sensible Seele schützt.

In einer Seitenstraße der Rue des Bos Enfants entdecke ich einen orange angestrichenen Laden mit einer angerosteten Markise und blinden Fenstern, braun eingerahmt. Die Tür steht offen. An einem kleinen Tisch lehnt ein gebeugtes zotteliges Männchen mit weißen Haaren und weißem Bart. Er trägt eine mattweiße Abaya mit Stehkragen und ausgebeulten Seitentaschen und auf dem Kopf eine zur Seite verrutschte Gebetskappe.

»Schöne Frau, treten Sie ein!« Geschäftstüchtig gießt er mir einen Schluck süßen Pfefferminztee in ein kleines geblümtes Glas. Sein Blick schweift über meine Handgelenke: Da ich keine Armbanduhr trage und auch kein heller Abdruck auf meiner gebräunten Haut darauf hindeutet, umgarnt er mich charmant, denn im Nu bin ich für ihn eine potenzielle Kundin: Frau, Ausländerin, ohne sichtbaren Zeitmesser. Das lässt sich ändern!

Er legt sein einäugiges Vergrößerungsglas zur Seite. Dann deckt er mit einem Tuch einen in Messing eingefassten Wecker ab, der ungefähr so alt sein müsste wie er – ich schätze den Mann auf siebzig und liege richtig, wie sich später herausstellt.

Verschmitzt schaut er mich an: »Ich habe mir seit zwei Jahren nicht die Zähne geputzt! Wenn jemand bei mir im Laden umfällt, wegen meiner niedrigen Preise, brauche ich ihn nur anzuhauchen. Dann ist er reanimiert und kann einkaufen.«

Er plappert weiter: Ob ich etwas zu reparieren habe, es wäre nur schwierig, wenn es größere Arbeiten wären, die kriege er nicht mehr hin. Seine Hand sei nicht mehr so ruhig wie einst, als er noch jung war; und seine Augen sähen nur noch gut, wenn eine schöne Frau den Laden betrete: »Nein, ist ein Scherz, ich bin seit fünfzig Jahren verheiratet. Unsere Babys arbeiten da drüben!« Und er zeigt auf den Uhrmacherladen gegenüber, in dem zwei schlanke junge Männer stehen, ohne Bart, mit kahl geschorenem Kopf und hinter einer funkelnden, glitzernden Auslage mit modernen Uhren, Goldschmuck und Silberketten.

Er zieht mich sachte am Arm, als hätte er Angst, dass ich gleich auf die andere Seite hinüberlaufe: »Sie kaufen bei mir ein! Was immer Sie haben wollen, ich mache Ihnen einen viel besseren Preis als meine Söhne!«

Gagante Ismael führt mich durch den schmalen Gang hinter seiner alten, klobigen Kasse, an der er noch wie auf einer Schreibmaschine den Preis eintippen muss und dann mit einer Kurbel die Schublade für das Rückgeld dreht, bis es klingelt.

Nichts, was mich von seinem Angebot wirklich interessiert: digitale Siebzigerjahre-Uhren, Micky-Maus-Wecker und unter einer weiteren staubigen Glasplatte ein paar Armbanduhren. Die Sammlung historischer Taschenuhren ist unverkäuflich.

Fast entschuldigend erklärt der Alte, dass er sich der Nachfrage der Kunden anpassen musste und deshalb auch Quarzuhren im Angebot hat: »Doch inzwischen sind die alten mechanischen

Modelle wieder mehr gefragt. Von denen habe ich Hunderte im Laden! Für mich sind die alte Dinger wie kleine Kinder: Eigensinnig, ticken nicht so, wie man es gern hätte – sie brauchen viel Zuwendung.«

Er liebt die historischen Zeitmesser, weil sie nicht maschinell, sondern mit der Hand gefertigt wurden: »Da haben sich einst Uhrmacher hingesetzt und wahre Wunderwerke gezaubert, und das mit einfachsten Mitteln. Wenn ich Uhren aus dem 19. Jahrhundert auf meinem Tisch habe, dann geht mir das Herz auf – viele wurden mit einer Präzision hergestellt, die selbst heute mit modernsten Maschinen kaum zu übertreffen ist.«

Ich bin immer noch allein im Laden: »Es kommen selten Kunden zu Ihnen, oder?«

»Doch, Madame!« Er ist entrüstet. »Aber wir haben heute den Fünfundzwanzigsten!«

»Das weiß ich!«, entgegne ich.

»Ende des Monats ist der Laden meist leer, da haben die Leute ihr Geld ausgegeben und warten auf das nächste Gehalt, um wieder einkaufen zu können. Ihr Deutschen teilt euch das Geld ein? Na ja, wir jedenfalls geben es aus.«

Schon in dritter Generation führt der redselige Moslem das Familienunternehmen. An den Wänden reihen sich Bilder seiner Vorfahren: der Großvater, der aus Ostafrika nach La Réunion übersiedelte und sich mit der Herstellung von Pendeluhren einen Namen machte. Der Vater, der lernte, wie man diese schönen Standuhren reparierte, und später seinen Sohn, den kleinen Gagante Ismael, mit in die Werkstatt nahm.

»Ich bin in dem Laden groß geworden, so wie meine Jungs dann auch«, erzählt der Alte. »Ich war beeindruckt von all den Uhren, dem Ticken, dem Zeigerrücken. Außerdem konnte ich meinem Vater stundenlang zuschauen, wie er große und kleine Uhren reparierte. Und mit der Zeit begann ich alles zu lernen, was es zu lernen gab.«

»Was braucht man denn, um ein guter Uhrmacher zu sein?«

»Lust an der Präzision und Geduld«, kommt kurz und knapp als Antwort.

Ich will mich gerade verabschieden, doch da entdecke ich in der Glasvitrine etwas, was ich noch nie gesehen hatte: eine Doppeluhr für Damen. Eine silberfarbene Zwillingsuhr: Beide Zifferblätter sind aneinandergeschweißt, doch jedes hat seine eigene Stellschraube, die eine auf der linken, die andere auf der rechten Seite. Dazu ein breites, weißes Lederarmband.

»Die würde Ihnen sehr gut stehen!« Er spürt mein Interesse und hält das Schmuckstück an mein Handgelenk.

»Eine einzigartige Armbanduhr, zwei Zeiten auf einen Blick!«, preist er sie mir an. »Sie reisen doch viel, da wissen Sie doch oft nicht mehr, wie spät es zu Hause ist. Sie rechnen nach, ob Sie daheim noch anrufen können oder die Familie schon schläft? Das passiert Ihnen jetzt nicht mehr!«

Plötzlich erinnere ich mich an einen Geschäftsmann am Flughafen, der links eine Uhr mit der heimatlichen und rechts eine mit der lokalen Zeit trug.

Ich handle nicht, ich kaufe sie sofort. Bitte ihn lediglich, beide Batterien zu überprüfen. Dann fragt Gagante Ismael seine Angestellte: »Jetzt ist es halb elf – ist es in Berlin genau halb neun? Oder dreiviertel neun oder viertel neun?« Sie lacht, dabei war seine Frage ernst gemeint. »Natürlich genau halb neun, bei der Zeitverschiebung geht es bei uns immer um die volle Stunde«, erklärt sie ihm geduldig.

»Komisch, finden sie nicht?« Und der Alte krault seinen weißen Bart.

Bevor ich den Laden verlasse, nimmt mich Gagante Ismael noch einmal beiseite. »Was ich noch sagen wollte: Für mich ist es wichtig, höflich zu sein, genau zu arbeiten und Frauen zu gut zu behandeln. Ich gehe nicht so oft in die Moschee, wie ich es eigentlich müsste, ich halte mich nicht allzusehr an die Gebote. Was mir wichtig ist und worauf ich auch stolz bin, ist, dass ich auf La Réunion lebe. Weil es bei uns friedlich zugeht! Katholiken, Buddhisten, Muslime – wir respektieren einander, jeder hat seine Kultur, seine Religion, das ist in Ordnung. Es macht mich wütend, dass die Islamisten in Pakistan, im Mittleren Orient oder anderswo auf der Welt das nicht begreifen!«

Damit endet sein kleiner Vortrag. Ich verlasse den Laden und binde mir meine neue Armbanduhr um: Jetzt habe ich nicht nur zwei Länder, in denen ich zu Hause bin, sondern habe dafür auch die jeweilige Zeit parat.

Ich drehe mich noch einmal um, und während ich dem Alten zuwinke, lese ich auf seiner Markise den Slogan: »Uhren für jeden Geldbeutel«. Der seiner Söhne gegenüber klingt anspruchsvoller: »Uhren und Leidenschaft«. Statt einer windschiefen Markise mit verrosteter Halterung prangt bei ihnen eine blaue Leuchtschrift über dem meterlangen Schaufenster.

Auf der Straße bilde ich mir ein, dass jeder auf meine neue Uhr schaut – so wie in der Kindheit, wenn ich das erste Mal die neue Jacke anzog, die ich zu Weihnachten geschenkt bekam, und das Gefühl hatte, dass sie die Aufmerksamkeit aller Passanten weckte.

Im Schaufenster eines der nächsten Läden der Rue des Bons Enfants liegt ein T-Shirt: Eine Maus mit Netzstrümpfen und Perlenkette hält ein Schild hoch, auf dem *Souris Chaude* (heiße Maus) steht. Ich gehe in das Geschäft und frage die Verkäuferin, ob es eins auch mit *La Confiance* (das Vertrauen) oder *Plaine des Grègues* (Hochebene der Kaffeekannen) oder *Ravine de la Veuve* (Schlucht der Witwe) gibt. Dies sind alles Ortsnamen auf der Insel. Sie schüttelt den Kopf: »Nein, aber mit *La Cafrine*, so heißen die schwarzen Frauen auf kreolisch. Aber zu Ihnen würde schon eher heiße Maus passen.« So genau wollte ich das nun nicht wissen und schaue mich weiter um. Ein T-Shirt in der Aufmachung einer Optikertafel, wo die Buchstaben und Zahlen bis zur Unleserlichkeit kleiner werden, mit der simplen Aufschrift: »Schau mir in die Augen, wenn ich mit dir spreche.« Die letzte Zeile ist nicht mehr zu lesen, wie eben beim Augenarztlesetest. Oder eine andere Aufschrift: *Was tun bei einer Überdosis Piment? Wähle die* 18 (das ist der Notruf der Feuerwehr). Mein Blick fällt noch mal auf die heiße Maus, auf dem Preisschild steht: 29.90 Euro für La Réunion, 34,90 Euro für Frankreich.

Tolle Geschäftsidee, so etwas mögen die Kreolen! Viele werden diese T-Shirts schon wegen des Preises kaufen – nicht weil es billig ist, nein keinesfalls, aber weil sie zu den wenigen Produkten gehören, für die man ausgewiesenermaßen weniger zahlt als im Mutterland.

Außer Rum und Zucker findet man kaum eine Ware, für die die Festlandfranzosen mehr hinblättern müssen als die Réunionesen. Meistens ist es umgekehrt, und das sorgt für politische Diskussionen. Auch wenn es nachvollziehbare Erklärungen dafür gibt, dass aufgrund der fehlenden Industrie fast alle Produkte per Schiff über den Ozean angefahren werden müssen, ist es für die Einheimischen schwer zu verstehen, warum sie mehr zahlen, und das noch bei einem Einkommen, das unter dem europäischen Maßstab liegt.

Als ich aus dem Laden heraustrete, läuft dicht an mir ein großer, junger Mann vorbei. Er dreht sich um, lächelt mich an: weiche Gesichtszüge, schwarze Locken, die in die Stirn fallen, ein leichter, federnder Gang.

Nur fällt mir auf die Schnelle nichts ein, womit ich ein Gespräch beginnen könnte. Er schaut sich noch einmal zu mir um und läuft weiter. Ich möchte ihn nicht entschwinden lassen, folge ihm mit einem Abstand von wenigen Schritten. Er steuert auf den Supermarkt zu, ich krame im Gehen ein Eurostück aus meinem Portemonnaie, schnappe mir, wie der schöne Unbekannte, einen Einkaufswagen und beschließe, ihm spontan zu folgen. Mehr noch, mich auf ein Spiel einzulassen, nämlich genau dasselbe zu kaufen, was auch er kaufen wird. Vielleicht begegnen sich unsere Blicke noch einmal, vielleicht bekomme ich die Gelegenheit, ihn anzusprechen, vor dem Tiefkühlregal zu fragen, wie man die eingefrorenen Fischlarven am besten zubereitet. Und wenn nicht, na gut, dann habe ich mich eben auf ein klitzekleines stilles Abenteuer eingelassen. Ich lege schnell meine finanzielle Obergrenze fest: Fünfzig Euro werde ich nicht überschreiten, mehr bin ich nicht bereit dafür auszugeben.

Der Mann mit dunkelblauer Leinenhose und weißem Poloshirt läuft den Gang links an den Kassen vorbei. Rechts stehen breitbeinig in schwarzer Kluft die Hünen von der *Sécurité*, die wie in jedem Supermarkt aufpassen, dass große Taschen und Rucksäcke in einen Spind eingeschlossen werden. Damit die Gefahr von Diebstählen verringert wird.

Mein Traummann fährt mir leider nicht mit seinem Einkaufswagen in die Hacken (dann hätte ich einen Grund, ihn endlich anzusprechen). Stattdessen passiert er den Bäckerstand mit Blick auf den Schokoladenkuchen – schade, er stellt sich nicht in die Schlange, nicht mal für eine Rosinenschnecke. Die gesunde Abteilung für Gemüse lässt er ebenfalls links liegen. Er will auch keine Ananas, Melone, Orangen, Mangos. Verschmäht sogar Wein, Rum und Bier, obwohl das 24er-Pack *Dodo*-Bier in Flaschen heute zwanzig Prozent billiger ist. Nichts, kein Käse, keine Wurst, kein Joghurt, keine Konfitüre. Langsam werde ich ungeduldig. Dann! Dann schnappt er sich einen Fünfkilosack Reis und wuchtet ihn in den Einkaufswagen. Verdammt, das kann doch nicht dein Ernst sein, denke ich. Doch ich halte mich an meine Abmachung und schleudere auch so einen schweren Sack in meinen Wagen.

Und, es kommt noch schlimmer – Rasierschaum, Rasierklingen, drei Packungen Wegwerfwindeln und zwei große Schachteln Schokoeis. Das ist nicht wahr! Wie ich das alles gebrauchen kann! – Nämlich überhaupt nicht.

An der Kasse wirft er noch eine Rolle Minzedrops ohne Zucker in den Wagen. Ich stehe nicht direkt hinter ihm, eine Frau mit dem gestapelten Wochenendeinkauf einer Großfamilie hat sich geschickt zwischen uns geschoben und bedankt sich bei mir noch freundlich für die Großzügigkeit, sie vorzulassen. Dabei hatte ich einfach zu spät reagiert. Was soll ich da sagen! Entschuldigung, ich spiele gerade ein Spiel und möchte unbedingt hinter diesem Mann stehen? Mist.

Ich überschlage die Summe, sie liegt unter fünfzig Euro. Als ich bezahlt habe, ist der schöne Unbekannte bereits spurlos verschwunden. Nun stehe ich da mit einem Einkaufswagen voller für mich nutzloser Dinge. Fühle mich verlassen, obwohl mich niemand verlassen hat. Das Einzige, womit ich etwas anfangen kann, sind die Bonbons, ich lutsche einen und überlege, wie ich strategisch vorgehe, um den Krempel wieder loszuwerden.

Das Eis schenke ich einer Mutter mit zwei kleinen Mädchen und erkläre, dass ich eine falsche Sorte gewählt hätte: Ich würde allergisch auf Schokolade reagieren. Die Freude der Kleinen ist groß. Die Mutter flüstert mir zu, dass sie das kenne: Wenn sie gerade eine Diät mache, kaufe sie Süßigkeiten und verschenke sie dann, sonst würde sie alles mit einem Mal vor Heißhunger auffuttern. Dabei tätschelt sie mir die Wange.

Dann fällt mir ein, dass es am Parkplatz des Supermarktes Sammelstellen für Produkte gibt, die man von seinem Einkauf freiwillig abgeben möchte, um Familien in Not zu helfen. Ich schiebe meinen Wagen zum Zelt mit dem roten Kreuz. Der Samariter bedankt sich und drückt mir ein Merkblatt in die Hand – damit ich das nächste Mal weiß, was wirklich dringend gebraucht wird. Die Windeln wären eine gute Idee gewesen, das Rasierzeug weniger. Ich stecke den Zettel in meine Rocktasche und halte noch einmal Ausschau nach ... wie nenne ich meinen Entschwundenen? Luc, Serge, Benjamin? Ja, Benjamin, das passt. Dann steige ich ins Auto und drehe laut das Radio auf.

Mein Magen beginnt zu knurren. Es ist Mittagszeit, ab zwölf Uhr füllen sich die Restaurants in Saint-Pierre. Auf der überdachten Terrasse einer Pizzeria bestelle ich eine Pizza Bourbon, belegt mit kreolischen Würstchen und scharfer Soße.

»*Pistaches!*«, ruft ein Clochard in ausgebeulten Hosen und verschmutztem Unterhemd. Er balanciert einen geflochtenen Korb mit kleinen Tütchen auf dem Kopf; ein willkommenes *amuse gueule* für die Wartenden, denn bis jeder sein Essen bekommt, kann noch einige Zeit vergehen. Alle Plätze sind besetzt, und der einzige Keller, der flink durch die Gänge flitzt, kommt mit den Bestellungen kaum hinterher.

»Ah, Pistazien«, murmelt ein Schweizer Urlauber am Nebentisch und kauft dem Clochard zwei Tütchen für einen Euro ab. Er öffnet das Papiertütchen und fängt plötzlich laut zu schimpfen an: »Halunke! Das sind keine Pistazien, das sind Erdnüsse! Ich will mein Geld zurück!«

Er springt auf, stürzt dem Händler hinterher, und ich merke, wie ich rot anlaufe – der geifernde Tourist ist mir, aber auch den anderen Urlaubern im Restaurant außerordentlich peinlich.

Der Kellner wirft die Pizza zurück in den Steinofen, rennt auf den Schweizer Choleriker zu und hält ihn am Arm fest. »Hier hast du deinen Euro, aber lass den Mann in Ruhe!« Mit wütendem Blick drückt er ihm die Münze in die Hand.

Der Mann sträubt sich: »Es geht mir ums Prinzip! Ich lass mich im Urlaub nicht übers Ohr hauen!« Der Kellner hält ihn noch immer fest.

»Ihr steckt doch alle unter einer Decke!«, flucht der Aufgebrachte weiter.

Dann wird es auch seiner Frau zu bunt: »Herbert, komm setz dich! Lass das, wegen einem Euro!«

»Monsieur, Sie sprechen doch Französisch?«, fragt der Kellner. Herbert nickt, noch schwitzend vor Wut. »Auf Französisch sind *Pistaches* Pistazien. Aber im Kreolischen sind es Erdnüsse.

Ich weiß, das ist sprachlich ein Unterschied. Doch dafür kann der Arme nichts!«

Herbert schweigt betreten, entschuldigt sich, drückt dem Kellner einen Schein in die Hand; es täte ihm wirklich leid. Es erschüttert mich zu sehen, dass manche Menschen ihre Zwanghaftigkeit auch auf so einer wunderschönen Insel nicht ablegen können.

Nach diesem Vorfall dauert es nun noch länger, bis die Pizza fertig gebacken ist. Ich vertreibe mir die Zeit, indem ich auf meiner Réunion-Karte im Reiseführer die Orte zähle, die mit *Saint* anfangen, wie Saint-Denis, Saint-Paul, Saint-Gilles, Sainte-Anne, Sainte-Rose – ich komme auf vierzehn. Sie liegen ausnahmslos an der Küste. Die Städtchen am Meer waren den Naturgewalten einst schutzloser ausgeliefert als die Siedlungen im Landesinneren oder in den Bergen: besonders wenn ein Zyklon wütete, Regengüsse und Flutwellen Häuser umspülten. Deshalb wollte man Gott gnädig stimmen und nannte die Orte nach Heiligen. Dort wurden dann auch viele Kappellen und Kirchen gebaut, um sämtliche Dämonen abweisen zu können.

Saint-Pierre hat es auf sechzehn Kapellen und Kirchen gebracht, die bis heute weitgehend unzerstört geblieben sind.

Nach dem Essen laufe ich die Uferpromenade entlang. Wenn ich zwei Wünsche für die Insel freihätte, würde ich die *Préfecture* bitten, eine gesundheitliche Aufklärungskampagne bezüglich der Badelatschen zu starten und die Hersteller von Flipflops auf La Réunion dazu zu verpflichten, ihre dünnen Dinger mit dicken Sohlen zu versehen. Denn die Einheimischen scheinen ihre Badelatschen nicht nur sommers wie winters zu tragen, sondern mehrere Sommer und mehrere Winter, selbst dann noch, wenn sie fast schon wie auf Pergamentpapier laufen und mit der durchgeschabten Sohle über den Asphalt schlurfen. Ich erkenne das am schleppenden Gang, den jemand hat, der sich die Füße platt getreten hat oder dem der Rücken schmerzt, weil er sich die Zehen im Badelatschen verkrampft, um ihn festzuhalten. Rätselhafterweise kaufen die Leute sich keine neuen.

Einmal allerdings sah ich zwei Security-Männer am Ausgang einer Diskothek, die an beschwipste Tänzerinnen auf hohen Absätzen Flipflops verteilten, damit sie sich nicht die Knochen brechen.

Das jedoch ist das kleinere Problem gegenüber meinem anderen, größeren Wunsch, dem nach umfassenderer sexueller Aufklärung. Die gibt es meist weder in der Schule noch in der Familie.

In einer kleinen Boutique in Saint-Pierre hatte ich während eines früheren Aufenthalts Véronique kennengelernt, eher zufällig, weil sie vor dem Spiegel stand und sich fragte, für welches von zwei Kleider sie sich entscheiden sollte. Ich riet ihr zum dunkelblauen, knielangen mit den zarten Trägern aus feiner Spitze, und so kamen wir uns Gespräch. Als ich erfuhr, dass sie seit zwanzig Jahren als Gynäkologin arbeitet, wollte ich mehr über ihre Erfahrungen als Frauenärztin wissen.

Wir treffen uns an einer kleinen Strohhütte am Strand, wo gewöhnlich Kaffee ausgeschenkt wird. Doch an diesem Tag war sie geschlossen.

»Verdammt, daran hatte ich nicht gedacht«, ruft die brünette Chinesin, »An diesem Wochenende ist *Sakifo*! Deshalb ist alles abgesperrt, da müssen wir wohl anderswo einen Kaffee trinken.«

»Was ist denn *Sakifo*?«

»Das ist *das* Musikfestival, das größte im Indischen Ozean. Es findet jedes Jahr im Winter statt, unserem Winter, also im Juni. Da kannst du alles hören, Sega, Maloya, auch Reggae, Rap, Blues, Rock, – *Sakifo* eben.«

Sakifo ist kreolisch und heißt »alles, was man braucht«.

»Ich kaufe uns in der Boulangerie Kaffee und Croissants, dann setzen wir uns an den Eingang, da haben wir gleich ein bisschen Musik im Hintergrund«, schlage ich vor.

Die kleine Frau mit den schwarzen, glatten Haaren, der randlosen Brille und flinken, wachsamen Augen strahlt: »Gute Idee.«

Obwohl das Tor sich erst am Abend für das Publikum öffnen wird, finden sich schon etliche Besucher ein, kaufen Karten, stehen am Zaun und warten auf Freunde. Von den zahlreichen Bühnen dringen die Soundchecks herüber. Doch noch haben wir Zeit, um uns relativ ungestört zu unterhalten.

»Warum haben die Frauen oft mehrere Kinder von verschiedenen Männern?«, frage ich Véronique.

»Tja, die Männer bleiben nicht, sondern ziehen weiter zur nächsten Frau. Es gibt für sie wenig männliche Vorbilder, sie selbst sind oft ohne Väter aufgewachsen. Und auch wenn die Väter bei ihrer Familie lebten, waren sie oft abwesend, schufteten auf dem Feld und hockten abends im Bistro beim Rum. Sie kümmerten sich selten um den Nachwuchs. Die Frauen dagegen waren stark auf ihre Kinder konzentriert und ließen ihren Männern kaum Möglichkeiten, in die Erziehung einzugreifen.«

»Warum das?«

»Wir leben auf der Insel immer noch im Patriarchat. Dazu muss man sich die Geschichte vergegenwärtigen, – die Väter der Väter waren noch Sklaven und Eigentum der Plantagenbesitzer. Deshalb verhalten sich manche Männer heute noch ein wenig wie einst die Plantagenbesitzer gegenüber ihren Frauen, sie werden von ihnen wie ihr Eigentum angesehen. Und wenn etwas nicht so läuft, wie sie sich es vorgestellt haben, schlagen sie manchmal zu – oder hauen ab. Ich sage das nicht gern, aber aggressive Ausbrüche und Gewalt sind leider keine Seltenheit. Sie lesen doch die Zeitung, oder? Es geht oft um Eifersucht: Schon wenn die Frau auf der Straße einen fremden Mann anlächelt, kann das für sie schlimme Folgen haben. Oft ticken Männer in den Familien aus, in denen der Bildungsgrad geringer ist, wo es Geldprobleme gibt, niemand eine feste Arbeit hat und viel Rum getrunken wird.«

»Aber deshalb müssten sich die Frauen doch gerade genau überlegen, wie viele Kinder sie haben möchten, und vor allem auch, von wem!«, erwidere ich.

»In meiner Praxis beobachte ich, dass viele Frauen es eben ihren Müttern nachmachen. Wenn diese vier oder fünf Kinder hatten, eifert die Tochter ihr nach. Neulich kam eine Zwanzigjährige zu mir, sie hatte nach dem Abitur ein Jahr als Au-pair in den USA gelebt und dann ihr Medizinstudium in Belgien abgebrochen, weil sie schwanger ist. Ihr Ansehen als Mutter ist ihr wichtiger als eine gute Ausbildung. Jeder hat sein Privatleben, aber ich finde es schade, wenn Frauen nicht ihre Autonomie leben.«

Schwangerschaften von Minderjährigen sind auf La Réunion sieben Mal häufiger als auf dem Kontinent. Das wichtigste Problem der Teenager ist, dass sie vorerst die Schule verlassen müssen und erst in den Unterricht zurückkehren können, wenn das Kind drei Jahre alt ist. Dann erwarten manche bereits ihr zweites Kind.

»Es ist nicht nur mangelnde sexuelle Aufklärung. Die Ursache sind oft auch zerrüttete, schwierige Familienverhältnisse, und die Mädchen haben den sehnlichen Wunsch, eine eigene heile Familie zu gründen. Sie sehen die Geburt als Chance für einen Neubeginn, um dem Kind das zu geben, was sie selbst nicht hatten. Doch die Väter gehen meistens noch zur Schule oder befinden sich in der Ausbildung, jedenfalls verdienen sie noch kein eigenes Geld. Sie fühlen sich überfordert und verlassen häufig ihre junge Familie. Es war schon immer so, dass die Frauen auf La Réunion relativ früh Kinder bekamen. Der Durchschnitt der ersten Schwangerschaft liegt bei dreiundzwanzig Jahren.«

»Und Verhütung?«

»Ich verschreibe die Pille und erkläre genau, wie man sie einnehmen muss. Man glaubt gar nicht, wie viele Mädchen das zwar alles wissen, aber dennoch die Verhütung den Jungen überlassen. Und die machen sich darüber keine großen Gedanken und hoffen, dass die Mädchen das schon irgendwie regeln werden. Abtreibung kommt meist nicht infrage.«

Véronique trinkt ihren Kaffee aus: »Ich muss im Gespräch mit den Frauen behutsam sein. Wenn ich sie direkt anspreche, warum sie so viel Kinder haben möchten, stehen sie auf, knallen die Tür hinter sich zu und kommen nicht wieder.«

»Ich vermute aber, dass sich das in den nächsten Jahrzehnten auch ändern wird«, hake ich ein.

»Sicherlich, was ich erzähle, ist meine Erfahrung. Ich habe auch eine Patientin, die als Managerin arbeitet, und ihr Mann, er ist Cartoonist, bleibt zu Hause bei den beiden Kindern. Das ist das andere Extrem, wenn auch selten, aber das gibt es auch. Doch das Gleichgewicht herzustellen, dass beide sowohl für die Familie da sind als auch in ihrem Beruf erfolgreich sind – das ist nicht leicht.« Sie seufzt. »Aber dieses Problem haben wir ja nicht nur auf La Réunion.«

Nun wurden die Lautsprecher für das Konzert getestet, es folgen ein paar organisatorische Ansagen für die Musiker und die Security. Direkt neben der Bühne ging die Sonne unter, jemand spielte Saxofon, so schön, dass wir unser Gespräch unterbrachen und zuhörten. Und gar nicht mehr weiterreden wollten. Mehr brauchten wir im Moment nicht. *Sakifo* eben.

La-Plaine-des-Palmistes: Lehre mich Maloya

Aus der Dunkelheit fließt von allen Seiten her ein Strom von Konzertbesuchern in das Freilufttheater. Ich habe mir einen guten Platz ausgesucht, vorn in der zweiten Reihe. Die Bühne vor mir schwebt in blau-violettem Licht. Mitten im Kunstnebel leuchten weißgelb die Segel eines Kutters. Daneben stehen meterhohe Lautsprechertürme, hängen wuchtige Scheinwerfer, schaukeln kleine Lampen.

Der Zuschauerraum unterm Sternenhimmel füllt sich bis auf den letzten Platz. Die Leute setzen sich auf ihre mitgebrachten Kissen, packen Sandwiches, Samoussa, Wasser und Bier aus für ein Picknick vor dem Konzert und unterhalten sich angeregt.

Punkt acht beginnt ein kleines Feuerwerk und ein dicker, gut gelaunter Moderator mit Silberhut, Silberohring und silbernen Turnschuhen tänzelt über die Bühne. Er erzählt, dass es heute Abend ein besonderes Konzert gibt, in einem besonderen Theater, denn das *Théâtre de Plein Air* steht seit einigen Wochen unter Denkmalschutz – obwohl noch gar nicht so alt, ist es doch das einzige Open-Air-Theater des Indischen Ozeans. Wir sitzen also in einem Amphitheater der Neuzeit.

Dann betritt *er* die Bühne. Ein Mann um die achtzig, schlank, verschmitzt lächelnd, edel gekleidet, in einem strahlend weißen Anzug. Zieht seinen Hut vor dem Publikum, verbeugt sich und beginnt *a capella* zu singen. Ich lausche der tiefen, klaren Stimme und bekomme eine Gänsehaut. Es ist still um mich herum, so als säße ich allein und nicht mit Tausenden gebannt lauschenden Zuschauern im Theater, auf diesen harten, meterlangen, lehnenlosen Stufenbänken.

Dann hüpft er mit ausgestreckten Armen, die Hüften lasziv wiegend, barfuß an der Band vorbei, den Gitarristen, Trommlern, Akkordeonspielern, und zieht mit den langsamen Drehungen und vorsichtigen Sprüngen eines alten Mannes kleine Kreise, um sich einer kaum jüngeren schwarzen Sängerin zu nähern, die aus dem bunten Bühnennebel schreitet.

Ich sehe selbst den Musikern der Band an, wie sie schmunzeln, wohl auch überrascht, wie viel Erotik von diesem verschmitzten alten Kerl und seiner drallen, betagten Muse ausgeht. Beide haben die Frische ihrer Jugend weit hinter sich gelassen, nicht aber die Anziehungskraft verliebter Leidenschaft und diese Hingabe an den Maloya – den Tanz der Kreolen.

Der Moderator kündigt nach dem ersten Lied nachträglich Firmin Viry an. Sein Ton verrät, dass er lediglich seiner Ansagepflicht nachkommt und es eigentlich für völlig überflüssig hält, ihn vorzustellen, denn hier kennt ihn sowieso jeder. Er ist einer der letzten Maloya-Sänger vergangener Zeiten. Die Alten verehren, die Jungen mögen ihn.

Für die Réunionesen ist der Maloya so etwas wie der Blues für die Nordamerikaner, er entspricht einem Lebensgefühl, geprägt durch die Vergangenheit der Kreolen. Maloya war schon immer da, denn Eltern, Großeltern, Urgroßeltern haben ihn zu Hause getanzt, und die Lieder dazu konnten alle auswendig. Notenbücher dafür gab es nicht. Eine Musik, ein Tanz aus der Sklavenzeit, der lange Zeit verboten war und erst seit den siebziger Jahren wieder öffentlich gespielt werden darf.

Die alte, vollbusige *Chanteuse* in ihrem schwarz schimmernden Paillettenkleid schmiegt sich an Firmin, rückt ihr Collier aus roten Perlen zurecht, greift zum Mikrophon und singt von *P'tit Roger* – von Roger, der so phantastisch Maloya tanzt, dass alle Frauen nur Augen für ihn haben. Firmin setzt der Angebetenen seinen Hut auf, das Publikum erhebt sich von den Bänken, klatscht und singt mit. Die alte Chinesin neben mir setzt ihre Brille auf, um

La Réunion von oben: klare Luft, endlose Weite und zerklüftete Berge.

Majestätische Königspalmen in einem tropischen Garten.

Kreolisches Gartenhäuschen mit schmiedeeisernem Springbrunnen.

Erstes Grün sprießt aus den Ritzen erkalteten Lavagesteins.

Wachsam: Ein Chamäleon wartet auf seine Beute.

Ein Riesenblättriges Pfeilblatt, auch »Elefantenohr« genannt.

Frisches Gemüse und Obst kauft man am besten auf dem Markt in St Pierre.

Nichts gegen Tomatenkonfitüre, aber Mangokonfitüre ist mein Favorit!

♡

In die Einkaufstüte fürs Wochenende kommt auch sch mal ein lebendes Huhn.

Ob Landbrot oder Baguette – auf der französischen Insel im Indischen Ozean legt man Wert auf knuspriges Brot.

Die besten besten Macatias gibt es ir der Boulangerie Chez Loulou.

Weiß wie Schnee: frisch geerntetes Salz im Pointe au Sel.

Ein Sack voll Salz; was ich kaum anheben kann, ist für Frédéric ein Leichtes.

Um fünf Uhr in der Früh beginnt die Ernte. Nun ist Zeit für eine Pause.

Joelle – ihr Lachen ist ansteckend.

Ein gutes Team: Tina und Klaus. Nur die Hunde Gandalf und Eowyn fehlen auf diesem Bild.

Kräftiges Blau und dunkles Rot: die Farben eines typischen kreolischen Hauses.

Poesi
für
Jüngs
ten…

Gegrilltes Huhn zum Verkauf: „Sechs kaufen, das siebte gibt's gratis."

Natalie kocht gern im Hof, obwohl sie in ihrem Haus eine moderne Küche hat.

Die Vanillepflanze rankt sich an Palmenstämmen empor und braucht viel Pflege.

Harry und sein Bruder sortieren die Ernte.

Nur die schönsten Schoten kommen auf den Markt.

Natalie trinkt Guavensaft und Harry schneidet ein Palmenherz für den Salat.

Mein Lieblings-
platz – die
Lagune von
L'Heritage.

Unter diesem
leinenweißen
Sonnenschirm
liege ich oft
und schreibe
Tagebuch.

Warmes Wasser,
rauschende
Meeresbrandung,
glitzernde Sonne
ein Genuss.

In meiner Stamm-strandbar mit dem verheißungsvollen Namen „Coco Beach".

Auch an den Stränden wird auf La Réunion regelmäßig gefegt.

Gleitschirmflieger kreisen über dem Strand von St Leu.

Nach dem Aufstieg winkt die Belohnung – der Ausblick über die Berglandschaft der Vulkaninsel.

Dem Himmel ein Stück näher – mein erster Gleitschirmflug.

Frangipani: eine gleichsam schöne wie betörend duftende Blume.

die Szene nun genauer betrachten zu können; die beiden Frauen im indischen Sari legen ihr Käsesandwich beiseite, um zu klatschen; die jungen Mädchen in knallengen Jeans nehmen ihre coolen Jungs an die Hand. Die afrikanische Familie vor mir wiegt ihr Baby im Rhythmus hin und her – die Frauen tippen mit den Füßen vor und zurück, schwingen die Hüften, die Männer breiten die Arme aus und schnipsen im Takt. Selbst die Kinder bewegen sich so anmutig, dass man annehmen könnte, sie hätten das bereits im Mutterleib gelernt.

Gelbe Lichtkegel kreisen durch die Nacht, über mir ein weit aufgespannter Himmel mit Abertausenden Sternen. Die Klänge entschweben über die Felder, es ist, als ob das *Théâtre de Plein Air* die eigentliche Insel ist heute Nacht. Ringsherum das Feld bleibt unsichtbar in der endlosen Dunkelheit, lediglich an der Küste blinken die Lichter der Häuser und Straßenlaternen von Saint-Gilles-les-Bains.

Mon Île erklingt. Das Lied ist so etwas wie eine Hymne, es beschreibt, dass La Réunion nicht wie andere Inseln ist – unvergleichlich schön und doch mehr als die Ansicht einer idyllischen Postkarte mit goldenem Strand und Kokospalmen. Denn die Insel trägt trotz aller Anmut auch den Schmerz der Vergangenheit in sich, die Wunden sind verheilt, die Narben noch sichtbar. Und wenn wie heute Abend Maloya getanzt wird, ist es, als würden die Einheimischen auch ein bisschen ihr Glück feiern, dass Gott sie auserwählt hat, hier leben zu dürfen.

Als ich *Mon Île* höre, fällt mir das Wort ein, mit dem ich La Réunion beschreiben würde, wenn ich nur *ein* Wort dafür wählen dürfte: *ensemble*. Das ist französisch und bedeutet so viel wie »zusammen, gemeinsam, miteinander«. Manchmal sagt man auch ganz schlicht: *Ensemble c'est tout* – »gemeinsam, das ist alles«. Wie einfach, wie schön, und doch nicht so leicht zu verwirklichen.

Hier erlebe ich ein Miteinander, das ich so selbstverständlich selten erlebt habe und mir für viele Länder wünsche: eine Toleranz, die mehr ist als das. Denn Toleranz an sich besagt ja auch: Mach du nur ruhig, was du willst, und ich lass dich in Ruhe. *Ensemble*, dieses Miteinander ist kein passives Akzeptieren, sondern eine nicht nachlassende Neugier, wie der Nachbar, wie die anderen um einen herum leben, was sie denken, was sie tun. Sich einreihen, ohne mit den Ellenbogen zu schieben. Den anderen an die Hand nehmen.

Eine Nacht, die nie enden sollte, voller Musik, Freude und Leichtigkeit. Und sie ist zum Glück auch lange noch nicht zu Ende. Meine Vorfreude wächst, denn die Gruppe *Ziskakan* wird angekündigt.

Zuvor springt leichtfüßig und barfuß Danyèl Waro auf die Bühne. Er sieht aus wie ein rothaariger, lockiger, aber sehr sympathischer Teufel mit schwarzer Brille. Mit einem energiegeladenen Sprechgesang und dem rasselnden Schüttelbrett, der Kayamb, heizt er die Stimmung an. Mit seiner lauten, hohen, sich fast überschlagenden Stimme summt, ruft, singt er, schließt die Augen, als müsse er sich darauf konzentrieren, was nun aus ihm herausbrechen will. In seinem weiten, weißen T-Shirt und den ausgebeulten Jeans wirkt er so, als wäre er rein zufällig auf die Bühne gekommen, weil er gerade in der Nähe war und singen wollte. Aber genau dieses Unspektakuläre, Beiläufige in seinem Auftreten macht ihn so beliebt beim Publikum. Wenn ich Danyèl Waro sehe, kann ich kaum glauben, dass er auf La Réunion geboren ist, wegen seiner roten Haare und der hellen Haut. Er sagt von sich selbst, dass er weder französischer noch afrikanischer oder indischer Abstammung sei, er sei alles, das heißt eben ein echter Kreole. Und das nicht nur von der Hautfarbe her, sondern auch von seinem Temperament: Er ist eigenwillig, unangepasst, rebellisch. Und dabei überaus gesellig. Man weiß, dass er in seiner selbst gebauten bunten Hütte immerzu Gäste hat zum Musizieren, Diskutieren, Beieinandersitzen. Sein Häuschen liegt versteckt in einem tropischen Garten, wo inmitten von Bananenstauden,

Zimtbäumen, Palmen und wildem Safran auch seine selbst entworfenen Skulpturen stehen. Ein Multitalent: Er singt, spielt, tanzt, komponiert und ist nebenher auch Bildhauer, Gärtner, Lebenskünstler im besten Sinne des Wortes.

Bei ihm treffen sich Nachbarn und Freunde zum Singen und Feiern. Jeder bringt etwas mit, nicht nur Trommeln, Kayamb und Gitarrre, sondern auch Rum, Reis, Hühnchen, Früchte für ein musikalisches Gartenpicknick. Besonders beliebt sind seine Feste zum 20. Dezember, dem Jahrestag der Abschaffung der Sklaverei.

Nun setzt der rote Zottelkopf seine rechteckige, kantige Kayamb ab, schiebt die schwarze Brille auf der Nase zurecht, krault sein spitzes Bärtchen, wirft dem Publikum auf Kreolisch in einer fast akrobatischen Geschwindigkeit Parolen zu – und die Menge antwortet begeistert. Mal klingt es wie ein hämmernder Sprechgesang, mit einem dröhnenden Trommelwirbel unterlegt, dann wieder wirkt Danyèl poetisch und zart, stimmt ganz versonnen ein Liebeslied an. Dem Zwiegespräch zwischen ihm und den Tausenden um mich herum kann ich inhaltlich nicht folgen, doch ich spüre die Freude, den Spaß, den der Meister und seine Zuhörer dabei haben.

»Entschuldigen Sie«, frage ich meinen Sitznachbarn, einen jungen Inder, »ist das alles Maloya?«

Mir war klar, dass die Frage merkwürdig klingen muss, so als ob jemand auf einem Udo-Jürgens-Konzert sich vergewissern wolle: »Werden hier Schlager gesungen?«

Der Mann lächelt nachsichtig ob meines Akzents und nickt zustimmend.

»Woran erkenne ich das«, erkundige ich mich leise.

»Na, am Sound, leidenschaftlich eben.«

»Das ist Reggae auch.«

»*Maloya,* das ist, als ob man in eine reife Frucht beißt.«

»Hm, und dann?«

»In der Mitte der Frucht steckt der Kern. Aus dem Kern wächst wieder eine neue Frucht, ein bisschen anders, wenn man ihn in neue Erde steckt. Der Kern ist der Maloya, die neue Erde – das können Instrumente sein, die früher nicht eingesetzt wurden, wie Gitarre, Akkordeon, Geige oder die indische Sitar.«

»Früher gab es nur die Kayamb?«, frage ich weiter.

Der Mann nickt und deutet an, dass wir jetzt nach vorn schauen sollten. Danyèl Waro holt den alten Firmin Viry auf die Bühne und legt den Arm um ihn: »Dir habe ich zu verdanken, dass ich als Kind anfing, Maloya zu spielen!«

Und die beiden beginnen im Takt ihre Kayamb zu schütteln, gehen dabei in die Knie, richten sich wieder auf und rufen einander Worte zu, die der andere wie einen Ball auffängt und mit neuem Schwung, anderen Silben und einer veränderten Melodie zurückwirft.

Dann wird die Bühne umgebaut. Nun kommen die sechs Musiker von *Ziskakan* auf das erleuchtete Podest. Akustikgitarre, Schlagzeug, Keyboard, Bassklänge, leises Trommeln. Eine sanft schaukelnde Melodie schwebt über dem offenen Zuschauerraum: *Ein verrücktes Boot* ist das erste Lied von Gilbert Pounia, dem Sänger der Band.

Die rückenlangen schwarz-grauen Locken wehen unter der Baskenmütze hervor, seine Erscheinung hat etwas Ikonenhaftes, Mystisches, er ähnelt von der Statur her Jesus Christ Superstar aus dem Rockmusical der siebziger Jahre – doch mit indischem Antlitz. Gilbert trägt eine rockige Lederhose, ein weinrotes Hemd; aus seinem dunklen, schmalen Gesicht, umrahmt von einem gestutzten Bart, leuchten große braune Augen, die er beim Singen zusammenkneift.

In seinem Lied beschreibt er ein verrücktes Boot: Es steht als Gleichnis für La Réunion, eine Insel, deren Einwohner nicht berechenbar sind, das heißt die nicht permanent und zielgerichtet planen, sich auch treiben lassen – manchmal schaukelt das Boot, manchmal schlingert es, verlässt ein bisschen die vorgegebene

Fahrrinne, doch weicht es nie wirklich vom eingeschlagenen Kurs ab. Ein wildes Stück Frankreich eben, im Indischen Ozean. Den Text hat der Schriftsteller Axel Gauvin geschrieben.

Die Musik von *Ziskakan* ist auch Maloya, beeinflusst von Reggae, Jazz und indischen Klängen. Gilbert singt die meisten Lieder auf Kreolisch, und ich spüre den Unterschied zu den französischen Texten. Das Kreolische heizt die Stimmung an, die Muttersprache setzt stärker Emotionen frei als das erlernte Schulfranzösisch.

Ziskakan, der Bandname, ist ein kreolisches Wort, eine Abwandlung des französischen *jusqu'à quand* – »bis wann?«, verbunden mit der Frage: Bis wann müssen wir noch warten, um glücklich zu leben? Wo doch alles da ist, die Berge, das Meer, die Sonne! Diese Frage stammt aus der Zeit der Bandgründung, Ende der siebziger Jahre. Es war die Zeit, als Intellektuelle wie Danièl Waro oder der Schriftsteller Axel Gauvin ihre Landsleute darin bestärkten, sich ihrer Herkunft, Sprache und Kultur wieder bewusster zu werden. Denn Frankreich hatte 1946 die einstige Kolonie nicht nur als Übersee-Département in die Republik aufgenommen und begonnen, die wirtschaftliche Situation nach und nach zu verbessern, sondern versuchte gleichzeitig die kreolische Sprache, Musik, Kultur zu unterdrücken. Was zur Folge hatte, dass viele Lieder nicht mehr gespielt werden durften. Mit verbotener Musik unterdrückt man auch ein Volk, raubt ihm einen Teil seiner ureigensten Geschichte. Dank dem Aufbegehren von Künstlern, Schriftstellern, Uniprofessoren und Einheimischen kam es seit den achtziger Jahren zu einem neuen Bewusstwerden der kreolischen Tradition, konnte die réunionesische Kultur mehr und mehr die Wohnstuben verlassen und wieder öffentlich werden.

Die Lautsprecher dröhnen: Gitarrenklänge, Pferdewiehern, dieser Song ist mein Lieblingslied von *Ziskakan*: *Banjara*. *Banjara* nennt man in Indien die Reisenden, jene Leute, die immerzu unterwegs sind, wie Zigeuner von Ort zu Ort ziehen. Wörtlich übersetzt bedeutet *Banjara* »die aus der Dürre kommen«. Jene, die nicht viel haben zum Leben und dennoch glücklich sind. Alle singen mit.

Ich mag den Namen *Banjara*. Vielleicht bin ich ja auch ein bisschen eine *Banjara*, eine, die immer unterwegs sein will!

Nach dem Konzert warte ich vor dem Backstage-Bereich auf Gilbert, den ich vor Jahren auf einem der Francophonie-Konzerte in Berlin traf. Ich bin überrascht, dass er mich sofort wiedererkennt und winkt. Er wirft den Kopf nach hinten, bindet seine langen Haare zu einem lockeren Zopf zusammen, zupft noch eine Strähne heraus, die seine Schläfen bedeckt, und kommt lächelnd auf mich zu: »*Ça va?*«

»Wir machen anschließend noch eine Session bei mir zu Hause. Kommst du mit nach La-Plaine-des-Palmistes?«

Was für eine Frage: »Na klar!«

Obwohl es auf Mitternacht zugeht, ist es noch sehr warm. Je höher wir aber mit dem Kleinbus kommen, desto kühler wird es. Mir wird fast ein wenig heimatlich zumute, nicht nur der milderen Temperaturen wegen, auch durch das, was ich im Licht der Scheinwerfer ausmachen kann: Auf den Wiesen grasen Kühe vor klobigen Holzhütten, Ziegen bevölkern die Hänge, es sieht fast so aus wie im bayerischen Land, nur dass den Bergen die Schneekuppen fehlen.

Dann geht es weiter Kurve um Kurve hinauf in den lang gestreckten Ort La-Plaine-des-Palmistes. In einem flachen weißen Haus, verziert mit den typischen Schmuckgirlanden am Dachsims, wohnt Gilbert mit seiner Familie. Die Fenster sind erleuchtet, schimmern orange und rot durch seidene Vorhänge. Flur, Küche, Wohnzimmer gehen ineinander über und bilden einen großen Raum.

Die Männer setzen sich gleich an die selbst gezimmerte Bar am Fenster, einen mit Tamarindenstäben dekorierten Tresen, über dem eine mit Schindeln gedeckte Lichtleiste schwebt. Gilberts Frau Annie schenkt uns Vanillepunsch ein.

Farbige durchsichtige Tücher schmücken den Raum, die Stühle sind rot bemalt mit Blumenmustern. Die hohen Regale scheinen förmlich auseinanderzudriften, so vollgestopft sind sie mit CDs. Überall sieht man Kerzenständer und afrikanische Figuren; Bilder mit indischer Mandalas hängen an den Wänden. Auf dem Tisch, den Bücherborden, der Badkonsole stehen kleine Elefanten aus Marmor, Keramik, Messing, Silber, Holz. Ganesha, der Elefant mit menschlichem Körper, gefällt mir besonders.

»Sind das deine Glücksbringer?«, frage ich Gilbert.

»Ja. Elefanten haben zwar eine dicke Haut, aber kein dickes Fell. So wie ich.«

Er schneidet einen Kokoskuchen an und kocht Kaffee. Einen starken. Um Mitternacht.

»Bist du müde?«

Ich schüttele den Kopf.

»Im Studio hinterm Haus spielen wir noch ein bisschen!«

Gilbert wirkt zurückhaltend, wenn er spricht, seine Stimme ist leise, er verschränkt die Arme vor der Brust, so als wolle er sich zurücknehmen, sich schützen. Jenseits der Bühne wirkt er introvertiert, zart, grazil, ein Künstler mit großen, scheuen Augen. Doch wenn er singt, geht er aus sich heraus, wirkt fordernd, energiegeladen, wie jetzt im Studio. Seine Stimme erfüllt den Raum. Er ist die Band, er ist der Raum. Die anderen werden auch wieder munter in dem umgebauten Schuppen, der trotz aller Technik etwas sehr Gemütliches ausstrahlt: ausgelegt mit orientalischen Teppichen, die Stützpfosten bemalt, mit farbigen Seilen umwickelt und roten Lichtern angestrahlt. An der Wand hängen alte Gitarren, Trommeln und das Aquarell einer betagten Dame, die eine Gitarre auf dem Schoß hält und Saiten stimmt.

Gérard stellt eine Djembe vor sich, Pascal greift seine E-Gitarre, Mishko den Bass. Gilbert singt – jeder aus der Band nimmt die Melodie auf und improvisiert in seiner Weise auf seinem Instrument.

Die Männer trommeln, spielen, lachen, feuern sich an, legen an Tempo zu, halten kurz inne, um dann noch schneller zu spielen.

Die Musik lässt mich unerwartet melancholisch werden. Warum fasziniert mich der Maloya? Warum zieht mich dieses Leben hier so magisch an? Warum bezaubern mich die Menschen?

Sie haben etwas, was mir ein bisschen fehlt – sie haben einen Stolz, einen Stolz auf ihre Herkunft. Eine Identität, die sie nicht hinterfragen. Sie sind Kreolen. Punkt. Wenn sie auch Narben, schwer heilender Wunden aus ihrer Vergangenheit tragen, so wissen sie doch, was sie als Volk besonders macht. Ebendieses friedliche *ensemble, c'est tout*. Sie brauchen sich nicht mit dem auseinanderzusetzen, was mich umtreibt. Hier am Türpfosten des Studios wird mir bewusst, was ich suche: ein tiefes Verwurzeltsein. Eine Heimat habe ich, eine zweite sogar dazugewonnen. Integriert, verankert, das bin ich auch. Aber tiefe Wurzeln? Meine Vorfahren kamen aus Ostpreußen und Schlesien, um dem Krieg zu entfliehen. Ich wurde in einem Land geboren, in dem nicht keimen konnte, wovon ich träumte. Die Erde des jetzigen Deutschlands empfinde ich als zu hart, zu kalt, um meine Wurzeln tief hineinwachsen zu lassen. Wie da Stolz empfinden?

Aber es ist auch etwas in mir, das ich nicht erklären kann. Etwa diese Freude, französisch zu sprechen. Seit jeher bin ich vom Klang der Sprache fasziniert, von diesen ineinander schmelzenden Sätzen, den Worten, die sich wie Girlanden verbinden. Französisch klingt wie ein melodiöses Plaudern. Während Deutsch sich für mich anfühlt, als würde ich in einem kahlen, überschaubaren, zweckmäßig eingerichteten Raum stehen, ist das Französische für mich das urgemütliche Zimmer mit Plüschsofa, verspielten Vorhängen, warmen Lichtern und viel Nippes überall. Eine weiche federnde Sprache. Ich habe Freude daran, mich in das Netz der verflochtenen Worte hineinfallen zu lassen, wenn ich mich unterhalte.

Mir ist aufgefallen, das ich mich in jeder Sprache, auch wenn ich sie nur wenig beherrsche, immer etwas anders verhalte: Im Englischen bin ich nüchtern, im Russischen ausschweifend, süffisant aus mir heraus, im Niederländischen habe ich das Gefühl, über die Worte zu stelzen. Im Französischen jedoch bin ich verspielt und leicht – möglicherweise finde ich in dieser Sprache auch ein Stück Heimat? Manchmal ist Heimat ja nicht nur ein Ort, die Familie oder Freunde, sondern auch ein Gefühl, ein Geruch, ein Geräusch, eine Erinnerung. Heimat stelle ich mir vor wie einen inneren Raum, der Besinnung, der Geborgenheit bietet. Vielleicht ist es einfach auch ein imaginärer Ort, zeitlos, ohne Gemeinheit, Bosheit und Niedertracht? Ein Wunsch? Ein Traum?

Gérard setzte sich zu mir. »Bedrückt dich etwas? Liebeskummer?«

Nicht mal das, denke ich.

»Hast du Heimweh?«

»Nein.«

»Fernweh?«

»Nein. Ich fühle mich gerade so wohl und bin doch gleichzeitig traurig, traurig darüber, dass ich die Zeit nicht anhalten kann!«

Gérard schaute mich an: »*Je t'aime bien*!«

Das ist die schönste Liebeserklärung seit Langem, *je t'aime bien*: »Ich mag dich«, eigentlich, wir mögen dich … und jetzt sei nicht traurig.

Ach diese wunderbare Sprache. Ich finde, ein *je t'aime* kommt leichter über die Lippen, perlender, als ein *Ich liebe dich,* das in meinen Ohren irgendwie nüchterner klingt. Es gibt nicht genau das wieder, was ich fühle, wenn ich liebe. In *je t'aime* jedoch schwingt mehr Hingabe, dazu ein leises Lächeln, ein sanfter Blick … *Ich liebe dich* verlangt eine Antwort. Was erwidern? *Ich dich auch* klingt banal. *Ich weiß* ein bisschen gemein. Nichts zu sagen ist fatal. Ein Kuss als Erwiderung käme einem Aufschieben gleich. *Ich dich noch viel mehr,* wirkt hilflos. *Ich bin verrückt nach dir*, kommt einer Antwort schon näher, stimmt aber nicht immer.

Aber *je t'aime*, selbst wenn es nur für diesen Augenblick wahr ist! Ja!

Gérard singt mir leise das Lied *4 ti mo* ins Ohr. Das ist Kreolisch und heißt »Vier kleine Worte«. Es gibt Sprachen, in denen ein »Ich liebe dich« nicht aus drei, sondern aus vier Worten besteht. Im Kreolischen: *Mi aime a ou*. Mir fallen noch das niederländische *Ik hou van jou* und das persische *Man tora dust daram* ein.

»Ein schönes Lied, aber jetzt habe ich einen Ohrwurm!«, gestehe ich ihm schmunzelnd.

»Einen w-a-a-as?«, er schaut mich erschrocken an. »Einen Wurm im Ohr? Müssen wir mit dir zum Arzt?«

Ich schüttele schnell den Kopf: »Nein, ist nichts Schlimmes, im Gegenteil!« Gérard sieht mich prüfend an, dann stellt er sich vor mich und beginnt in kleinen Schritten zu tanzen.

»Tak, tak, komm, mach mit!«

Er nimmt mich bei den Händen, führt mich, wirbelt mich durch den Proberaum.

»Ja, noch ein Stück nach vorn, wiege dich noch etwas mehr in den Hüften. So ist es gut!«

Alles um mich herum beginnt sich zu drehen. Vielleicht ist der Rhythmus zu schnell, vielleicht habe ich zu viel Punsch getrunken, vielleicht ist mir schwindlig vor Glück?

»Amüsier dich!«, ruft Gilbert herüber. »Es ist später als du denkst! Schau jetzt nicht auf die Uhr! Wie sagt man so schön, ihr habt die Uhren, wir die Zeit?«

Und ich tanze die ganze Nacht durch, bis es wieder hell wird. Endlich mal wieder!

***

An dieses »Amüsier Dich! Es ist später, als Du denkst!« musste ich oft denken. Ich wartete zu oft auf etwas.

Vielleicht – ich weiß nicht genau, wie ich darauf kam, es fiel mir gerade ein – war mein Leben bislang ein einziger Übergang? Ein Warten auf irgendetwas? Ich hatte keine Karriere angestrebt, konnte nie einen Plan B aus der Schublade ziehen und die nächsten Jahre vorplanen, doch angetrieben von der Lust zu schreiben, hielt ich diese Unsicherheit aus.

Krisen haben mich kreativ werden lassen: Seit meinem letzten Umzug besitze ich keinen Kleiderschrank, dafür bunte Bügel mit einem orientalischen Vorhang; auch kein Auto mehr, aber ein Fahrrad mit einer knallroten Klingel. Das war nichts Außergewöhnliches, aber früher hätte ich alles darangesetzt, wieder Geld in Schrank und Auto zu investieren. Doch wie ich über die Jahre immer stärker spürte: Gebrauchsgegenstände unterliegen einer Halbwertzeit, Reiseerinnerungen nicht. Im Gegenteil, die Erinnerungen wurden bedeutender, wichtiger, wertvoller, je länger die Reisen zurücklagen.

Manapany-les-Bains: Wie die Insel zu ihrem Heiligen kam

Frédéric hatte mich zu sich in die Berge eingeladen. Doch das Wetter ist so schön heute, kein Regen wie in den letzten Tagen, strahlender Sonnenschein – ich habe keine Lust, in den feuchten Nebel von La Chaloupe einzutauchen. Einfach absagen, das würde ihn beleidigen. Was tun? Mir fällt keine plausible Begründung ein, um unser Treffen zu verschieben, schließlich freut er sich auf mich. Ich greife ausnahmsweise zu einer kleinen Notlüge und rufe ihn an: »Hör mal, mein Auto springt nicht an. Treffen wir uns an einem anderen Tag, *d'accord*?«

»Kein Problem, wenn du meine Hilfe brauchst, sag Bescheid!«

»Nein, danke, ist schon gut, darum kümmern sich die Leute von der Autovermietung. Bis bald!«

Mit einem etwas unguten Gefühl lege ich auf, will in den sonnigen Süden baden fahren. Zunächst beschließe ich, einen Abstecher zu machen in die Berge nach Grand Coude. Ich habe noch nie eine Teeplantage gesehen, und dort gibt es sogar einen Wald aus Teebäumen.

Am Eingang lehnt ein Mann und telefoniert. Als er mich sieht, legt er auf und stellt sich als Plantagenbesitzer vor.

»*Bonjour, Madame*, ich bin Johny! Niemand da heute, Sie sind die Einzige. Am Nachmittag kommt eine Schulklasse, bis dahin habe ich alle Zeit der Welt, ganz für Sie allein!«

»Na, das höre ich gern!«

»Als Erstes schicke ich Sie in unser Labyrinth!«

»Ein Labyrinth? Um Himmels willen, da finde ich niemals wieder raus!«

Ich habe Schwierigkeiten, mich zu orientieren, schon immer.

In Saint-Denis oder Saint-Pierre muss ich mir die Straßennamen aufschreiben, um nicht zu vergessen, wo ich mein Auto geparkt habe. Und gehe ich in ein Geschäft, dann laufe ich beim Hinausgehen garantiert in die falsche Richtung.

Der schlanke, hochgewachsene Kreole muss lachen. »Ah, ein Frauenproblem! Können Sie auch zwischen links und dem anderen links nicht unterscheiden?«

»Machen Sie sich nur lustig über mich!«

»Okay, dann ist es besser, ich zeige Ihnen den Wald und die Plantage. Keine Angst, dort sind die Wege gut ausgeschildert.«

Wir tauchen in ein dunkelgrünes Dickicht ein: »Hier lassen wir die Sträucher wachsen, bis aus ihnen hohe Bäume werden.« Ich bin ein wenig enttäuscht: So hatte ich mir Teebäume nicht vorgestellt, sie sehen unauffällig aus, schlichte Pflanzen mit glatten Blättern, die es wohl mögen, dicht beieinanderzustehen. Einige von ihnen sehen aus, als ob sie sich ineinander verhakt haben.

»Schauen Sie mal, die beiden Bäume hier, die haben etwas Besonderes an sich.« Er zeigt auf zwei ineinander verschlungene Äste. »Das ist typisch. Wenn Teezweige sich zufällig berühren, fließt an diesen Stellen Harz heraus, und die Äste bleiben aneinander kleben. Innerhalb von zwei Jahren wachsen sie zusammen. Und selbst wenn später mal einer der beiden Äste abbricht, bleibt er an dem anderen Baum haften und wächst mit ihm weiter. So bleiben sie ein Leben lang verbunden, halten einander, versorgen sich mit Nährstoffen und bilden feste Baumknoten.«

Ich denke über die Zahl Zwei nach: Wer zu zweit ist, muss anpassungsfähig sein, um das Gleichgewicht zu halten, muss dafür aber auch fest verwurzelt sein. Warum zwei Jahre? Braucht es so lange, um zusammenzuwachsen?

Der Plantagenbesitzer biegt einen Zweig herunter. Unten wachsen dunkelgrüne, oben hellgrün glänzende Blätter. Diese zarten, feinen Spitzen werden gepflückt, auch wenn sie noch zusammengerollt sind. Am frühen Morgen, wenn es noch kühl ist, erntet

Johny mit seinen Mitarbeitern die ersten Blätter. Die werden anschließend im Schatten getrocknet, später kurz im Wasserbottich erhitzt, damit sie nicht weiter reifen. Dann werden die Blätter wieder getrocknet, und wenig später ist der Tee, der sogenannte weiße Tee, fertig. Er wird nicht fermentiert wie andere Sorten und bleibt somit in seinem Urzustand erhalten.

In einem offenen Holzverschlag kocht Johny für uns Tee aus eigener Ernte. Ein heller Aufguss, der tatsächlich weiß schimmert, leicht süßlich schmeckt und herrlich erfrischt.

Gut gelaunt verlasse ich die Teeplantage und steige in mein Auto. Ich drehe den Zündschlüssel. Nichts. Noch mal. Nichts. Der Motor springt nicht an! Wie kann das sein?

Verzweifelt schaue ich zu Johny herüber, der wieder lässig an der Eingangspforte lehnt, und rufe: »Sie sagten doch, Sie hätten alle Zeit der Welt! Ich brauche Ihre Hilfe!«

Er zieht sein Handy aus der Hosentasche, diskutiert kurz auf Kreolisch. Fünf Minuten später ist sein Bruder zur Stelle, so schnell, als habe er schon hinter einem Busch gelauert, um sofort herbeizueilen, wenn man ihn ruft. Ich stelle häufig fest, dass oft irgendjemand irgendwo zur Stelle ist, wenn etwas passiert. Es ist nicht so, dass hier jedermann auf Abruf bereitsteht, aber da sich für die Einheimischen das Leben überwiegend draußen abspielt, kriegt es schnell jemand mit, wenn Hilfe gebraucht wird.

Einmal sah ich einen Fahrradfahrer auf einer regennassen Straße in einen Graben rutschen, und wie aus dem Nichts eilten zwei junge Männer hinzu, der eine half ihm aufzustehen, der andere rief vorsichtshalber den Krankenwagen.

Der ebenso schlanke und hochgewachsene Bruder klappt die Motorhaube auf und wirft einen Blick in das schwarze, verschmierte Kabeldurcheinander: »Die Batterie ist leer. Sie muss gewechselt werden. Dafür brauchen wir eine Stunde!«

Ich friere, denn ich hatte nicht bedacht, dass es in den Bergen um einige Grad kühler ist als an der heißen Küste. Fröstelnd stehe ich in Minirock und kurzärmligen Top bei frischen achtzehn Grad vor meinem fahruntüchtigen Wagen. Johny hat Mitleid mit mir: »Hier ist eine Decke. Willst du was essen? Jeden Mittag kommt meine Mutter und bringt Reis.« Und tatsächlich, um Punkt eins hält ein Geländewagen mit Mutter, Vater, einem weiteren Bruder und dem Großvater. Die vier Neuankömmlinge öffnen den Laderaum und stellen einen dampfenden Topf mit Linsensuppe, Würstchenragout und Reis auf die Bank, dazu eisgekühlte Cola und Orangina. Johny reicht mir einen Teller, Suppenlöffel und Plastikbecher, und damit ausgerüstet, werde ich aufgefordert, ordentlich zuzulangen. Ich versuche mit Johnys Bruder Jack ins Gespräch zu kommen – aus lauter Dankbarkeit für die angenehme Unterbrechung meiner Wartezeit meine ich für Unterhaltung sorgen zu müssen. Denn alle schweigen und essen.

Ich erkundige mich, welchen Job Jack hat, worauf mich der Mann, ich schätze ihn um die vierzig, überrascht anschaut: »Keinen.« Ohne dies näher zu erläutern, schaufelt er weiter seine Linsen in sich hinein.

»Gar keinen?«, hake ich nach.

»Gar keinen.«

Nach einigen Minuten fügt er hinzu: »Na ja, manchmal was mit Arbeit.«

Dabei schaut er mich so vorwurfsvoll an, als hätte ich seine Intimsphäre verletzt und ihn aufgefordert, mir seine Kontoauszüge zu zeigen. Die Mutter springt ein. »Er sammelt Honig im Wald, von wilden Bienen.«

Ich lächle, als fände ich das großartig, um mich nicht weiter unbeliebt zu machen.

In das nun folgende minutenlange Schweigen hinein fährt laut tuckernd eine lila Ente und hält quietschend vor meiner fahruntüchtigen Karre. Johny hatte Verstärkung angefordert. Zwei kräftige Burschen mit schwarzer Wollmütze und dunkler Sonnenbrille steigen aus. Sie lassen sich von mir den Autoschlüssel aushändigen, stecken über der geöffneten Motorhaube die Köpfe zusammen und basteln ein bisschen am Wagen herum. Kontrollieren, ob er anspringt, und verschwinden wieder.

»Was kostet das?«, frage ich Johny.

»Ein Lächeln!«

Er verabschiedet sich und läuft zurück zur Plantage, die Schulklasse steht bereits da.

Meine Lektion in Sachen Notlüge habe ich nun gelernt: Nie wieder werde ich sagen, dass mein Wagen nicht anspringt, wenn er doch anspringt! Wirken hier andere Kräfte – auf der Insel des rauchenden Berges?

Ich nehme die kürzeste Route hinab nach Manapany zur Pension von Claus und Tina und freue mich, die beiden wiederzusehen.

Ich erzähle von meinem Erlebnis.

»Tja, kommt vor, vielleicht war Vulkanstaub in der Luft«, meint Tina scherzhaft. »Du bist nicht die Erste, der solche Dinge passieren.«

»Aber ein bisschen unheimlich ist das schon! Glaubst du an die Kräfte des Vulkans?«

Claus lehnt sich auf seinem geschnitzten, afrikanischen Holzstuhl zurück. »Man erzählt sich die Geschichte von deutschen Wissenschaftlern, die vor über zwanzig Jahren herkamen, um zu erforschen, inwieweit man die Erdwärme des Vulkans nutzen kann. Sie begannen in der Nähe des Riesen zu bohren – und als ab einer bestimmten Tiefe auf einmal die Bohrköpfe zu schmelzen anfingen, weil es heißer wurde als errechnet, es aus den Löchern übermäßig stark dampfte, bekamen sie Angst. Sie dachten, der Vulkan wäre nun angebohrt, Lava könnte aus dem Bohrloch entweichen, und glaubten, dass sie daran schuld seien, wenn er nun ausbrechen würde. Die Forscher reisten Hals über Kopf ab und ließen alle Geräte und Maschinen zurück.«

Ich schaue ihn etwas verdutzt an. Was hat das denn mit meiner Erfahrung zu tun?

»Man kann eben nicht alles erklären, was passiert«, ergänzt Tina. »Ich jedenfalls habe das Gefühl, dass auf der Insel auch noch andere Kräfte wirken – ohne dass ich dir Angst machen will. Es ist einfach so. Man sagt, weil wir durch den Vulkan direkt mit der Erdmitte verbunden sind, beeinflussen starke Energieströme das Leben auf La Réunion.«

Ich glaube eigentlich nicht an solche überdimensionalen Kräfte, wurde aber in meiner Gewissheit heute ein wenig erschüttert.

Nun jedoch ist eigentlich alles in Ordnung, mein Auto fährt wieder, ich bin gut in Manapany angekommen und habe genug Zeit, schwimmen zu gehen – im Bassin nahe der Pension.

Da es an der Basaltsteinküste im Süden aufgrund der starken Brandung und der hohen Wellen zu gefährlich ist, im offenen Meer zu baden, wurde in Manapany ein Naturbecken errichtet – ein Bassin, so groß wie ein Fußballfeld und zwei Meter tief. Es ist einer der wenigen Badeorte der Insel, wo man ohne den Sog der starken Strömung schwimmen kann, beinahe ungestört wie in einer Schwimmhalle. Wie durch eine unsichtbare Absperrung eingegrenzt, ziehen die Einheimischen diszipliniert, jeder auf »seiner« Geraden, ihre Bahnen. Am Bassinrand werden Schulkinder unterrichtet, und dazwischen planschen ein paar Urlauber.

Gut, dass ich mir in Berlin noch eine Schwimmbrille gekauft hatte. Nun kann ich ohne Blinzeln und Augenreiben schwimmen und immer mal wieder abtauchen, um Fische zu beobachten.

Ich fühle mich wohl im warmen Salzwasser, es trägt mich beim Schwimmen und umhüllt wohlig meine Haut. In diesen Momenten ist die Welt draußen weit entfernt, mir ist, als ob auch ich ein stummer Fisch bin, der sich lang gestreckt durch das weiche Wasser windet. Ich stelle mir vor, wie diese Welt, die es bereits seit Tausenden, Millionen Jahren gibt, einst aussah: wilder, mit einem Gewirr von Wasserlianen, dazwischen dicke Wasserschildkröten, gewaltige Kraken und rote Korallenfelder.

Die Sicht ist klar, beim Hinabtauchen leuchten schräg einfallende Sonnenstrahlen die Meeresbodenlandschaft aus. Ich sehe Muscheln, Krabben, abgeschliffene Steine, bunte Blätter. Beobachte lange graue Fische, die beinahe regungslos im Wasser stehen, gelb-schwarz gestreifte Winzlinge, die ständig die Richtung wechseln, Schwärme von lila-grau-blau Getupften, die mich neugierig umschwirren. Ich erschrecke vor den schwarzen Seeigeln mit ihren bedrohlichen Stacheln. Schon einmal habe ich mir spitze Stacheln in den Fuß eingetreten. Gemäß dem Rat der Alten träufelte ich damals Zitronensaft auf die wunde Stelle und klopfte mit einem Schlagholz darauf, um die Stacheln zu zerkleinern. Die Säure sollte über Nacht einziehen und die Stacheln auflösen. Überlieferte Hausmittel in allen Ehren, aber nach tagelangen Schmerzen habe ich dann doch lieber einen Arzt aufgesucht.

Zurück auf dem Weg in die Pension lasse ich mir Zeit und genieße den späten Nachmittag. Es riecht nach Holzfeuer, vor den Häusern leuchten Frangipaniblüten. Auf den Mangobäumen gurren die Tauben, es klingt, als wollten sie mich mit ihrem »Guguguhu« in einen Märchenwald locken. Der Duft von Frangipani und Holzfeuer, der Ruf der Taube, dazu noch das leuchtende Orange einer aufgesprungenen, reifen Mango sind für mich *das* Aroma, *der* Klang und *die* Farbe der Insel. Ich schließe kurz die Augen und möchte mich daran noch genauso erinnern können, wenn ich wieder zu Hause bin.

Auf dem Rückweg entdecke ich eine Treppe, die zu einem ausgehöhlten Felsen führt. Rote Rosen, Paradiesblumen, Trompetenbaumblüten schmücken den schmalen Pfad. Oben angekommen, sehe ich im Wind flackernde Kerzen neben verschiedenen Skulpturen, manche kleiner, manche größer als eine Haushaltskerze.

Daneben stehen weiße Porzellanschilder, die einem aufgeschlagenen Buch ähneln: »Merci à Saint Expédit«. Saint Expédit? Wer ist das? Eine mir unbekannte Figur aus Plastik, aus Holz, aus Keramik: ein junger Mann mit rotem Umhang, der stolz ins Weite schaut. In der linken Hand hält er eine Märtyrerpalme, in der rechten trägt er ein Kreuz mit der Aufschrift *Hodie* (Heute). Zu seinen Füßen liegt ein zertretener Rabe, unter dem *Cras* (Morgen) steht. Der Rabe, so erinnere ich mich, ist ein Symbol des Unglaubens. Das ist das Einzige, was ich damit in Verbindung bringe.

»Wer ist diese Figur?«, frage ich mittags Mathéo, den Chef des Restaurants nahe der Pension von Claus und Tina. Bei ihm esse ich oft, er hat Spaß daran, mir vieles über das Leben hier zu erzählen. Einmal brachte er ein Palmenherz und zeigte mir, wie daraus der Salat gehäkselt wird, ein anderes Mal erklärt er mir, welche getrockneten Gewürze und Früchte in eine Flasche für den *rhum arrangé* (Punsch) kommen. Sein Geheimrezept: vier Vanilleschoten, vier Stangen Zitronengras, vier Gewürznelken, zwei Sternanis, drei Lorbeerblätter, zwei Ingwerstückchen, drei geröstete Kaffeebohnen. Darauf einen Liter Rum gießen und mindestens sechs Wochen ziehen lassen. Zum Auffüllen wählt er einen typisch réunionesischen Rum, der aus frischem Zuckerrohrsaft statt Melasse hergestellt wird. Eine Mischung, gut für die Verdauung.

»Das ist Saint Expédit! Ein Heiliger!«, antwortet er.

»Hat er hier gelebt?«

»Er war ein römischer Legionär, der zum Christentum übertrat. Der Teufel soll ihm in Gestalt eines Raben erschienen sein, um ihn zu bewegen, erst morgen zu konvertieren, doch Expédit zertrat den Raben und rief, er werde heute noch Christ sein.

In der katholischen Kirche ist umstritten, ob er wirklich gelebt hat. Manche behaupten, dass Saint Expédit aufgrund eines Irrtums entstanden ist. Man erzählt sich, dass Nonnen nahe Saint-Paul vom Vatikan ein Paket mit Reliquien für ihre neue Kapelle geschickt bekamen. Sie fanden keinen Absender, lediglich einen roten Aufdruck: *expedio*, also ›verschickt‹. Und somit dachten sie, ihr Wohltäter hieße Expedito. Also wandelten sie den Namen etwas ab, tauften ihr Kloster Saint Expédit, strichen es rot an und stellten eine Figur hinein, die so aussah, wie sie sich den edlen Spender vorstellten.« Mathéo stellt das Tablett mit den gekühlten Wasserflaschen ab.

»Ich kann dir noch eine dritte Geschichte erzählen, möchtest du sie hören?«

Ich muss lachen: »Ja, gerne!«

Nach dem Ersten Weltkrieg wollte eine Händlerin aus La Réunion wieder zurück in ihre Heimat nach Saint-Denis. Doch auf dem Schiff gab es keinen Platz mehr. Der Kapitän meinte, da könne nur Beten helfen, denn zu dieser Zeit fuhren die Ozeandampfer selten und waren stets ausgebucht. Sie ging in Marseille in die Kirche und bat den Heiligen, der einem römischen Soldaten ähnelte, ihr den Wunsch nach einem Ticket zu erfüllen. Wieder im Hafen, rief der Kapitän ihr zu, es hätte gerade jemand seinen Fahrschein zurückgegeben, und nun wäre ein Platz frei. Später erzählte sie dem Pastor in Saint-Denis von diesem unglaublichen Erlebnis. Und so wurde der heilige Expeditus aus Marseille in die Kirche von Saint-Denis überführt.

»Welche Version ist nun wahr?«, frage ich.

»Jede. Auch das ist kreolisch – weil die Großmutter es von ihrer Großmutter erzählt bekommen hat, ist es sozusagen autorisiert. Das Gegenteil zu beweisen ist schier unmöglich, niemand kann es nachprüfen. Nichts ist falsch, denn es könnte sich so zugetragen haben. Und überhaupt, was ist schon wahr?«

»Tja, was ist schon wahr!«

Ich trinke einen großen Schluck: »Aber sag mal, was erwarten denn die Leute von Saint Expédit?«

»Ihm wird nachgesagt, dass er Wünsche ziemlich schnell erfüllen kann. Man bittet ihn um einen neuen Job oder darum, dass man einen Kredit erhält, die Prüfung besteht oder sich wieder mit seiner Geliebten versöhnt. Er soll auch Streit schlichten und bei Liebeskummer helfen. Ein Schutzpatron eben.«

»Manchen Figuren wurde der Kopf abgeschlagen oder es fehlt

ein Arm! Hat in diesem Fall der heilige Helfer seine Aufgabe nicht erfüllt?«

»Ja, dann rächen sich die Leute.«

Gelegenheit zum Beten (und Rächen) gibt es ausreichend. An die dreihundert roten Kapellen existieren auf der Insel, viele stehen am Straßenrand oder an Kreuzungen: Manche haben eine kleine Kapelle auch bei sich zu Hause oder im Vorgarten, so wie Mathéo. Zu meiner Verblüffung lädt mich der siebzigjährige Kreole zu einer kleinen Morgenmesse ein, die er einmal im Monat bei sich zu Hause für die Menschen im Dorf abhält. Und wo Fremde eigentlich nichts zu suchen haben. Welch eine Ehre!

»Sei pünktlich, damit du einen guten Platz bekommst. Es wird voll werden. Und bring einen Saint Expédit mit, den kannst du im Haushaltswarenladen in Saint-Joseph kaufen.«

Kurz vor sieben Uhr treffe ich bei Mathéo ein. Die Straße vor seinem Haus ist bereits zugeparkt. Ein älteres Ehepaar, eine Frau mit ihrem erwachsenen Sohn, zwei Freundinnen und ein Vater mit drei kleinen Kindern warten schon vor dem Tor. Mathéo, in ein weißes langes Baumwollhemd gehüllt, winkt uns herein. Während er in seinem Restaurant fröhlich pfeifend und eher schlaksig wie ein großer Schuljunge herumläuft, schreitet er in seinem Gewand würdevoll vor uns her und weist uns den Weg zu seinem Gebetsraum im Haus. Ein handtuchschmaler Raum, vierzig Stühle sind Kante an Kante zusammengeschoben, die Luft ist stickig und von Weihrauch erfüllt.

Am Ende dieses holzgetäfelten Zimmers steht ein selbst gebastelter Altar, auf den ein hellblauer Himmel mit einer alles überstrahlenden goldenen Sonne gemalt ist. Auf dem Boden aufgereiht, stehen Jesusstauen, die Heilige Jungfrau und ein meterhoher Saint Expédit. Der Tisch ist mit weißen Kerzen und roten Kunstrosen verziert. Die frommen Frühaufsteher legen dort ihre Familienbilder ab, bringen Babyschuhe, Kerzen, Ketten, Anhänger mit, all das, was geweiht und somit Glück bringen soll. In der Mitte steht eine Silberschale mit Lilien- und Rosenblüten, in die Mathéo meinen Saint Expédit stellt, der nun bis zu den Waden im Wasser steht.

Ein hochgewachsener indischer Gehilfe mit einem schwarzen Schnauzbart, in Jeans gekleidet und einen schwarzen Kittel über die nackten braunen Schultern geworfen, beginnt den Raum mit messingfarbenen Räucherschalen auszuschmücken und Rosenwasser über den Altar zu sprengen. Mathéo segnet die mitgebrachten Gegenstände mit seinen Händen, zeichnet Kreuze in die Luft, um die Familienbilder, Babyschuhe, Kerzen, Ketten, Anhänger von dämonischen Mächten zu befreien.

Dann beginnt seine Predigt. Es geht um Neid. Viele von uns wären neidisch, nicht nur auf das größere Haus des Nachbarn, das schnellere Auto des Freundes, sondern auch auf Jugend, Schönheit, Gesundheit .... »Neid«, so schärft er seinen Zuhörern ein, »besitzt eine selbstzerstörerische Kraft! Er vergiftet unser Lebensglück. Aber er fordert uns auch heraus. Wir sollten prüfen, ob die Ziele, die wir in unserem Leben verfolgen, auch angemessen sind. Oder ob wir nicht einen anderen Weg einschlagen müssen, der uns glücklicher macht! Amen.«

Eine bleiche Frau, die kaum laufen kann und Mühe hat, sich von ihrem Stuhl zu erheben, ist die Erste, die von Mathéo mit murmelnder Fürbitte bedacht wird. Weitere Gehilfen, ein dicker Afrikaner und ein Kreole, der bärtig wie Rumpelstilzchen aussieht, treten hinter die Frau, die sich nur mühsam auf den Beinen hält. Sie greifen ihr unter die Arme und stützen sie. Während der gemurmelten Gebete und zittrig vorgetragenen Ausrufe zur Austreibung des Teufels, der an der Krankheit der geschwächten Dame schuld sein soll, bricht sie immer wieder zusammen und scheint sekundenweise in Trance zu verfallen.

Mathéo reißt mehrere Male die Hände zur Zimmerdecke empor. Rumpelstilzchen verdreht die Augen, der Dicke und der

Kleine geben alles, damit Madame auf Augenhöhe zum Meister gehalten werden kann. Der Meister schwitzt und betet, berührt sie an Kopf und Stirn, wedelt ihr Luft zu, flößt ihr Wasser ein und verspricht nicht nur Heilung, sondern auch Erlösung von all den Schmerzen. Das Ritual hat etwas Beschwörendes, etwas Unheimliches für mich.

Nach einer halben Stunde wird die halb Besinnungslose auf zwei Stühle gelegt. Als Nächstes schleppt sich ein gebrechlicher Mann von der Wartebank zum Altar, einer, der seine Arme kaum bewegen kann und dem der Dämon aus den Gliedern getrieben werden muss mit vielen Worten und kreisenden Bewegungen.

Danach sind die Gesunden an der Reihe, sie sollen mehr Kraft, Mut und Lebensfreude geschenkt bekommen. Dafür wird ihnen unter dramatisch vorgetragenen Beschwörungen auf Kreolisch, die ich nicht verstehe, geweihtes Wasser gereicht.

Es beginnt in meiner Magengrube zu ziehen, mein Hals wird trocken, denn gleich bin ich dran mit der Teufelsaustreibung. Während ich noch überlege, ob ich es mit meinem Gewissen vereinbaren kann, mich als Ungläubige, doch interessierte Beobachterin, segnen zu lassen, fängt ein kleines Mädchen an zu kichern. Sie findet es urkomisch, wie ihre Mutter gerade mit Wasser besprengt wird, und wie der weiße Kittelmann auf sie einredet. Dadurch schwindet meine innere Anspannung, und meine Bedenken verfliegen.

Ich entwickle etwas mehr innere Distanz zu dieser sonderbaren Messe und stelle mir vor, dass ich gerade einem eindrucksvollen Theaterstück mit engagierten Laiendarstellern beiwohne. Damit versuche ich den letzten Rest meiner Aufregung kleinzureden. Das Mädchen kichert weiter, aber es scheint niemanden zu stören. Vielleicht sind alle zu sehr mit sich beschäftigt, oder es hat auch für die anderen etwas Erleichterndes, dass jemand die angespannte Atmosphäre voller zittriger Ausrufe nicht ganz ernst nimmt.

Ich sehe mich um. Hinter mir die beiden Jungen spielen an ihren großen Taucheruhren, das ältere Ehepaar sitzt regungslos und mit geschlossenen Augen kerzengerade auf den Holzstühlen, die Frau mit ihrem erwachsenen Sohn schaut ergriffen zum Altar. Die hypnotisiert wirkende Kranke lehnt apathisch an der Wand, die Hände zum Gebet gefaltet, lautlos vor sich hin murmelnd. Ich fürchte, dass sie jederzeit wieder in Ohnmacht fallen könnte – da klingelt ihr Handy. Nicht dass sie es verschämt ausstellt oder die Tasche verstohlen unter die Bank schiebt, um die heilige Runde nicht zu stören, nein! Mit einem Mal putzmunter, drückt sie auf die grüne Telefontaste: »Ja, die Bohnen sind im Schrank neben dem Herd, bis später, *chérie*!«

Ein Strahlen huscht über ihr Gesicht, plötzlich ist sie wie ausgewechselt, ruckelt sich auf ihrem Hocker zurecht. Man hat den Eindruck, als würde sie nun, hungrig geworden bei dem Gedanken an die Bohnen, das Ende der Veranstaltung herbeisehnen. Auch sonst scheint sich niemand am Handyklingeln zu stören, nur Rumpelstilzchen unterbricht sein Augenflackern, stampft mit dem Fuß auf und reckt die Arme in die Luft, um erneut Kontakt mit den unsichtbaren Mächten aufzunehmen.

Mathéo ruft mich nach vorn, und ich sage ihm, dass mir nichts wehtut, aber ein bisschen Glück könnte ich schon noch vertragen. »Du hast Angst, dir ist unheimlich, nicht wahr?«, fragt Mathéo.

Ich sage »Nein« und nicke doch.

»Na das ist eine Antwort! Wünsch dir etwas, alles kann in Erfüllung gehen, nur für Geld und Reichtum ist Saint Expédit nicht zuständig.«

Dann übergießt er meinen kleinen römischen Soldaten mit einer Essenz, die wie das Kölnisch Wasser meines Großvaters duftet und drückt mir die nun geweihte Heiligenfigur mit ihren nassen Waden in die Hand.

Alle zusammen schreiten wir aus dem Raum hinaus zur roten Kapelle in den Vorgarten. »Um Himmels willen, halt!«, ruft der

Meister. »Saint Expédit soll nicht dich ansehen, er muss nach vorn schauen. Dreh ihn um!«

Also falsch gehalten, und so muss das Gefolge der vierzig Gläubigen zurück, um dann mit mir den Weg im Gänsemarsch noch einmal einzuschlagen. Ich laufe vorneweg, das hübsche Kerlchen, das nun in die richtige Richtung schaut, vor mir her tragend.

In seiner selbst gebauten, roten Kapelle erklärt Mathéo den bereits vorhandenen Heiligenfiguren, dass ich eine Deutsche bin und dass der Neuankömmling von nun an für mich sorgen wird.

Die Situation in Mathéos Eigenbau samt Altar und Gebetsstühlen hat etwas sehr Intimes: Die Leute wirken schutzlos, vertrauen ihm ihre Ängste an und wollen, dass er für diesen Moment die Verantwortung übernimmt. Der Meister bittet Saint Expédit nicht nur um Hilfe, sondern greift direkt in das Leben der anderen ein – denn schließlich sagt er, was der Einzelne tun oder lassen soll. Die vierzig sind an diesem Morgen zu ihm gekommen, um Antworten zu erhalten, Antworten, die keiner geben kann. Soll man ins Krankenhaus gehen bei starken Rückenschmerzen; soll man die Frau verlassen, die einen anderen Mann liebt, oder doch um die Ehe kämpfen? Aber auch: Wird meine Tochter wieder laufen können nach dem Motorradunfall? Wann werde ich eine Arbeit als Automechaniker bekommen? Wie lange muss ich noch warten, bis ich schwanger werde?

Auch wenn die stets zuversichtlichen, optimistischen Vorhersagen von Mathéo nicht in Erfüllung gehen: Solange er den Teufel brüllend vertreibt, die Hand auf das Haupt des Hilfesuchenden legt, den heiligen Expeditus anruft, das existenzielle Problem in den Mittelpunkt der Aufmerksamkeit rückt, gibt es Hoffnung. Und sei es nur für einen Moment lang im Nebel der Räucherkugeln, im flackernden Kerzenschein, umhüllt vom Schweigen der anderen.

Vor Jahren ist Mathéo nach einem Autounfall ins Koma gefallen, die Ärzte hatten wenig Hoffnung, dass er überlebt. Doch ist er, wie durch ein Wunder, wieder zu Bewusstsein gekommen und genesen. Er hätte ja bereits am anderen Ufer gestanden, und da wäre ihm der heilige Expeditus erschienen, um ihn zurückzuholen zu den Lebenden: »Seit diesem Tag kann ich auch mit Toten reden! Und in die Zukunft sehen.«

Mathéo glaubt auch, über das Jenseits Bescheid zu wissen. Er könne sagen, wohin die Seelen der Verstorbenen gehen. Aber er dürfe es nicht verraten …

»Wir Menschen haben es nicht leicht«, fügt er hinzu.

Ich nicke zustimmend.

»Aber Saint Expédit hat es auch nicht leicht. Denn wenn wir ihn ständig anflehen, unsere Wünsche zu erhören, dann ist das auch anstrengend für ihn. Deshalb sollten wir das Beten nicht überstrapazieren. Auch ein Heiliger hat nicht endlos Kraft.«

Ich schaue auf die Krücken, die neben der roten Saint-Expédit-Kapelle lehnen, und rätsle, ob sie wirklich jemand mitgebracht hat, der nun wieder laufen kann, oder ob sie gezielt hingestellt wurden für die Hilflosen und Ratsuchenden, um Zuversicht zu verbreiten. Doch ich bin zu müde, um nachzufragen.

Nach drei Stunden löst sich die andächtige Runde auf. Jetzt erlebe ich die Réunionesen, wie ich sie kenne, fröhlich schwatzend, plappernd, scherzend. Ich bin erleichtert, dass diese fromme Veranstaltung vorbei ist. Ein kleines Unwohlsein bleibt zurück, denn ich glaube nicht an die Mächte, die Mathéo in seinem Zimmer beschworen hat. Aber trotzdem löst die Zeremonie in mir eine Faszination aus. Sicherlich, davon bin ich überzeugter denn je, gibt es mehr außerhalb dessen, was ich verstehen kann.

Um mich an diesen Morgen zu erinnern, beschließe ich, meine kleine Statue zu fotografieren, denn sie wird in der Kapelle zurückbleiben, wenn ich wieder nach Berlin fliege. Wie schön, dass ich nun auch einen Heiligen auf der Insel habe, an den ich denken kann! Ich drücke auf den Auslöser meiner Kamera – sie funktioniert nicht! Nein, das glaube ich jetzt nicht. Ich hatte den Akku in der Nacht vorher komplett aufgeladen, und nun zeigt die Anzeige: Batterie leer. Ich bin mehr verunsichert als verärgert und laufe zum Auto. Dort schalte ich die Kamera noch einmal ein, da plötzlich zeigt der Leuchtbalken die volle Leistung. Soll ich aussteigen und nachschauen, ob die Kamera nun doch in der Kapelle funktioniert? Oder die Sache ignorieren, vergessen, weil unerklärlich? Rasch schalte ich die Kamera wieder aus, schiebe sie ganz nach unten in meinen Rucksack und versuche mir einzureden, dass ich vorhin in der Kapelle nicht richtig auf den Auslöser gedrückt habe ...

Mathéo kommt, um sich zu verabschieden. »Was ist das? Ein Wespenstich!« Als er mich auf meine kleine Wunde anspricht, fängt sie gleich wieder an zu jucken. »Ja, vor zwei Tagen, direkt an dem Strommast, schräg gegenüber von deinem Restaurant, da gibt es ein Nest. Ich hatte es nicht gesehen beim Joggen, hatte es gestreift, und zwei haben sofort zugestochen. Du glaubst nicht, was für einen Bogen ich jetzt da herummache!«

Sein Mitleid hält sich in Grenzen, er ruft begeistert: »Toll, ein Wespennest! Da hole ich mir die Larven und koche daraus ein Ragout mit Tomaten und Zwiebeln. Eine Delikatesse!«

Ich weiß, dass Larven bei den Einheimischen beliebt sind – als Sonntagsessen.

»Wie kommst du an das Nest heran?«

»Ich zeig es dir. Solange du dich auf die Wespen konzentrierst, passiert nichts. Sie stechen nur, wenn du eine unachtsame Bewegung machst und mit den Gedanken anderswo bist.«

»Normalerweise sind meine Gedanken nicht bei Wespen!«

»Du weißt nichts darüber, stimmt's?«

»Stimmt.«

»Wespen sind eigenwillig. Besonders die Männchen, die lassen sich von den Weibchen großziehen. Dafür leben sie nur kurz, haben Sex und sterben danach. Larvenaufzucht ist Frauensache.«

Wir fahren zum Strommast, Mathéo umwickelt eine Harke mit einem feuchten Lappen, zündet sie an, wartet, bis es zu räuchern anfängt, und zupft damit vorsichtig das Nest ab. Die Wespen taumelten in der Luft wie in Trance und – schwupp zieht er das graue, kelchförmige Nest samt Larven zu sich heran. Als er es schüttelt, fallen die ersten Larven heraus, die anderen zieht er mit der Pinzette aus den winzigen Löchern.

Tage später sehe ich die Insekten fassungslos an ihrem alten Platz hocken, dort, wo einst ihr zu Hause war. Und was sehe ich, sie beginnen von Neuem ein Nest zu bauen!

Abends in Manapany sitze ich mit Claus und Tina bei gegrilltem Schwertfisch und Wein. Martha aus Düsseldorf gesellt sich zu uns. Sie ist gekommen, um sich zu verabschieden. Sie hat drei Jahre auf La Réunion gelebt und musste erfahren: Der Traum, ihr Traum, ist aus. Sie hatte sich ein Haus gekauft, baute alles um, wollte Zimmer vermieten. Doch leider war sie genau in den Monaten nach La Réunion übergesiedelt, in denen kaum Touristen auf die Insel kamen. Erst wegen des Chikungunya-Fiebers – inzwischen sind die Mücken, die diese Infektionskrankheit übertragen, so gut wie ausgerottet. Und dann kam noch ein zerstörerischer Zyklon. »Ich saß tagelang in meinem Haus«, erinnert sie sich, »ohne Strom, ohne Wasser. Was aber am schlimmsten war, ich saß allein da. Irgendwann musste ich mir eingestehen, dass mein Plan nicht aufging, ich kaum Geld verdiente und mich ohne meine Familie ziemlich einsam fühlte.«

Die Scham, nach Düsseldorf zurückzugehen, wo sie ihre Stelle als Steuerberaterin gekündigt, die Wohnung aufgelöst und eine große Abschiedsfeier für die Freunde ausgerichtet hatte, war zunächst größer als die Enttäuschung, es sich finanziell auf die Dauer nicht mehr leisten zu können, im Ausland zu leben. Wenn auch heutzutage oft vom Scheitern als Chance gesprochen wird, wäre das viel zu leicht dahingesagt, findet sie.

»Doch bevor ich meine Zelte abbrach, wollte ich mich belohnen und überlegte, welchen Wunsch ich mir noch erfüllen möchte. So machte ich in den letzten Wochen meinen Pilotenschein und lernte fliegen. Morgen hebe ich hier ein letztes Mal ab, gemeinsam mit meinem Fluglehrer, in einem Leichtflugzeug. Und fliegen kann ich zu Hause dann auch, das geht ja überall auf der Welt!«

»Ich bewundere dich!«, sage ich.

»Ja? Aber wie kann ich wissen, dass ich nicht auf La Réunion leben will, wenn ich es nicht ausprobiert habe!«

Wir rühren in unseren Espressotassen und wissen, es ist jetzt besser, nichts zu sagen, denn Worte würden den Schmerz in diesem Moment nicht wiedergeben können.

Martha geht auf ihr Zimmer, und ich laufe die Dorfstraße entlang. Ich bin nicht müde wie sonst abends um neun Uhr. Mittlerweile habe ich mich dem Rhythmus der Kreolen angepasst: früh ins Bett und früh wieder raus.

Es ist so dunkel draußen, wie es in einer Großstadt kaum werden kann mit den Abertausenden Lichtern der Straßenlaternen, Autoscheinwerfer und erleuchteten Fenstern. Nur aus einigen der Fenster flackert nachts noch der matte Schein der Fernseher. Ab und zu treffe ich in der rabenschwarzen Finsternis Spaziergänger, erkennbar nur an einem weißen T-Shirt oder einer hellen kurzen Hose, scheinbar ohne Arme und Beine, die sich an mir vorbeibewegen und mit *Bon soir* grüßen. Gelegentlich schwebt eine Zigarette an mir vorbei, oder höre ich das Klacken von Flipflops. Manchmal schwingt ein Lachen zu mir, und es blitzen herrenlose weiße Zähne auf. Die Menschen bleiben unsichtbar.

Am Ende der Straße leuchten kleine Punkte, es sind die Kerzen der roten Höhle von Saint Expédit.

***

Eines Abends fragte ich meinen Großvater, ob er an Gott glaube. Er schaute mit zusammengepressten Lippen aus dem Fenster und meinte, dass man ja an irgendetwas glauben muss. Denn das Gegenteil von Glauben sei nicht Unglaube, sondern Angst. Glauben würde helfen gegen die Angst. Ein bisschen jedenfalls. Welche Angst er denn meinte, traute ich mich damals nicht zu fragen.

Ab diesem Tag beschloss ich herauszufinden, was das war, dieses »Irgendwas«.

Ich wollte wissen, wo meine verstorbene Großmutter jetzt sei. Sie wäre verreist, sagte er mir. Das fand ich unheimlich. Hatte Reisen etwas mit einem Abschied für immer zu tun?

Als ich später erfuhr, dass sie gestorben war, beruhigte mich das: Nun konnte ich hoffen, dass all die, die in die Ferien verreisten, auch wiederkommen würden. Und das Verreisen nichts Endgültiges ist.

Also war meine Großmutter »irgendwo« gut aufgehoben; nur schade, dass sie mich nicht mehr besuchen konnte. Meine Mutter beruhigte mich: Es gebe nichts, was für immer stirbt, irgendetwas bleibe zurück. Sie schenkte mir die Bernsteinbrosche, die meine Großmutter getragen hatte – darin sei ihre Seele eingebettet. Ich breitete kleine Papierschnipsel auf dem Tisch aus, rieb am Ärmel meines Wollpullovers den goldfarbenen Stein, der sich elektrostatisch auflud, und wie durch eine unsichtbare Kraft wurden die Schnipsel vom Bernstein magnetisch angezogen ... Das war stets der Moment für mich, in dem ich sicher war, dass sie gerade an mich dachte.

Ich stellte mir vor, dass sie auf mich aufpasst, dass es eben etwas Unsichtbares gibt, das auf mich aufpasst. Es war zu jener Zeit, als Wünschen noch geholfen hatte, damals, als ich einen unsichtbaren Zauberring trug, den ich vor Klassenarbeiten ein Mal, vor einem Kopfsprung zwei Mal und bei Gewitter drei Mal umdrehte.

Beim Klassentreffen fragte ich meine Schulfreundin, ob sie auch nicht an Gott glauben würde. Wir tranken Wein und erinnerten uns daran, dass wir damals Ball ohne Ball spielten. Wir fingen ihn so, als ob wir einen Ball in die Luft geworfen hätten. Genauso sei es mit unserem Glauben, sagte sie, unsichtbar, schwer fassbar, aber doch präsent. Wir glauben, aber eben anders.

Le Port/Villèle: Um Mitternacht kommt die Hexe

Nachdem am Vortag ein heftiger Regenguss niedergegangen war, steht die Sonne heute wieder auf ihrem Posten, es ist gleißend hell und wunderbar warm. Ich blinzle in den blank geputzten Morgen, möchte wissen, ob es so schön bleibt, und schalte den Fernseher ein. Auf dem Kanal *Réunion 1ière* läuft die Morgensendung *Gran' Matin* – mit Sturmwarnungen, Staumeldungen, Streikwarnungen, Preisvergleichen. Die Erkennungsmelodie von *Gran' Matin* ist ein rhythmisches Gitarren-Trommelstück, nach dem ich mit der Zahnbürste in der Hand beschwingt durch das Zimmer tänzle. Nach den Lokalnachrichten werden CDs vorgestellt. Heute *Baster* mit dem Sänger Thierry Gauliris, einem kreolischen Stevie Wonder. Ich höre *Mon Pei (Mein Land)*, ein spritziger Song, der gute Laune macht.

Als ich duschen will, merke ich, dass das Handtuch von gestern noch klamm ist. Auch Rock und T-Shirt hängen durchweicht auf der Wäscheleine. Nichts wird richtig trocken im Moment aufgrund der hohen Luftfeuchtigkeit. Also krame ich den Föhn aus dem Schrank. Es gibt kaum ein Haushaltsgerät, das hierzulande vielfältiger eingesetzt wird: Mit dem kleinen Gebläse wird das Feuer im Grill entfacht; wenn die Kamera im Regen beschlägt, bekommt man sie per Heißluftstrahl wieder einsatzfähig; ist die frisch gewaschene Wäsche auch nach Tagen noch feucht, haben die Kinder wieder »ihre« Aufgabe – die Verlängerungsschnur aus der Kammer holen und wenigstens ein paar der Hemden und Hosen trocknen.

Ich breite meine Sachen auf dem Bett aus. Mit der rechten Hand föhne ich mit wedelnden Bewegungen, mit der linken drehe ich die Lautstärke des Fernsehers auf, um den brummenden Haartrockner zu übertönen, und zappe mich derweil durch die verschiedenen Sender. Auf *Arte* läuft eine Dokumentation über die französische Reiseschriftstellerin Alexandra David-Néel. Welch ein Zufall – wie habe ich ihre Bücher verschlungen, vor allem die Beschreibungen ihrer Reisen durch Tibet: *Mein Leben auf dem Dach der Welt* und *Mein Weg durch Himmel und Hölle*. Eine mutige Wanderin, die die meisten Jahre ihres Lebens zu Fuß in Asien unterwegs war und als erste europäische Frau Anfang des vergangenen Jahrhunderts Tibet bereiste. Mit achtundsechzig brach sie zu ihrer letzten Tour auf, die neun Jahre dauerte. Eine zähe Abenteurerin, die knapp über hundert wurde. Wenn ich mir das vorstelle: Als Alexandra geboren wurde, war Napoleon III. noch an der Macht. Als sie starb, landeten die ersten Menschen auf dem Mond. Was für eine Zeitspanne!

Ich bewundere sie, ihre Neugier und die Entschiedenheit, mit der sie ihre Träume verwirklichte, und auch sonst ihr Leben als Frau, unangepasst, beharrlich, eigenwillig. Sie war siebenunddreißig Jahre verheiratet, lebte davon aber nur wenige Jahre mit ihrem Ehemann zusammen. Statt mit ihm gemeinsam durch die Welt zu ziehen, adoptierte sie einen jungen Burschen, der sie auf ihren Touren begleitete.

Sie hielt es an keinem Ort lange aus, sie hatte, wie sie es selbst nannte, eine »Allergie gegen das Sesshafte«. Und erklärte, ein Greuel vor einer gewissen Endgültigkeit zu empfinden. Sie kannte genügend Leute, die vor der Unbeständigkeit Angst hatten, doch für sie trifft genau das Gegenteil zu. Sie mochte es nicht, wenn das Gestern dem Heute glich, und ein Weg schien ihr erst dann verlockend, wenn sie nicht wusste, wohin er führte. Glück fand sie in der Natur und vor allem auf den Bergen: »Wozu schlepp ich mich durch die Städte, umgeben von Menschen, die in der Meinung, sich das Leben zu erleichtern, sich nur noch mehr einengen?«, beklagte sie.

Sie hat vorgelebt, was möglich sein kann. Ein Kollege sagte mir einmal, er sei sicher, dass jeder, der irgendwohin reist, auch vor irgendetwas flüchtet. Alexandra hätte ihm da sicherlich geantwortet: »Und wenn es so ist! Na und?«

Nach der Fernsehdokumentation sind Rock, T-Shirt und Handtuch nicht ganz trocken, aber zumindest weniger klamm.

Als ich meinen Laptop einschalte, geht ein kleines Fenster an der oberen rechten Ecke auf, und ich sehe, dass meine Tochter mit mir skypen möchte. Wie schön, sie zu sehen und zu hören! Sie erzählt mir, dass sie am Wochenende Freundinnen zu Besuch hatte, die das erste Mal in Berlin waren. Und sie hätte sich geärgert, dass sie vieles über Berlin nicht wusste, einige Fragen einfach nicht beantworten konnte. Ganz einfache Fakten, zum Beispiel, wie viele Bezirke Berlin hat.

»O je«, unterbreche ich sie, »die müsste ich auch erst durchzählen. Aber dass Réunion vierundzwanzig Kommunen hat, weiß ich auf Anhieb.«

»Manchmal ist es wohl so, dass man über eine andere Stadt oder ein anderes Land mehr weiß als über das eigene?«, überlegt sie.

Nach unserem Gespräch fällt mir auf: Ich habe in Berlin noch nie zwei Stunden mit einem Uhrmacher geplaudert, war auch nicht im Wannsee baden und bin bislang keinem schönen Mann in den Supermarkt gefolgt, um zu kaufen, was er kauft. Na, da bleibt noch einiges zu tun …

Ich ziehe meinen geblümten Rock und das weiße T-Shirt an, schlüpfe in die Badelatschen und steige die Treppe hinunter zur Gartenterrasse der Pension. Jeden Morgen freue ich mich auf den Obstkorb, den Tina zusammenstellt, mit Ananas, Papaya, Drachenfrucht, Mangos, Bananen. Mit einem spitzen Messer teile ich die auberginefarbene Passionsfrucht in zwei Hälften und schabe das gelbe, saftig-süße Fruchtfleisch mit den schwarzen Kernen aus. Breche mir ein großes Stück vom knusprigen

Baguette ab und belege es daumendick mit rotem, süß-säuerlichem Guavengelee. Während ich den starken Vanillekaffee trinke, schaue ich auf das Bild an der gelben Terrassenwand: eine Frau mit der schmalen Nase einer Bretonin und den weichen Gesichtszügen einer Inderin, die vollen Lippen gedankenversunken zu einem spitzen Mund geschürzt. Sie hält die Augen geschlossen und zieht die fein gezogenen schwarzen Augenbrauen leicht nach oben. Ihre Haare sind unter einem kunstvoll gebundenen braunen Tuch verborgen, das mit goldenen Fäden, Strass und funkelnden Steinchen verziert ist. Tennisballgroße Ohrringe hängen bis zu den Schultern herab. Ich habe das Gefühl, wenn ich jetzt die Augen schließen, würde ich ihr begegnen können.

Tina hat dieses Bild gemalt. Ich mag ihren Stil. Sie zeichnet, fliest mit farbigen Kacheln die Fußböden, dekoriert mit selbst gefertigten Holzfiguren und ausgestopften Stoffgeckos die Räume. In meinem Zimmer posiert eine ihrer Staturen, eine wilde Kriegerin mit einem kleinen Jungen an der Hand, daneben leuchtet der Strand von Manapany als Aquarell in der Morgensonne. Ich versuche mir vorzustellen, wie es ihr ergangen sein mag, als sie anfing hier zu arbeiten, wo andere Urlaub machen. Denn es ist ein Job rund um die Uhr, solch ein Gästehaus zu führen.

Sie legt den Besen zur Seite: »Mir geht es inzwischen wie den meisten Einheimischen, ich gehe selten an den Strand und fast nie baden, obwohl ich immer die Möglichkeit dazu hätte.« Ab und zu macht sie eine Wanderung in den Bergen, aber seltener als in ihrerer ersten Zeit hier. Denn der Alltag zwingt sie, in Haus und Garten präsent zu sein: Gäste zu empfangen, Zimmer sauber zu machen, den Rasen zu mähen. Immer liegt etwas an, oft gibt es was zu reparieren, zu streichen, auszubessern. Manchmal bohrt sich die wunderschön blühende, aber widerborstige und rasch wachsende Bougainvillea in die Regenrinne, und dann muss man nicht nur die Pflanze wieder stutzen, sondern auch gleich ganze Teile der Rinne erneuern.

Tina trinkt einen Schluck aus ihrer Wasserflasche, die sie bei all ihren Arbeiten bei sich trägt. »Irgendwas ist immer, mal fällt der Strom aus, dann müssen wir den Generator anwerfen, mal wird das Wasser abgestellt, und wir schließen den Reservetank an. Die einen brauchen einen Busfahrplan, die anderen wollen wissen, wie man zum Vulkan kommt. Aber was soll ich sagen, es macht mir Spaß.« Sie setzt sich auf einen Baumstumpf, schiebt ihre helle Schirmmütze in den Nacken und beißt in eine saftige Mango aus dem Garten.

»Es war meine Idee, mit Claus das Camp zu eröffnen. Er kannte die Insel, und als er mich das erste Mal hierher mitnahm, wollte ich nicht wieder weg. Es war Liebe auf den ersten Blick – diese Farben, die tropischen Wälder, der geheimnisvolle Vulkan, der weite Ozean und die Menschen, so freundlich, so entspannt.«

»Nehmen wir mal an, du müsstest eine Farbe auswählen, um La Réunion zu beschreiben, welche wäre das?«, frage ich.

»Schwer zu sagen ... hm, es wäre Gold. Die Summe all der Farben hier ist für mich ein gedachtes Gold. Es sind die Strahlen der Sonne, die der Insel diesen Schimmer verleihen.«

Wir hocken im Garten, im glänzenden Morgentau. Vor uns steht weit ausladend der Baum des Reisenden. Ein bemerkenswerter Baum mit meterhohem geradem Stamm. Als Krone trägt er langstielige Blätter, die sich wie ein Fächer ausbreiten. »In den Blattstielen«, erklärt Tina, »sind Hohlräume, in denen sich Wasser sammelt. Wenn man die anbohrt, sickert ein feiner Strahl heraus. Siehst du?« Tatsächlich fließt ein dünnes Rinnsal den Stamm hinunter. »Das kannst du trinken. Man sagt, dass dieses Wasser manchem Reisenden über Durststrecken hinweggeholfen hat. Es ist allerdings für europäische Mägen weniger geeignet«, fügt sie lächelnd hinzu. »das Wasser ist zwar steril, schmeckt aber etwas faulig, nach Pflanze halt ...«

Ich trinke meinen Kaffee aus und mache mich auf den Weg in die Schule. Heute werde ich das erste Mal vor einer Klasse stehen!

Ich bin aufgeregt. Monsieur Martinez, den ich beim Baden am Bassin kennenlernte (er borgte mir seine Schwimmflossen), hat mich vor ein paar Tagen gefragt, ob ich nicht Lust hätte, Fragen seiner Schüler zu beantworten. Er ist Deutschlehrer am Collège und unterrichtet dreizehn- und vierzehnjährige Mädchen und Jungen.

Monsieur Martinez, ein Lehrer aus dem Elsass, der als Urlaubsvertretung nach La Réunion kam, war von seinem ersten Arbeitstag begeistert: Er stand vor der Klasse, schaute in große braune und schmale grüne Augen, sah schokoladenbraune Haut, auch milchig weißen Teint, staunte über blonde lange Zöpfe, schwarz gekräuselte Locken, kurze rote Haare. Er hätte nicht sagen können, dass dieser Junge aus Südafrika kam oder dieses Mädchen aus Indien und ihre Nachbarin aus der Bretagne. Ihm schien, in jedem dieser kleinen Gesichter waren sie alle mehr oder weniger vereint.

Auch ich bin immer wieder überrascht, wie selbstverständlich schwarze Frauen mit hellhäutigen Männern Hand in Hand die Straße entlanglaufen; Afrikaner mit weißen Kreolinnen den Kinderwagen schieben; chinesische Mädchen sich mit indischen Jungen vor dem Schultor küssen.

Monsieur Martinez unterrichtet denselben Stoff wie in seiner Heimatstadt Straßburg, denn auch auf der Insel wird nach französischem Lehrplan gearbeitet, es liegen die gleichen Schulbücher auf dem Tisch.

Nie hat er seine erste Stunde vergessen, eine Mathematikstunde, in der die zwanzig Schüler aufmerksam und mucksmäuschenstill zuhörten. Er nahm die Bruchrechnung durch, es war ein angenehmes Arbeiten in der Klasse, und an diesem Tag wusste er, dass er bleiben würde, für eine unbestimmt Zeit. Vielleicht sogar für immer.

Am Schultor warte ich auf Nina, Klassensprecherin und Abgesandte von Monsieur Martinez. Sie kommt mit ihrer Freundin eingehakt an den Zaun gehüpft und reicht dem Hausmeister einen Zettel mit der Bewilligung des Direktors, dass ich das Gelände betreten darf. Die Schulen auf La Réunion sind überwacht, das Eingangstor wird nur morgens zu Beginn und nachmittags zum Ende des Unterrichts geöffnet.

»Das ist Divine Christalle«, stellt sie mir das zierliche Mädchen mit den langen blonden Haaren vor. Beide gehen in die *quatrième*, die vierte, das entspricht unserer neunten Klasse. »Wir sind die Kleinsten in unserer Klasse«, zwitschert sie, »haben aber die größte Klappe, stimmt's, Süße?« Divine nickt eifrig. Ich schätze die Mädchen auf eins fünfzig.

Divine Christalle – der Name erinnert an »göttliches Kristall«. Ich stelle mir ihre Eltern vor: Wer sein Kind so nennt, wird sicher erwarten, dass es keine Dummheiten anstellt, beste Noten nach Hause bringt, so etwas wie ein blonder Überflieger wird. Meine Vermutung bestätigen sich wenig später, denn sie ist tatsächlich die Klassenbeste.

Im Raum wird geplaudert und gelacht. Die Schulrucksäcke bleiben unausgepackt, es herrscht ein wenig Ferienstimmung – denn in dieser Unterrichtsstunde ist eines sicher: Dank meiner Anwesenheit wird heute nichts in die Hefte geschrieben, niemand muss zur Leistungskontrolle an die Tafel, und es werden auch keine Zensuren erteilt. Die dreißig Mädchen und Jungen sind gut gelaunt, es wird eine lockere Stunde werden im Gegenteil zu dem sonst straff abzuarbeitenden Lehrplan. Monsieur Martinez ermuntert seine Schüler, viele Fragen zu stellen, und nimmt in der letzten Reihe Platz.

Nach »Wie 'eißt du?« und »Wie alt bist du?« übernehme ich die Regie, denn ich werde den Verdacht nicht los, dass sie, um dem Lehrer einen Gefallen zu tun, Fragen stellen, die er mag. Deshalb beginne ich zu erzählen und fange mit dem Uhrmacher und meiner hübschen Zwillingsuhr an. Das finden alle komisch – zwei Zifferblätter nebeneinander! Ich binde sie ab und reiche sie herum.

Monsieur Martinez springt auf und nutzt die Gelegenheit, um die Zeiten zu wiederholen. »Wenn es jetzt bei uns elf Uhr ist, wie spät ist es in Berlin?« Jeder murmelt leise auf Französisch vor sich hin, nach deutschen Worten suchend. Der Größte und Dunkelhäutigste von den Jungen ruft »acht, äh ... neun!« und freut sich – richtig geraten. Monsieur Martinez nimmt noch kurz die Viertel-, halbe und Dreiviertelstunde durch. Ich schaue mich währenddessen um und entdecke ein Plakat des Films *Good by, Lenin*, daneben Fotos von München, Hamburg und Berlin.

Ich erzähle, dass ich ein Buch über La Réunion schreiben möchte. Richtig gereift ist der Entschluss bei mir erst während dieses Aufenthalts. In Großbuchstaben male ich meinen Wunschtitel an die Tafel: »Die Insel des ewigen Frühlings«.

»Insel« ist schnell erklärt, »ewig« übersetzt der Lehrer, aber: »Was ist Frühling?«, fragt er. »Wer weiß es?«

Nina hebt den rechten Arm und ruft: »Spring!«

»Das ist Englisch. Aber du hast recht, es ist eine Jahreszeit. Wie viele davon gibt es in Europa?«

Schweigen.

»Drei!«, antwortet sie zögerlich.

»Nein, vier!«, verbessert Divine Christalle.

»Ach, stimmt ja!«, erwidert Nina hastig.

»Wie heißen die vier Jahreszeiten?«, fragt der Lehrer.

Die meisten rutschen etwas tiefer in ihre Schulbank, keiner möchte aufgerufen werden. Die meisten erinnern sich, dass sie die vier Jahreszeiten bereits durchgenommen haben, aber diese auf Deutsch aufzuzählen ist nicht leicht. Besonders der »Herbst« mit diesem verflixten »H«, ist für sie noch schwer auszusprechen. »Ihr müsst das H heraushauchen, als wolltet ihr eine Fensterscheibe mit eurem Atem beschlagen«, hilft Monsieur Martinez.

Ich mache weiter. Es fällt mir nicht schwer, langsam zu sprechen, geduldig die stockenden Antworten abzuwarten und aufmunternd zu nicken, wenn jemand sich mit den Wörtern verhaspelt. Denn ich weiß, wie viel Geduld nicht nur derjenige braucht, der eine fremde Sprache lernt, sondern auch der, der zuhört. Wie oft habe ich selbst Wörter verwechselt, Verben vergessen, Zeiten vertauscht und wurde bei der dritten Wiederholung immer noch nicht verstanden. Wie oft mussten sich andere aus meinem Kauderwelsch zusammenreimen, was ich eigentlich sagen wollte.

Wenn ich etwas nicht verstehe, zeige ich es nicht. Ich frage zwar nach, runzle aber nicht die Stirn, wenn ich gerade nicht folgen kann. Solche Gesten haben mich stets verunsichert, wenn ich nach dem Weg fragte oder mir die Speisekarte erklären ließ.

Ein Junge mit Stoppelhaaren meldet sich, er habe mal gehört, dass Deutschland »zerstückelt« gewesen sei. Nun wolle er wissen, ob das stimmt ... Und ob ich aus dem kommunistischen Norden oder dem kapitalistischen Süden käme. Die Schüler schauen mich gespannt an. Der Lehrer wendet sich entschuldigend an mich: »Sie müssen wissen, die Spaltung Deutschlands nehmen wir erst Ende des Schuljahres durch.« Dann läuft er zur Deutschlandkarte, beginnt auf Französisch zu erklären, dass es sich nicht um den Norden und Süden, sondern um den Osten und Westen gehandelt habe. Und den Osten nannte man damals DDR: »Aber das ist lange her, da wart ihr noch gar nicht geboren. Damals, da stand eine Mauer, die dieses Land teilte. Als diese Mauer abgerissen wurde, war Deutschland wieder ein vereintes Land.«

Die Schüler nicken höflich, und ich merke, dass es ihnen wirklich egal ist, ob es nun um Nord und Süd, oder um Ost und West ging. Es ist nicht nur lange her, sondern auch ziemlich weit weg. Da oben auf der Weltkarte, nördlich vom Äquator.

Trotzdem soll ich ein bisschen von früher erzählen (das ist der Moment, wo ich mich das erste Mal alt fühle, oje, von früher erzählen, jetzt schon?):

»Ich hatte damals kein Telefon, und es gab nur zu Weihnachten Bananen. Dafür musste man stundenlang Schlange stehen. Oft waren sie schon ausverkauft, wenn ich endlich dran war.« Gelächter. Dass es damals keine Handys gab, klar, kein Telefon, das ist auch merkwürdig, aber keine Bananen?

»Dafür brauchen wir nur in den Garten gehen! Die gibt es doch massenhaft!«, ruft es aus der mittleren Bank.

»Bei uns eben nicht«, fahre ich fort. »Und ich wohnte damals direkt an der Mauer. Manchmal roch es nach Kakao, der Wind blies den Duft von West nach Ost zu mir herüber. Aber kaufen konnte ich diesen Kakao nicht, den gab es auf meiner Seite nicht.«

Daraufhin bricht eine kleine Diskussion in der Klasse aus. Nina gibt lautstark zu verstehen, dass es auf La Réunion bei Weitem auch nicht alles gebe, was man in Paris kaufen kann. Und sie will wissen, ob ich nicht einfach über die Mauer hätte springen können, um den Kakao im Westen zu kaufen, dann schnell zurückzurennen und ihn zu Hause zu trinken?«

»Nein. Da wurde geschossen«, sage ich.

Entsetzen macht sich breit. Niemand versteht, dass ich mir das habe gefallen lassen! Keinen Kakao kaufen zu dürfen da drüben. Alle reden durcheinander. Wie gemein, deshalb zu schießen!

Monsieur Martinez unterbricht die Diskussion, die die Schüler nun aufgeregt auf Französisch führen, denn mit den wenigen deutschen Worten, die sie bisher gelernt haben, können sie sich nicht über die Situation im damals »zerstückelten« Deutschland unterhalten.

Er bittet um Ruhe und fragt, wie ich mich gefühlt habe, als die Mauer fiel.

»In dieser Nacht bekam ich das nicht mit, ich schlief bereits.« Ein Raunen geht durch den Raum – wie langweilig!

Dafür beschreibe ich die zwei Situationen, in denen mir damals die Tränen kamen. Das war, als das Brandenburger Tor geöffnet wurde. Nie zuvor hatte ich gesehen, wie Menschen dort hindurchliefen, denn es war stets gesperrt gewesen. Ich stand mit meiner kleinen Tochter auf dem Arm auf dem Platz, der Pariser Platz heißt, und dachte daran, dass das, was mich gerade aufwühlte, für sie nichts Besonderes sein würde. In ihren Erinnerungen würde es kein zweigeteiltes Land geben.

Der bewegendste Tag für mich, so erzähle ich weiter, war jener, als ich das erste Mal mein Wohnhaus, meine Schule, den Kirchturm von der anderen Seite sah. Von der Seite, wo die Leute wohnten, die ich einst in ihren erleuchteten Fenstern abends beobachtet hatte, doch nie treffen konnte. »Ich wohnte an der Sonnenallee. Über diese Straße gibt es übrigens einen Spielfilm.«

»Genau«, unterbricht mich Monsieur Martinez, »der lief auch auf La Réunion. Ich habe ihn sogar als DVD zu Hause. In ein paar Jahren, wenn ihr besser Deutsch versteht, werden wir ihn uns anschauen!«

Und um kein so düsteres Bild zu hinterlassen, füge ich hinzu: »Dennoch, die DDR war ein Land, in dem ich trotz aller Schwierigkeiten eines im Überfluss hatte: Zeit. Zeit für mich, meine Familie, meine Freunde. Zeit zu malen, zu nähen, zu kochen. Zeit zu haben, danach sehne ich mich zurück.«

Der Lehrer spürt, wie ich nach einfachen Worten ringe, um eine schwer fassbare Situation zu beschreiben, nicht nur für die Kinder, sondern auch im Rückblick für mich selbst. Er wechselt das Thema: »Wen haben Sie denn auf La Réunion so kennengelernt?«

Ich erzähle von *Ziskakan*. »Wer ist Gilbert Pounia?«, fragt Monsieur Martinez in die Runde.

»Ein Sänger«, sagt der Stoppelkopf.

»Und wie kann man noch sagen? – Ein Musiker. Seine Tochter singt auch, sie ist eine …?«

Achselzucken.

»… eine Musiker-in. Eine Sänger-in. Und wie heißt seine Musik?«

»Maloya«, rufen alle gleichzeitig.

»Mögen Sie La Réunion?«, erkundigt sich ein Mädchen, das aussieht wie Indira Gandhi in jungen Jahren.

Ich nicke.

Alle freuen sich und klatschen – wie schön, dass ich die Insel so mag! Und mir wird wieder einmal mehr der Unterschied deutlich; ich bin Deutsche – das ist eher eine nüchterne Feststellung als ein erhabenes Gefühl. Die Menschen hier sind Réunionesen – und sie sind sehr stolz darauf.

Vielleicht liegt das auch an der Fläche, überlege ich. Die Insel ist so groß wie das Saarland und hat weniger Einwohner als München. Stolz auf etwas zu sein fällt leichter, wenn es überschaubar ist. Wenn man La Réunion sagt, meint man die Insel, wenn ich Deutschland sage, spreche ich von sechzehn Ländern …

»Du liebst La Réunion wegen Wetter, ja?« Nina schaut mich fragend an.

Ich nicke: »Ja, wegen des Wetters!« Und mache eine Pause. Monsieur Martinez schüttelt den Kopf, den Genitiv durchzunehmen ist noch zu schwer. Ich fahre fort:

»Als ich losfuhr, im Februar, waren es minus acht Grad in Berlin!« Die Schüler halten erschrocken die Hand vor den Mund, als hätten sie eben etwas ganz Schreckliches erfahren. »Mein Gott!«, wispert Divine Christalle. »Wann fliegen wir nach Düsseldorf, Monsieur Martinez?«

»Im nächsten Jahr, das hatte ich doch schon gesagt«, antwortet er.

»Das weiß ich, aber auch im Februar?«, hakt das Mädchen nach.

»Ich kann euch beruhigen, wir fahren in unseren Winterferien. Im Juli also, da ist es Sommer in Deutschland, warm und lange hell.«

»Wer von euch fliegt denn das erste Mal nach Deutschland?«, will der Lehrer wissen.

Lediglich Divine Christalle meldet sich, aber nur, weil sie die Einzige ist, die die Frage verstanden hat. Der Lehrer wiederholt sie ausnahmsweise auf Französisch, alle Hände fliegen hoch. Lediglich zwei waren schon mal in Europa, in Paris und Toulouse, um Verwandte besuchen.

Dann meldet sich Dominique und möchte von mir wissen, was für mich La Réunion ist »Eine Insel? Ein Land? Oder ein Département?«

»Eine Insel«, antworte ich. »Und für dich?«

»Ein Land.«

»Für die anderen auch?«, ich schaue in die Runde. Jeder in der Klasse nickt.

»Für mich ist es ein Département. Ein französisches Übersee-Département wie Guadeloupe oder Martinique«, wirft Monsieur Martinez ein. Er spürt, dass er zwar korrekt den Status der Insel wiedergibt, aber damit ziemlich allein dasteht, und fügt vermittelnd hinzu: »Wir haben alle recht, es ist sowohl eine Insel als auch ein Département. In gewissem Sinne auch ein Land .«

Dominique schüttelt mit dem Kopf: »Ein Land!«, wiederholt der kleine Patriot.

Da klingelt es zur Pause.

»Wartet, ich muss noch eintragen, wer heute gefehlt hat!«, ruft der Lehrer. Alle schauen sich um. »Niemand!«, stellt Monsieur Martinez zufrieden fest.

Dann stürzen die dreißig aus dem Raum. Die Tür war ohnehin offen, damit während des Unterrichts ein erfrischender Luftzug die Hitze wenigstens ein bisschen vertreiben kann.

Die Schüler, die links am Fenster saßen, konnten auf die Berge schauen, die rechts auf das Meer.

Noch ganz in Gedanken versunken, schlendere ich von der Schule in den Ort zurück, nach Saint-Joseph. Wie ich so vor mich hin trotte, sehe ich plötzlich auf dem Gehweg eine Türklinke. Will daran vorbei laufen und finde es plötzlich doch irgendwie komisch, dass mitten auf dem Bürgersteig eine Türklinke liegt. Die verliert man doch nicht einfach so, denke ich. Ich habe noch nie eine Türklinke in der Handtasche gehabt, die mir dann aus Versehen herausgefallen ist. Eine Türklinke ohne Tür ist wie ein Korkenzieher ohne Flasche ...

Weit und breit keine Haustür. Doch wie kommt es, dass mir etwas Banales wie eine Türklinke hier auf der Insel plötzlich verführerisch erscheint? Eine geschwungene Messingklinke wie in alten Schlössern, oben und unten mit einer spitz zulaufenden Verzierung. Ich hebe das hübsche Stück auf, an dem alle anderen achtlos vorbeilaufen.

Zurück in der Pension, kommt mir die Idee, daraus ein Bild zu gestalten. Tina hilft mir, kleine Holzleisten zu zersägen, um sie zu einem Rahmen zusammenzusetzen. Ich überlege, mit Zeitungsausschnitten, getrockneten Blättern und Blüten ein kleines Erinnerungskunstwerk zu basteln. Da ruft es am Zaun »*Bonjour?*« Ein Mann mit Sonnenhut und in einem viel zu weit geschnittenen Anzug fragt, ob er hereinkommen darf. Er möchte sich Zimmer ansehen, will mit seiner Frau vielleicht ein Wochenende hier verbringen. Tina bittet ihn an den Tisch auf der Terrasse, wo wir gerade Kaffee trinken, und schenkt ihm ebenfalls eine Tasse ein.

Der Mann setzt sich und blickt irritiert auf den Bilderrahmen mit der Türklinke. »Was ist das?«, fragte er stirnrunzelnd. »Warum kommt die nicht an eine Tür, sondern in einen Rahmen?«

Tina schaut mich an – wie soll sie ihm erklären, dass ich ein Bild mit Türklinke einfach schön finde? »Vielleicht später mal«, weiche ich aus, nehme das Bild und lege es auf den Tisch gegenüber. Das verunsichert den Mann nun erst recht, und er ruft: »Das ist Kirikiri!«

Ich verstehe nicht, was er meint. Tina erklärt mir kurz, dass für die Einheimischen Kirikiri Voodoorituale sind, um Geister und Dämonen zu vertreiben. Auf der Insel spricht man nicht von Voodoo, sondern von Kirikiri. Manche magischen Praktiken aus der Sklavenzeit haben sich bis heute erhalten, und niemand möchte sich dem Risiko aussetzten, mit einem Fluch behaftet zu werden. Möglicherweise ist das die Angst des unverhofften Besuchers?

»Soll jemand ausgesperrt werden?«, bohrt er weiter.

»Nein, nein«, ruft Tina geistesgegenwärtig, »wir haben die Türklinke nur ausgemessen und bringen sie nachher an ... an eine Tür selbstverständlich. Ja, wo denn sonst!«

Sie kann ihn zwar besänftigen, aber als Kunden hat sie ihn verloren. Es scheint ihm unmöglich, eine Nacht hier zu verbringen, in einer Pension, wo Türklinken ihrer Bestimmung entweiht werden. Das ist ihm unheimlich. Er verabschiedet sich höflich.

Ich hole mir aus der Snackbar nebenan eine Flasche kaltes Wasser und ein mit Käse überbackenes Baguette. Als ich zurückkomme, hat Olivier am Tisch Platz genommen. Ich hatte den blassen Belgier am Vorabend kurz gesehen, als er ankam. Er sitzt neben der Türklinke und würdigt sie keines Blickes. Dennoch wickele ich sie vorsichtshalber in ein Küchenhandtuch, um nicht erklären zu müssen, was ich nicht erklären kann. Vielleicht ist es ja doch ein Symbol. Welche Tür suche ich, die ich öffnen will?

Es gibt Orte, an denen sich Menschen kennenlernen, die sich sonst wahrscheinlich nie begegnet wären. Zu diesen Orten gehört solch ein Gästehaus, in dem man leicht miteinander ins Gespräch kommt. Olivier hat sich auch ein Sandwich geholt. Wir sind die Einzigen auf der Terrasse, und hocken mümmelnd nebeneinander wie ein altes Ehepaar, das schweigend seine Brote verzehrt. Schweigen als Zeichen von wortlosem Einvernehmen? Nur dass wir uns gar nicht kennen. Ich halte diese Stille nicht aus und frage den kräftigen Mann mit den weißen Haaren, den ich auf Mitte sechzig schätzte, ob er das erste Mal auf der Insel ist. Er ist so in Gedanken versunken, dass er einen Moment braucht, um sich zu sammeln.

»Nein, nein ... Entschuldigung, ich bin völlig erschöpft ... mein Kopf ist zum Platzen voll mit Dingen, die ich erledigen muss ... es ist einfach zu viel am Anfang. Dann wird es wohl besser.«

»Was wird besser?«

»Der Alltag wird einziehen. Ich habe mir in der Nähe, in Vincendo, ein Haus gekauft. Ich habe Belgien verlassen, ich will auf La Réunion bleiben. Für immer.«

»Ich beneide Sie um Ihre finanziellen Möglichkeiten«, entgegne ich.

»Kennen Sie Jacques Brel? Auch so ein Belgier, der es in seinem Land nicht ausgehalten hat. Aber für Hiva-Oa auf Französisch Polynesien, wo er sich niederließ, hat mein Geld dann doch nicht gereicht.« Und er lacht. Nichts an ihm erinnert an den Sänger: Olivier sieht eher aus wie ein ehemals blonder und nun ergrauter, kühler Schwede – nicht schwarzhaarig, geheimnisvoll und leidenschaftlich wie Brel.

»Nein, ich bin nicht reich. Oder doch? In einem gewissen Sinne schon. Mein Reichtum bemisst sich in der Zahl der Dinge, um die ich mich nicht mehr kümmern muss. Ich kann vieles einfach lassen. In diesem Sinne bin ich wohlhabend.«

»Klingt gut«, sage ich.

»Ich möchte noch mal neu anfangen.«

»Womit?«

»Mit einem prallen Leben, nicht so allein. Hier trete ich vor die Tür, plaudere mit den Nachbarn, der Bäckersfrau, trinke im Bistro Bier, spiele mit den Männern Domino. Zu Hause sind die Leute rastlos, stehen schnell auf, beeilen sich, zur Arbeit zu kommen, rennen anschließend in den Supermarkt, hasten ins Fitnessstudio. Ich war früher auch so. Die Kreolen müssen nicht im Kalender blättern, um sich zu verabreden, sie treffen sich, wenn nicht gleich, dann eben später.«

Olivier ist seit einem Jahr Pensionär und fühlte sich in Brüssel ein bisschen isoliert, seit er nicht mehr arbeiten geht. Der einstige Architekt ist geschieden, seine erwachsenen Kinder sind aus dem Haus.

»Von meinen neuen Nachbarn bin ich schon zwei Mal eingeladen worden«, erzählt er stolz und fügt hinzu: »Vielleicht suche ich am Ende der Welt auch das Ende der Einsamkeit? Wie auch immer, jedenfalls möchte ich im vertrauten tropischen Klima meiner Kindheit leben.«

»Dann sind Sie nicht in Belgien aufgewachsen?«

»Ich bin im Kongo geboren. Meine Eltern haben dort als Lehrer gearbeitet, als es noch belgische Kolonie war. Nach der Unabhängigkeit sind wir zurück nach Brüssel. Meine Kindheit habe ich in Afrika verbracht, und es zieht mich dorthin zurück. Ich möchte wieder diesen süßen Duft der Blumen riechen, Meeresrauschen hören, warmen Regen auf der Haut spüren. Da sich in meinem Alter die ersten Zipperlein einstellten, brauche ich gute Ärzte. Und die gibt es auf der Insel.«

»Sie waren sicher schon öfter hier?«

Er nickt, wirkt plötzlich wieder in Gedanken versunken, schweigt eine Weile und fährt fort: »Bisher hat alles wunderbar geklappt. Ich habe mich im Rathaus angemeldet, auch für Strom und Wasser, habe Möbel gekauft, und der Maler streicht gerade die Zimmer neu. Meine Umzugskisten sind gestern mit dem Schiff in Le Port eingetroffen. Was soll ich sagen, ich habe Ärger mit dem Zoll.«

»Warum das?«

»Weil sich unter meinen Sachen ein Erbstück meines Vaters befindet, eine Skulptur aus Elfenbein aus dem Kongo. Ich habe an alles gedacht, aber in dem ganzen Umzugsstress vergessen, dass es verboten ist, Elfenbein einzuführen. Beziehungsweise, ich hätte es anmelden müssen. Wäre es nicht der Talisman meines Vaters gewesen und somit auch meiner, wäre mir das nicht so wichtig. Aber so …. Ich muss nachher zum Zoll in Le Port, habe eine Vorladung.«

Da ich noch nie am Hafen war, frage ich spontan, ob ich ihn begleiten darf. Denn seit ich François Truffauts Film *Das Geheimnis der falschen Braut* kenne, wollte ich den Hafen sehen, beobachten, wie die riesigen, meterlangen, meterhohen Schiffe vor Anker gehen. Im Film holt Jean-Paul Belmondo seine Braut Catherine Deneuve ab, die er über eine Anzeige kennengelernt hatte. Sie jedoch ist die »falsche Braut«. Das wird ihm erst schlagartig klar, als sie sein Konto abräumt.

Der erste Teil des Filmes wurde in den sechziger Jahren auf La Réunion gedreht, wo Belmondo mit seinem Cabrio eine rumpelige Straße entlangbraust (damals gab es dort noch keine Autobahn), durch das alte postkoloniale Saint-Denis fährt, auf einer Palmenallee seine blonde Schönheit in die Geschichte der Insel einweist – und sie später in der barocken Zuckerbäckertürmchenkirche von Saint-Anne heiratet. Viele Szenen habe ich mir mehrmals angesehen, die Bilder der alten Bank von La Rèunion, die Fahrt des Omnibusses ohne Türen, aus dem man einfach hinausspringt, wenn er hält, und die Sequenzen in der wunderschönen Villa mit berauschend üppigem Garten samt Korbstühlen und Springbrunnen.

»Ja, kommen Sie ruhig mit, dann ist mir auf der Fahrt nicht so langweilig. Wir brauchen von Manapany bis Le Port ungefähr zwei Stunden im Berufsverkehr.«

Ich drücke die Lehne des Beifahrersitzes etwas nach hinten, stemme die Füße gegen die Ablage des Handschuhfaches, lege meinen rechten Arm aus dem heruntergelassenen Fenster, damit ich etwas an Bräune zulegen kann – denn meine Unterarme ähneln inzwischen denen von Lkw-Fahrern: auf der linken, der Fahrerseite tief gebräunt, rechts dagegen blass.

Ich genieße es, nun einmal gefahren zu werden und hinauszuschauen. Zuckerrohrfelder, Königspalmen, weiße, gelbe, rosafarbene Häuschen. Klobige Supermärkte und kleine chinesische Kramläden. Tankstellen, an denen man noch wie bei uns früher im Auto sitzen bleiben kann und dem Tankwart den Zündschlüssel reicht: »Volltanken bitte!«

Hier und da die bunt bemalten Bier-Bistros mit der schwarzen Aufschrift *La Dodo lé la*.

Da die Straße über den Klippen hinaufführt, haben wir freie Sicht auf den Ozean. Heute präsentiert sich das Meer makellos glatt, wie eine bleigraublaue Fläche, die nur durch den Horizont begrenzt scheint.

Wir passieren die Brücke über den Rivière Saint-Ètienne, die nach dem Zyklon *Gamède* durch gewaltige Flutwellen und extreme Windstärken einstürzte und wieder neu aufgebaut wurde. Die Berge dahinter sehen aus, als hätte jemand eine Scherenschnitt-Silhouette entworfen, spitze Gipfel, tiefe Schluchten, ausgewaschene Hänge, die wie ein kunstgefertigtes filigranes Relief wirken.

Wir fahren die Autobahn geradeaus, durch den Forêt de L'Étang-Salé, einen trockenen Wald geduckter Tamarindenbäume, dessen Rand von Agaven gesäumt ist. Die Einheimischen lieben diesen Wald, hier sammeln sie Tamarindenfrüchte, aus denen sie Marmelade kochen, sie joggen, gehen spazieren oder treffen sich zur Mittagspause mit Sandwichs oder Schüsseln voll Reis, Bohnen und Cari.

Immer wenn ich an diesem Wald vorbeifahre, fällt mir das Lied der Gruppe *Ziskakan* ein: Im Forêt de L'Étang-Salé wurde ein junger Mann von einer Frau verführt. Sie verließ ihn, und er ging immer wieder in den Wald zu dieser einen Stelle in der Hoffnung, sie eines Tages wiederzusehen. Ein schlichtes, romantisches Liebeslied voller Sehnsucht, versüßt mit den Beschreibungen von Honig, Litschi, Himbeeren.

Wir passieren die Route des Tamarins, eine dreißig Kilometer lange sechsspurige Schnellstraße, an der sechs Jahre gebaut wurde. Die Straße verbindet mehr als hundert Schluchten und Felsspalten mit zahlreichen Brücken, die so konstruiert wurden, dass auch ein Zyklon ihnen nichts anhaben kann.

Die Route des Tamarins ist das bislang größte Bauprojekt Frankreichs, das mit EU-Gelder unterstützt wurde. In der Zeitung habe ich gelesen, dass jeder Kilometer dieser Schnellstraße um die fünfunddreißig Millionen Euro gekostet haben soll. Wie auch immer, ich genieße den Ausblick aus dreihundert Metern Höhe. Kurze Zeit später sind wir in Le Port.

Am Hafen wird mir schnell klar: Weiße, schöne Schiffe, die ich beobachten wollte, fahren nur in meinen Träumen. Ich wollte etwas sehen, was es schon lange nicht mehr gibt. Oder vielleicht noch nie gegeben hat? Ich kneife die Augen zusammen und versuche mir die alten Dampfer vorzustellen, wie ich sie auf Postkarten sah, mit ihren wuchtigen Schornsteinen. Dazu Passagiere, die mit Strohhüten und seidenen Halstüchern den Wartenden am Kai zuwinken, und Matrosen, die schwere Lederkoffer und zum Bersten vollgepackte Holzkisten auf dem Vorplatz abladen.

Manchmal ist die Vorstellung eben realer als die Wirklichkeit. Das Rauschen im Inneren einer hohlen Muschel prägte einst mein Bild vom Meer. Als ich dann später an der Binzer Bucht stand, war ich überrascht, dass es ähnlich und doch ganz anders klingt.

Trotz aller Enttäuschung steigt für einen Moment ein erhabenes Gefühl in mir auf, weil ich nun endlich an *dem* Hafen von La Réunion stehe. Doch gleich darauf verflüchtigt es sich wieder: Beim Anblick der riesigen Übersehfrachter, die nach ungefähr drei Wochen von Marseille kommend in Le Port einlaufen, weichen meine romantischen Vorstellungen der Ernüchterung. Der Hafen ist ein schnödes Fabrikgelände. Was eigentlich hatte ich auch anderes erwartet? Wellen schlagen an die steinige Uferbefestigung, wie überdimensionale Giraffenhälse ragen dünne Kräne empor, spitze Gerüste und Container stehen herum, mehrstöckige, vom salzigen Meer blank gescheuerte Ozeanriesen gleiten heran und werden in wenigen Stunden routiniert entladen.

Wenn ich anderswo auf der Insel Boote am Strand liegen sehe, mit gekrümmtem Schnabel in der Hitze dösend, und Fischer, die, nachdem sie ihren Fang verkauft haben, ein Nickerchen darin machen, fasziniert mich der Anblick. Hier ist alles anders, es herrscht die industrielle Geschäftigkeit der Moderne. Ein straff durchorganisierter Ablauf, es rasselt, scheppert, klappert, hupt, wie ich es vom Hamburger Hafen her kenne. Es gibt wenig Industrie auf La Réunion, dies hier jedoch ist ein Teil europäischer und internationaler Handelswelt.

Olivier wird schon erwartet. Drei Zollbeamten begrüßen ihn, sie sind mit der Elfenbein-Angelegenheit befasst. In ihrem Büro wird dem Belgier ein Stuhl zwischen ihren drei Schreibtischen zugewiesen.

Der Chef eröffnet die Sitzung, liest Passagen aus dem Washingtoner Artenschutzabkommen vor. Zwischendurch macht er eine Pause, holt Luft und entschuldigt sich für die ellenlange Belehrung, doch er täte nur seine Pflicht. Dann Fragen über Fragen. Ob Monsieur denn beweisen könne, dass sein Vater die Skulpturen gekauft und nicht selbst Elefanten im Kongo erlegt hätte?

»Hören Sie«, fährt Olivier ihn an, »ich habe doch keine Kassenbelege von 1946 aufgehoben! Außerdem hat Papa die Figuren auf dem Markt gekauft!«

»Aber ich kann sie Ihnen nicht aushändigen. Sie sind achttausend Euro wert.«

»Dafür kann ich nichts, es ist ein Andenken an meinen Vater, ich bin kein Schmuggler!« Olivier ist außer sich vor Wut.

Es wird ein langes Protokoll aufgenommen, so als hätte man den arglosen Belgier mit Rauschgift erwischt.

Ich lehne an der Wand und überlege, was ich von dieser »Veranstaltung« halten soll. Eigentlich finde ich es gut, dass der Zoll alles genauestens prüft, dennoch tut mir Olivier leid. Er hat seiner Heimat den Rücken gekehrt und hängt nun besonders an diesen Erinnerungsstücken.

Die Vernehmung dauert an. Ich verstehe nicht alles von dieser verschraubten Beamtensprache und schaue mich in diesem engen, verkramten Büro um. In den Ecken stapeln sich beschlagnahmte Gegenstände: orientalische Teppiche, goldene antike Vasen, diverse Laptops, Landschaftsgemälde, daneben Puppen, Colaflaschen, Tablettenpackungen, Schokoladenschachteln. An einigen hängen Zettel mit Nummern und Notizen. Jedes Teil hätte sicher eine spannende Geschichte zu erzählen. Schließlich bleibt mein Blick an einem Blatt Papier hängen, das neben diversen Bekanntmachungen des Zolls an der Wand klebt. Unter einem gelben Smiley hat jemand per Hand in großen Buchstaben geschrieben: *Si vous croyez que personne ne pense à vous et que vous êtes seul dans l'existence, arretez brutalement de payer vos factures, la situation devrait s'améliorer rapidement.* – »Wenn Sie glauben, dass niemand an Sie denkt und Sie sich mutterseelenallein fühlen, dann hören Sie einfach auf, Ihre Rechnungen zu bezahlen, und Ihre Situation wird sich im Nu bessern.«

Ich überlege noch, ob ich es richtig gemein oder wahnsinnig originell finden soll, solch einen Spruch im Amtszimmer aufzuhängen. Da erhebt sich Olivier und schüttelt den dreien die Hand. Man ist nun so verblieben, dass die Skulpturen geprüft werden, und er, wenn nichts zu beanstanden ist, seine Lieblingsstücke abholen kann. Allerdings wird er eine Geldstrafe zahlen müssen, die den Wert der Figuren übersteigen könnte.

Ich wollte ihm den Spruch noch vorlesen, aber lasse es lieber.

Olivier ist erschöpft, will mit niemandem mehr reden, auch nicht mit mir, und möchte sofort zurück nach Manapany fahren. Ich bitte ihn, mich am Musée de Villèle, einem Gebäude aus der Kolonialzeit abzusetzen, denn ich will den Nachmittag noch in der Gegend verbringen.

Das Musée de Villèle ist ein weißes Steinhaus mit blau gestrichenen Holztüren und Fensterläden, hellen Bögen und Veranden, ein Anwesen Wohlhabender, das an sorglos entspannte Tage denken lässt. Die Tür ist verschlossen. Montag ist Ruhetag, leider auch hier.

Ich schaue durch die Fenster in hohe Räume mit edlem Parkett, indischen Möbeln, steinernem Kamin. Eine herrliche Villa von einem großen Garten umgeben, mit duftenden Ylang-Ylang-Bäumen, wilden Orchideen und leuchtend rotem Flamboyant. Einfach wunderschön, bis ich das einst für die hiesigen Sklaven glanzlose, schäbige Nebengelass samt Krankenstation entdeckte. Und noch ein Stück weiter ducken sich Ruinen einer alten Fabrik. Auf der Schrifttafel steht, dass vor dreihundert Jahren eine gewisse Madame Desbassayns herrschte, eine Zuckerbaronin, die als besonders brutal galt. Sie zwang selbst schwache und kranke Sklaven, Steine zu zermahlen, schwere Seile zu knüpfen und verfügte sogar über ein eigenes Gefängnis für ihre dreihundert Leibeigenen.

»Kommen Sie doch ein Stück zu mir herüber«, ruft der Gärtner, ein dunkler, dicker Mann mit brauner Latzhose. »Und jetzt bleiben Sie stehen. Ja da. Und atmen tief durch die Nase ein!«

»Und dann?«, frage ich verwirrt.

»Na, es duftet! Wonach?«

Ich schließe die Augen, um mich besser zu konzentrieren.

»Hm, wie Bonbons«, überlege ich, »wie ... Eukalyptus!«

Ich laufe über den mit Eukalyptusbäumen bewachsenen Hang hinüber zum Gärtner, der vor einer ockerfarbenen Kapelle auf mich wartet. Eine dickbäuchige alte Kapelle mit einem sechseckigen Rondell als Dach.

Am Eingangsportal stellt sich der kleine Mann auf die Zehenspitzen und neigt sich, wie ein Kurzsichtiger, dicht an ein Plakat heran.

»Was steht da?«, frage ich. Es ist auf Kreolisch.

»Eine Märchenstunde! Gehen Sie ruhig hinein, ganz leise!«

Ich öffne behutsam die schwere Holztür und schleiche mich geduckt in den halbdunklen Raum, hocke mich in die nächstbeste Lücke auf dem gefliesten Boden zwischen zwei Mädchen, die völlig versunken mit offenem Mund und großen Augen zur Bühne schauen. »*Kriké!*«, ruft der schwarz gekleidete, grauhaarige Mann in die Runde. »*Kraké*!«, schreien die Kinder aus voller Kehle zurück. Es klingt wie ein Erkennungszeichen, damit die Geschichte beginnen kann.

Unter einer blauen Kuppel sitze ich mit Hunderten von Kindern und schaue auf den weißen Altar, davor ein kunstvoll geschnitztes Geländer, an dem sich der Märchenerzähler gestikulierend entlangwindet. Ich strecke die Beine auf dem schwarz-weißen Boden aus, der in dem warmen Raum angenehm kühl ist, und lehne mich an eine der Säulen.

Der Märchenerzähler hebt die Arme, reckt sie in die Höhe, als ob er fliegen könnte, und hüpft umher. Dann schnattert er schnell ein paar Sätze. Ich höre angestrengt zu und verstehe nur wenige Wörter, denn er plappert kreolisch. So bin ich mehr eine Beobachterin als einer Zuhörerin, aber mit großer Freude.

Ein Junge kaut an seinem T-Shirt-Zipfel, so gebannt verfolgt er das Geschehen; ein anderer stützt sein Gesicht auf die Fäuste und starrt mit weit aufgerissenen Augen nach vorn. Zwei Mädchen ihm gegenüber halten sich an den Händen fest und scheinen sich atemlos zu fragen, was nun als Nächstes auf der Bühne passieren wird. Selbst die Lehrerin (ich vermute mal, es ist die Lehrerin, da sie auf einem Stuhl sitzt, aufrecht und stocksteif) knabbert gedankenverloren an ihren Fingernägeln. Der Mann versteht es, die Kinder, die ihr Handy auf dem Schoß und den Game Boy in der Tasche haben, zu begeistern.

Dann verstehe ich einige Brocken. Nur deshalb, weil ich neulich ein kleines Büchlein von der *Grand-mère Kal* in der Hand hielt und durchblättert habe.

»*Gran mèr Kal, kèl èr i lé?*«, rufen die Kinder im Chor: Großmutter Kal, wie spät ist es? Ich erkenne die Spielregeln: Wenn von der Bühne die Antwort »zwei Uhr« oder »fünf Uhr« kommt, ist alles in Ordnung. Ruft der Erzähler aber »Mitternacht«, geht ein ohrenbetäubendes Geschrei los, alle trampeln mit den Füßen auf dem Boden, so als würden sie wegrennen, denn um zwölf kommt die Hexe *Gran mèr Kal*, um die Kinder einzufangen. Der Erzähler verknüpft die Sage von der Hexe mit der Geschichte von der herrschsüchtigen Zuckerbaronin Desbassayns. So erfahren die Kleinen ganz nebenbei die Historie von jenem Ort, an dem sie gerade den Nachmittag verbringen.

Eine neue Erzählung folgt. Der Mann erzählt mit beschwörender Stimme, diesmal auf Französisch: »Ich steige hinauf in die Berge und sehe ein tiefes Loch. Ich nähere mich dem Rand. Und was sehe ich? In der Tiefe sitzen zwei alte Teufel, ein gelber und ein roter. Sie unterhalten sich. ›Ich bin der Stärkere, ich esse gelbe Peperoni.‹ – ›Unsinn!‹, schimpft der andere. ›Ich bin der Stärkere, sage ich dir, ich esse rote Peperoni.‹ Spaßvogel, der ich bin, fordere ich beide zu einem Wettbewerb auf: ›Man wird sehen, wer von euch beiden der Stärkere ist!‹, sage ich. – Heiliger Bimbam! Kinder, was soll ich sagen, die beiden waren feige, wollten sich nicht auf ein Kräftemessen einlassen und haben sich vor lauter Angst in die Hosen gemacht. Sie hatten aber so viele Peperoni gegessen, dass es sogar aus ihren Hosen quoll. Nun war es rot und gelb und sehr heiß in ihrem Loch. So heiß, dass schließlich der gelbe und der rote Teufel miteinander verschmolzen. Plötzlich explodierten beide und flossen als lange Feuerzunge hinter mir her, als ich den Berg hinabstieg. Ich rannte, so schnell ich konnte. Sie verfolgten mich. Dann bin ich hierherkommen, um euch zu erzählen, dass so, vor langer Zeit, La Réunion entstanden ist.«

»So ein Quatsch!«, ruft ein Junge.

»Alles Blödsinn«, hallt es aus dem Raum.

»Wie? Ihr glaubt mir nicht?«

»Nein«, rufen die Kinder.

»Wer wagt es zu widersprechen? Ist der Vulkan etwa nicht mehr heiß? Sind seine Farben etwa nicht rot und gelb? Und fließt etwa keine Feuerzunge mehr aus dem Krater?«

»Doch ...«, ertönt es aus dem Halbdunkel.

»Na also, Kinder!«

Dann gehen die Türen auf, die Meute flitzt hinaus, krakeelend, hüpfend, schupsend. Hauptsache Bewegung, nachdem man so lange still gesessen hat. Der Märchenerzähler wischt sich den Schweiß von der Stirn, zieht sein schwarzes T-Shirt aus und wedelt sich frische Luft zu. Der Akkordeonspieler, der ihn begleitet hat, packt das klobige Instrument in seinen Koffer.

Ich gehe auf den Märchenerzähler zu. »Ich finde Ihre Geschichten wunderbar!«

»Danke! Jetzt muss ich mich erst mal setzen und etwas trinken.« Wir lassen uns auf die Treppenstufen nieder.

»Ich bin Sulley«, er reicht mir die Hand.

Dann erzählt er, dass er Sozialarbeiter in Saint-Denis ist, in seiner Freizeit Theater spielt und als Märchenerzähler auftritt. Auch für Erwachsene. Demnächst in Saint-Joseph. »Das ist nicht weit von meiner Pension!«, rufe ich.

»Morgen Abend bin ich dort und erzähle im Hof einer kreolischen Familie Geschichten, die die Alten noch von früher kennen. Jetzt entschuldigen Sie mich bitte, ich muss duschen. Bis morgen vielleicht!«

Es dunkelt, als ich von der Kapelle mit dem Auto den Hang hinabfahre. Auf der linken Seite, an den Hängen, gehen die Lichter an, so, als würde den Bergen ein leuchtender Gürtel angelegt. Kurz bevor es richtig finster wird, biege ich nach Manapany-les-Bains ein, komme nach einem langen Tag in meiner Pension an und falle müde ins Bett. Das Fenster über meinem Kopfende ist weit geöffnet, das Meer rauscht, der Wind zupft an den Palmenblättern. Es klingt, als würde es regnen. Fast zu schade, um einzuschlafen: Ich halte mich noch etwas wach, um diesem leisen Lied eine Weile zu lauschen.

***

Ich hatte immer wieder in Gedanken durchgespielt, wie es wäre, wenn ich weggehen und neu anfangen würde – auf La Réunion: Wovon müsste ich mich verabschieden, um nicht im neuen Leben das alte fortzuführen, nur eben an einem anderen Ort, mit anderen Menschen?

Eines Morgens wachte ich auf und erinnerte mich an einen merkwürdigen Traum. Ich hatte nur von einem einzigen Wort geträumt, das ich vor mir sah, von einem Wort, das ich nicht kannte: Zwiesel. Ich schaute im Duden nach. Tatsächlich, es gab diesen seltsamen Begriff: Zwiesel, so nennt man Bäume, die sich in der Baummitte gabeln, also keinen durchgehenden, sondern zwei gleich starke Stämme haben. Auf welche Spur wollte mich dieser Traum bringen? Mein Leben halb und halb? Aufgewachsen in einem halben Land und einer geteilten Stadt, halbwegs zufrieden mit dem, was war?

Auch nachdem die Mauer fiel, blieb in mir dieses Gefühl von Geteiltsein. Wenn ich verreiste, wenn ich unterwegs war, anderswo eben, dann war ich ganz. Ganz bei mir?

Vielleicht war dieses Halb und Halb mein Schicksal? Vielleicht war es auch etwas sehr Deutsches in mir, dieses immer wieder Wegwollen und doch nicht weggehen. Und ab und zu dieses Gefühl zu haben, das eigentliche, wirkliche, wahre Leben finde woanders statt, nicht hier, nicht vor meiner Haustür.

Reisen, um dieses unstillbare Fernweh zu besänftigen, und dann doch wieder selig zu sein, wenn ich zurückkam und zu Hause war.

Ich stellte mir vor: Als Russin hätte ich diese Unruhe mit Wodka betäubt, als Argentinierin Tango getanzt, als Italienerin Arien gesungen. Mir blieb aufzuschreiben, was in mir wallte, damit es nicht in mir nur kreiste. Und mir blieb zu reisen.

Mitte der neunziger Jahre fuhr ich für eine Reportage in die tunesische Wüste, dort, wo Szenen des Filmes *Der englische Patient* gedreht wurde. In Tunesien fiel mir auf, was ich längst vergessen hatte: Ich wollte schon immer Französisch lernen, was an meiner Schule einst nicht möglich war.

In Touzeur gab ich mir das Versprechen, endlich damit anzufangen und zu Hause Unterricht zu nehmen. Danach fuhr ich, um meine gelernten Vokabeln anzuwenden, oft nach Frankreich.

Nach dieser Tunesienreise legte ich mir einen Ordner zu, in dem ich auf einem Blatt aufklebte, was mir unterwegs in die Hände fiel: Bonbonpapier, Eintrittskarten, Kassenbelege, hingekritzelte Telefonnummern, Zeitungsausschnitte. Dazu ein Satz, der so etwas war wie eine Überschrift über die jeweiligen Tage. Die Tunesienseite: Auf einem Foto rennt der Schauspieler Ralph Fiennes als Graf László Almásy durch die Wüste, daneben ein Zeitungsschnipsel auf Arabisch über die Dreharbeiten, Silberpapier eines ausgewickelten Minzbonbons, eine Postkarte des märchenhaften Hotels, indem ich wohnte, die Visitenkarte des Wüstenführers, eine getrocknete Jasminblüte, die Kopie des CD-Covers vom algerischen Sänger Khaled, dessen Song *Aïcha* ich damals sehr mochte. Darunter ein Zitat: »... darauf vertrauen, dass es etwas gibt, das auf uns aufpasst.« (Steve Wall, *Töchter der Weisheit*). Ich weiß es nicht mehr genau, was mich damals bewog, diesen Satz zu wählen, wahrscheinlich war es die starke Anspannung in der für mich ungewohnten Hitze in diesem Juni: siebenundvierzig Grad in Touzeur, zweiundfünfzig in Douz.

Später dann Réunionseiten: Insellandkarte, Zuckerpapier *Pure Canne*, Wetterkarte, Etikett der Papayakonfiture, Ticket für den Hubschrauberflug, Croissanttüte, Gecko-Postkarte, Prospekt vom Reitstall, gezeichnetes Bild vom Markt in Saint-Pierre. Der Satz: »Ein Schiff ist nur im Hafen sicher, nur dafür wurde es nicht gebaut!« Diesen Ausspruch hatte ich von einem poetischen Fischer aufgeschnappt.

Saint-Joseph: Wie ein Versprecher den Zahnarzt aus der Fassung bringt

Doktor Payet versucht noch eine Weile die Fassung zu bewahren und hält kurz den Atem an. Dann lässt er sich auf den Stuhl fallen, wirft die Sonde auf das Tablett, was ein schepperndes Geräusch verursacht, und prustet los. Da Zahnärzte in hiesigen Praxen meistens ohne Arzthelferin arbeiten, ist in diesem Moment niemand im Behandlungszimmer, der mir das sonderbare Verhalten des Doktors erklären kann.

Während Doktor Payet vor sich hin kichert, überlege ich, was ich denn falsch gemacht habe. Was erheitert ihn so? Ich habe ihm lediglich erklärt, dass ich zwei Nächte nicht schlafen konnte, weil es fürchterlich in meiner rechten Wange zog. Ich konnte nicht genau sagen, ob die Schmerzen vom Backenzahn oder vom Ohr herkamen. Womöglich habe ich *oreille* (Ohr) mit dem ähnlich klingenden *oreiller* (Kopfkissen) verwechselt und ihm so zu verstehen gegeben, dass mir das Kopfkissen wehgetan hatte.

Was habe ich noch gleich gesagt? Dass er behutsam sein soll, da mir schwindlig ist: *J'ai le vertige.* (Mir ist schwindlig). *Vertige*... Schlagartig wird mir klar, dass ich in meiner Anspannung und Aufregung *vertige* mit *vierge* verwechselte, und zu ihm sagte: »*Faites attention, je suis vierge.*« Was bedeutet: Seien Sie vorsichtig, ich bin Jungfrau.

Doktor Payet leert ein Glas Wasser in einem Zug und sammelt sich schließlich: »Dann wollen wir mal nachschauen.« Er kratzt an den Zähnen herum, misst die Tiefe der Zahnhälse, schabt, röntgt und pustet mit einem kalten Luftstrahl an den Kauleisten entlang. Beim hinteren rechten Zahn zucke ich zusammen: »Ah ja. Der ist es. Da muss man den Wurzelkanal säubern!«

»Okay. Das sage ich meinem Zahnarzt in Berlin, vielen Dank!«

»Nein, nein, heute! Damit sie die Schmerzen loswerden! Sie dürfen noch einen Moment im Warteraum Platz nehmen. Jetzt ist noch ein Patient dran, der einen festen Termin hat. Danach rufe ich Sie auf.«

Im Warteraum schaue ich mich um. Ich sehe in das rundliche Gesicht eines netten Inders, der mir aufmunternd zulächelt, beobachte einen alten Mann, der steif auf dem Stuhl sitzt, er trägt ein frisch gebügeltes weißes Hemd, eine gestärkte Leinenhose, geputzte Schuhe und einen Hut, den er nicht abnimmt. Er brummelt leise vor sich hin, dabei entblößt er einen halben Schneidezahn, der ihm noch verblieben ist. Neben ihm tippen zwei Mädchen pausenlos auf ihren Handys herum, ich habe das Gefühl, dass sie sich gegenseitig SMS schicken. Sie lachen sich abwechselnd an, und ich sehe ihre Zahnspangen aufblitzen. Gegenüber schmiegt sich ein Junge an seine Mutter und presst ein feuchtes Taschentuch auf die Wange.

Es ist wunderbar kühl hier dank der Klimaanlage. Während das Thermometer draußen an der Apotheke achtunddreißig Grad anzeigt, sind es hier um die zwanzig Grad.

Um mich abzulenken, zähle ich die lila Blumen an den Türen der vier Behandlungszimmer. Der Empfangstresen leuchtet orange, aus den Lautsprechern plätschern leise Maloyaklänge.

Neben mir dämmert eine ältere Frau vor sich hin. Sie trägt ein weißes T-Shirt, bestickt mit roten Pailletten, die bei jeder Bewegung purpurn im Neonlicht funkeln. Ich versuche mit ihr ins Gespräch zu kommen: »Ihr T-Shirt gefällt mir!«

Zu solch einem Satz hätte ich mich daheim im Wartezimmer eines Zahnarztes kaum durchgerungen.

Sie reagiert nicht. Ich beuge mich vor, schaue ihr in die Augen und wiederhole mein Kompliment. Sie zuckt zusammen, fummelt nervös an den Ohren und zieht erst aus dem rechten, dann aus dem linken knallgelbe Ohrstöpsel heraus.

»Pardon, ich ertrage das Geräusch des Bohrers nicht. Sagten Sie was?«

Ich wiederhole noch einmal mein Kompliment.

»War nicht teuer, das T-Shirt habe ich auf dem Flohmarkt gekauft. Hübsch, nicht wahr?« Sie zupft stolz an ihren Ärmel und glättet den Saum.

»Haben Sie auch solche Angst vorm Zahnarzt?«, frage ich in der Annahme, nun ein zustimmendes Nicken zu ernten und eine Verbündete zu finden, mit der ich meine Aufregung teilen kann.

Sie schüttelt den Kopf. »Gar nicht – ist Gewohnheit. Nur die Geräusche nerven.« Sie hält immer noch ihre Ohrstöpsel in den Händen und deutet mit einem Kopfnicken darauf: »Falls es wieder so fürchterlich surrt und quietscht! Das hilft.«

Dann beginnt sie von früher zu erzählen. Schauergeschichten, dass kranke Zähne mit einer Zange herausgebrochen, kleinere mit Fischgräten gezogen und Wunden mit Rum desinfiziert wurden. Wenn bei der Behandlung jemand aufschrie, wurde das Radio laut aufgedreht, damit die anderen das Wimmern nicht mit anhören mussten.

»Heutzutage ist alles viel angenehmer beim Zahnarzt!«

»Was muss denn bei Ihnen gemacht werden?«

»Nichts, nur Prophylaxe«, erwidert die Dame in Rot.

»Prophylaxe?« Ich bin erstaunt.

»Ja kennen Sie das nicht?«, fragt sie.

»Doch, doch.« Ich lehne mich zurück. Ja, warum sollte es nicht auch am anderen Ende der Welt solch eine Vorsorge geben, wo Zahnstein entfernt und die Putztechnik überprüft werden?

Eigentlich bin ich davon ausgegangen, dass die Alten noch aufgeregter sein würden als ich. Doch ich bin offenbar die Einzige im Wartezimmer, die sich den Angstschweiß von der Stirn wischt. Die anderen lesen, plaudern, duseln gelassen vor sich hin.

Doktor Payet winkt mich in seinen Praxisraum. Er setzt mehrere Betäubungsspritzen und kratzt jede Wurzel meines Backenzahnes einzeln aus. Nach einer Stunde, in der ich so gut wie nichts merke, kommt ein »*Voila*«. Er nimmt den Mundschutz ab, putzt seine Brille am weißen Kittel und zeigt mir am Computerbildschirm anhand der radiologischen Aufnahmen, wie er den kranken Zahn behandelt hat.

Als ich ihm sage, dass ich trotz meiner Angst alles gut überstanden habe und dass er ein wunderbarer Zahnarzt sei, entgegnet er stolz: »Ich bin ein französischer Zahnarzt. Mit kreolischem Einfühlungsvermögen!«

Zahnärzte werden in Frankreich ausgebildet, bevor sie auf La Réunion arbeiten. Er war in Paris.

Dann nimmt er mir das Papierlätzchen ab. »Ich bin sicher nicht die einzige Ausländerin, die Sie aufsucht«, hake ich neugierig nach.

»Ach was. Außerdem, eine Wurzelbehandlung ist doch nun wirklich nicht schlimm. Andere haben ganze Zähne auf der Insel gelassen.«

Er kommt ins Plaudern: Unweit von hier, an der Steilküste, hat sich ein Urlauber beide Schneidezähne am Felsen ausgeschlagen. Er hatte fotografiert, als eine Welle ihm seine Kamera aus der Hand riss. Als der Mann gerade hinterherspringen wollte, kam die nächste Welle. Sie schleuderte ihn mit aller Wucht an einen Felsvorsprung, an dem er sich zum Glück festhalten konnte, sonst wäre er ins Meer hinausgespült worden. Dabei schlug er sich die Vorderzähne aus. Doktor Payet hat ihm provisorisch welche eingesetzt.

Er lehnt sich zurück, die Tür des Behandlungszimmers steht nun offen, da gleich Mittagspause ist und im Wartezimmer niemand mehr sitzt. »Einmal kam übrigens auch eine Deutsche, sie hatte ihre Zahnzwischenräume statt mit Zahnseide mit dem Faden eines Teebeutels gereinigt. Der hatte sich unter einer provisorischen Brücke verhakt, sodass sie ihn nicht mehr herausziehen konnte. Sie stand wohl unter Schock, denn sie vergaß, den

Teebeutel abzuschneiden. So kam sie in die Praxis mit einem Pfefferminz-Teebeutel, der aus ihrem Mundwinkel hing.« Ich weiß nicht, ob ich ihm das glauben soll! Aber mir ist nun alles egal, ich bin so froh, von dem quälenden Ziehen und Puckern in der rechten Wange erlöst worden zu sein.

Für mich ist auch das ein Stück Heimat, einen Zahnarzt meines Vertrauens gefunden zu haben. So war es trotz des vorangegangenen Schmerzes ein relativ heiterer Vormittag, wenngleich ich eigentlich etwas ganz anderes vorgehabt hatte – ich wollte nach Takamaka. Auf dem Ziegenkäse, den ich im Supermarkt gekauft hatte, stand, dass er in Takamaka hergestellt wird, und verliebte mich in den Klang dieses Namens. Ich las im Reiseführer über den Aussichtspunkt an der Takamaka-Schlucht und dass es dort auch ein Wasserkraftwerk gibt, das Einzige auf der Insel. Es trägt den Namen des Baumes Takamaka, der nur auf den Inseln des Indischen Ozeans wächst. Dort oben soll es Ziegen geben und Bauernhöfe mit Käserei, die ich mir anschauen wollte.

Ich wusste nicht genau, was mich in Takamaka erwarten würde, ich wollte vor allem auch deshalb hin, weil diese zufällige Aneinanderreihung von Buchstaben für mich so vielversprechend war. Ich mag wohlklingende Ortsnamen; genauso wie Sansibar, Antananarivo, Palermo oder Machu Picchu. Sie entfachen Abenteuerlust in mir, da möchte ich hin. Möglicherweise lösen diese Orte nicht ein, was ich mir von ihnen verspreche (ich weiß es selbst nicht genau) – dennoch.

Also Takamaka ließ mich nicht zu sich. Wenn ich dorthin fahren wollte, kam komischerweise immer etwas dazwischen. Diesmal der Zahnarztbesuch, letztes Mal wurde an den Tankstellen gestreikt, und ich hatte kein Benzin mehr im Tank. Davor machten es heftige Regengüsse unmöglich, die Straße hinaufzufahren. Takamaka ist also der Ort auf La Réunion, zu dem ich bislang noch nicht vorgedrungen bin. Vielleicht hat es irgendeinen verborgenen Grund?

Nun stehe ich mitten in Saint-Joseph. Mir fällt ein, dass ich noch Postkarten kaufen wollte, ich hatte das vor mir her geschoben, denn *eine* Karte ist nicht repräsentativ für die Insel – entweder man sieht den Lava spuckenden Vulkan oder den verwunschenen Nebelwald, den hellen Strand an der Lagune oder ein paar hübsche Häuser, Palmen oder Berge. Und selten Einheimische, so als sei die Insel nahezu unbewohnt. Kurzum, es gibt viele, viele Postkarten, die zusammen ein umfassendes Bild ergeben würden, aber jede einzelne ist für sich genommen nur ein unbefriedigender, wenig aussagekräftiger Ausschnitt. Ich gehe in eine Buchhandlung, finde auch diesmal wieder keine, die mit gefällt. Dafür blättere ich in einem dicken kreolischen Kochbuch, die Frau neben mir greift genau zum gleichen mit traditionellen Rezepten, so wie die Großmütter hier einst gekocht haben, und murmelt: »Ja, das hab ich alles zu Hause, weiße Bohnen, Kreuzkümmel, Kurkuma, Ingwer … für *bonbon piment*. Das gibt es heute Abend!« Ihr Mann schmiegt seine Wange an ihre Schulter: »*Ousa nousava?*« Ich zucke zusammen, sind die Musiker auch gute Köche? Sie liest weiter, und er wiederholt: »*Ousa nousava, chérie?*« Und in diesem Moment fällt es mir wieder ein, dieses kreolische »Wohin gehen wir?«

Sie nimmt ihn an die Hand, gibt ihm einen Kuss und beide verlassen lächelnd den Laden.

Ich schmökere noch ein bisschen in den Kochbüchern. Daneben gibt es kreolische Diätbücher, die erklären, wie man traditionell kocht und dabei abnimmt. Bislang habe ich noch niemanden gesehen, der versunken darin blätterte, geschweige denn solch ein Buch gekauft hat.

Es ist zwölf Uhr mittags, die Geschäfte schließen. Ich nutze die wohltuende Stille, um mich in der Stadt umzusehen, in der kaum Touristen anzutreffen sind, da es keine spektakulären Sehenswürdigkeiten gibt. Und gerade deshalb gefällt es mir hier. Ich biege um die Ecke, vor mir ein dunkelgrüner gusseiserner Springbrunnen, dahinter ein lang gestrecktes, mehrstöckiges Kolonialgebäude, das Rathaus.

Die Türen sind offen. Die Eingangshalle empfängt mich mit einer breiten, nach oben schmaler werdenden Treppe. Eine kleine Ausstellung zeigt afrikanische Skulpturen und nimmt dem eher kargen Empfangsraum die Strenge. Die Flure, die Versammlungsräume, die Bibliothek, alles ist mit dunklem Holz verkleidet. Die Flügeltüren, der ausladende Kronleuchter, die Kunstgalerie geben diesem administrativen Gebäude eine heimelige Atmosphäre. Ich laufe weiter nach oben, in die dritte Etage, zur Stadtbibliothek. Sie öffnet erst am Nachmittag. Mein Blick fällt auf ein Plakat: *Enfances, 14e Printemps des Poètes.* (Kindheit, vierzehnter Frühling der Poeten.) Ich bleibe stehen, schaue mir das Bild, gezeichnet im Stil der sechziger Jahre, genauer an: Ein schraffierter Baum, auf dem Vögel, Fledermäuse, Katzen, Schlangen, Eulen sitzen. Aus dem Stamm klettert wie aus einer Höhle ein Junge heraus. Obwohl es auf La Réunion keinen Frühling gibt, spricht man vom Frühling! Frühling als Aufbruch, Verheißung, Neuanfang!

Ich ruckele ein bisschen an dem Plakat, es lässt sich leicht lösen. Ich schaue nach links und nach rechts, niemand da. Ich rolle es zusammen und lasse es in meine Umhängetasche gleiten. Dann marschiere ich schnurstracks die Treppe hinunter in Richtung Ausgang. »*Madame, Madame!*« Nein, das kann jetzt nicht wahr sein, denke ich, doch nicht wegen eines einzigen Plakats!

Ich drehe mich um und tatsächlich, ein uniformierter Security-Mann eilt auf mich zu.

»Warten Sie!« Er bleibt völlig außer Puste vor mir stehen: »Wir haben noch mehr Plakate, die können Sie alle in Ihrer Schule verteilen. Eins ist doch zu wenig! Je mehr Plakate, desto mehr Kinder wissen von der Veranstaltung.«

Ich stehe etwas hilflos vor ihm.

»Einen Moment.« Kurze Zeit später kommt er mit einem Stapel, an die hundert Stück, schiebt ihn mir freudestrahlend unter die

Arme und bedankt sich für mein Engagement. »Sie müssen sich doch nicht verstecken, wenn Sie Gutes tun!«, damit verabschiedet er sich.

Mit einem großen Packen Papier und einem noch viel größeren schlechten Gewissen verlasse ich das Gebäude. Was tun? Zumindest mein Gewissen beruhigen. Eine Schule suchen, Werbung für das Poetenfest machen. Offenbar hat er mich für eine Lehrerin gehalten. Streng genug habe ich sicherlich geschaut, als ich das Plakat von der Wand zupfte.

Mir fällt ein, dass ich an der Kirche, wo ich mein Auto abgestellt habe, Kinderkreischen gehört hatte, wie ich es von Hofpausen her kenne.

Tatsächlich, ich habe Glück, es gibt dort eine Schule. Nur dass die Pause längst vorbei ist. Ich klingele den Hausmeister heraus und komme mir vor wie eine Abgesandte der Zeugen Jehovas: »Ich bin gekommen, um Ihnen das Programm des vierzehnten Poetenfestivals zu überreichen.«

Ich rede mich um Kopf und Kragen, weiß ich doch nichts von der Veranstaltung, außer dass sie demnächst im Rathaus stattfinden wird und das schöne Wort Frühling im Titel trägt.

Er schaut mich entgeistert an.

»Ja, haben Sie als Kind keine Gedichte geschrieben?«

So eine blöde Frage, denke ich, kaum dass ich sie gestellt habe.

Er schüttelt den Kopf.

»Oder haben Sie sich kleine Geschichten ausgedacht?«

Er schüttelte den Kopf: »Ich bin ein Mann! Damals war ich ein Junge und bin herumgetollt.«

Ich will schon ansetzen und erklären, dass auch Jungs Geschichten schreiben, aber da fällt mir zum Glück etwas ein, das er kennen müsste: »Hat Ihnen niemand früher von *Gran mèr Kal* erzählt?«

»Aber ja, die alte Hexe!«, sein Gesicht erhellt sich. »Geben Sie schon her, ich verteile die Plakate.« Er nimmt mir den Stapel ab, und mir wird leichter ums Herz.

Es ist heiß. Ich beschließe, zurück nach Manapany zu fahren, um dort baden zu gehen.

Als ich am Bassin ankomme, hat es aufgehört zu regnen. Die Luft ist feucht und legt sich wie ein warmes seidenes Tuch auf meine Schultern. Es weht ein zarter Wind, der angenehm die Schweißtropfen auf der Haut kühlt. Ich halte mich am Geländer fest und sehe zu, wie sich die Wellen aufbauen, aufsteigen, sich weiter hochziehen, bis sie in elegantem Bogen auf dem Meer aufsetzen und dann schäumend auf die Steine zulaufen, die das Schwimmbecken abgrenzen.

Über mir, weit oben am Himmel, kreisen zwei strahlend weiße Vögel mit stocklangem Schwanz. Den Paille en Queue, einen tropischen Vogel, sehe ich häufig im Süden der Insel, und jedes Mal habe ich das Gefühl, dass er über mich wacht, so schön, so weiß, so elegant, wie er über mir schwebt.

Auf den schrägen Klippen der Uferpromenade döst eine Frau, die Arme hinter dem Kopf verschränkt, ihr gelbes, mit roten und blauen Pünktchen betupftes langes Kleid hat sie über die angewinkelten Knie gezogen. Auf dem rechten Knie schaukelt ihr Sonnenhut. Die Badetaschen lehnen am flaschenförmigen, grünen Baumstamm. Sie hält die Augen geschlossen. Ich glaube nicht, dass sie schläft, sie genießt es, ausgestreckt im Schatten der Palme zu liegen und dem Brausen der Wellen zu lauschen.

Seit Tagen beobachte ich, dass sich um die Mittagszeit stets die gleichen Leute am Bassin einfinden. Es sind jene, die viel Zeit mitbringen: Die einen haben keine Arbeit, weil sie keine finden oder keine finden wollen, denn von der Sozialhilfe lässt es sich bescheiden, aber dennoch recht gut leben. Gerade wenn man, wie nicht selten, auch im Erwachsenenalter mietfrei bei den Eltern wohnt oder schwarz ein bisschen hinzuverdient.

Die anderen verkörpern das Gegenteil, sie haben genug gearbeitet, sehr viel Geld verdient mit Immobilienagenturen oder

Plantagenbesitz, sodass sie sich jetzt den Luxus leisten, tagsüber Zeitung zu lesen, Kaffee zu trinken, schwimmen und tauchen zu gehen. Zu den Reichen gesellen sich noch Pensionäre, die dritte Gruppe der treuen Bassinbesucher, meistens sind es französische Festlandrentner, die nun ihre arbeitsfreien Jahre in den Tropen genießen. Aber es kommen auch ein paar Einheimische, die die anderhalbstündige, arbeitsrechtlich vorgeschriebene Mittagspause zum schnellen Baden nutzen. Wie der Inhaber einer Apotheke, der jeden Tag Punkt eins mit Schwimmflossen und Taucherbrille aufkreuzt, exakt eine halbe Stunde durch das Wasser krault und sich anschließend mit seinem braunen Handtuch abtrocknet. Um genau um halb zwei mit kurzärmeligem Hemd und Krawatte, Anzughose und Badelatschen wieder in sein Auto zu steigen.

Ich warte auf die Truppe von Valentin. Sie kommen zu fünft: Alban, der Häuser zum Verkauf anbietet und das Nichtstun zelebriert (sein Lieblingssatz lautet: »Fleiß kann man vortäuschen, faul muss man schon sein«); Romain, der Langzeitarbeitslose, dessen Straßenbaufirma gerade keine Aufträge vergibt (»Dabei habe ich mehr Baustellen, als der Tag Stunden hat«); Patricia, die reich geschieden wurde (»Ich bin verwöhnt, habe aber ein Recht auf meinen Charakter«), Clara, die Toulouser Filmproduzentin (»Was geht's mir gut hier, fernab vom digitalen Dauergeprassel und ewigen Stress«). Sie wohnt zur Untermiete. Die junge, sportliche Frau hat sich ein Sabbatjahr genommen, um zu tauchen, zu angeln, zu surfen. In einigen Wochen wird sie nach Neukaledonien weiterfliegen, um später, zurück in Paris, über beide Inseln einen Fernsehfilm fertigzustellen.

Valentin kam vor zehn Jahren aus Bordeaux hierher, nachdem er das Haus seines Vaters auf La Réunion geerbt hatte. Er vermietet es und lebt von den Einnahmen. Eher aus Spaß an der Freude, als um sein Monatseinkommen aufzubessern, kellnert er sonntags in einem Restaurant in Entre-Deux; ansonsten kümmert er sich um seinen schulpflichtigen Sohn. Die beiden leben allein, nachdem es seiner Frau zu langweilig auf der Insel geworden war. Sie kehrte nach Bordeaux zurück, verkündete, sie brauche die Großstadt, Geschäftigkeit, Trubel, ein bisschen Hektik. Sie habe das ewige Blau des Meeres, den immergrünen Wald, diese permanente Entspanntheit unter tropischer Sonne nicht mehr ertragen können, erzählt Valentin traurig. Außerdem wolle sie als Bankkauffrau Karriere machen und habe auf dem europäischen Festland bessere Chancen im Job. Wahrscheinlich, so gibt Valentin zu, habe sie auch seine Maxime genervt: »Das Leben ist schwer genug, ein Grund mehr, es auf die leichte Schulter zu nehmen.« Worauf sie wohl einmal erwidert habe, fügt er leise hinzu, dass ihr das nicht genüge, und ihre Koffer packte.

Nach der Scheidung hatte er einige missglückte Beziehungsversuche, die lediglich in kleine Abenteuer mündeten: »Aber wieso eigentlich missglückte Versuche? Das waren lauter nützliche Momente, um mir zu zeigen, wie es eben nicht funktioniert. Damit es dann mal klappt.«

Die fünf sind Lebenskünstler und Meister im Uminterpretieren: Arbeitslos? Nein, es ist an der Zeit, neue Herausforderungen zu suchen. Geschieden? Nun ja, wenn man zu leidenschaftlich lebt! Alleinerziehend? Stark genug eben, Kinder allein groß zu ziehen.

Valentin und seine Gefährten trudeln jeden Tag nach und nach hier ein. Mit gegrillten Hühnchen, Couscous, Wein, Wasser, Kartenspiel und Sonnencreme. Die nächsten vier Stunden wird gegessen, diskutiert, gespielt, geschlafen, gebadet. Ich hole vom kleinen Imbissrestaurant eine Tüte Samoussa, gefüllt mit Krabbenfleisch, Tintenfisch, Pilzen, und geselle mich zu ihnen. Wie froh bin ich, keine Zahnschmerzen mehr zu haben! Ich kann wieder essen, schlage mir den Bauch voll und strecke mich am Ufer des Bassins aus, um zu dösen.

Gegen Abend hole ich den Zettel mit der Adresse heraus, den mir Sulley gab, dort wo er heute Märchen für Erwachsene erzählen wird. Ich suche die Straße über GPS in meinem Handy und stelle fest, dass ich dorthin zu Fuß laufen kann.

Als es dunkel wird, mache ich mich auf den Weg. Autos parken vor dem alten Haus, der Hof ist von Bananenstauden, Palmen und Hibiskussträuchern umsäumt, am Eingang steht eine bemalte Regentonne. Auf der Erde, auf kleinen Stühlen und gebeizten Baumstümpfen hocken alte Frauen in dunklen Sommerkleidern und rücken ihre dicken Brillen auf der Nase zurecht. Kinder lehnen an der Wand des Bretterverschlages und drehen Haarsträhnen zu festen Schlangen, während sie versunken zuhören. Männer, die Unterarme auf die Knie gestützt, lauschen mit andächtigem Blick.

Ich knie mich auf einen Maissack und denke: es gibt sie noch, die guten alten Geschichten und das Interesse dafür!

Sulley hält einen Bottich unter dem Arm, tut so, als würde er Pflanzensamen verstreuen. Setzt dann den Bottich als Hut auf und springt barfuß umher. Er erzählt die Geschichte von Lila und Zakavouèl, die Nachbarn sind, doch nicht miteinander reden. Bei Lila ist alles rosa, alles ordentlich und sauber, selbst ihr Schwein Marie-Rose. Bei Zakavouèl herrscht reinstes Chaos, Dominos kleben an der Wand, Bücher liegen verkehrt herum zwischen Hosen und Decken, und mittenmang bolzt Mumba, der Affe.

Zwischen Lila und Zakavouèl wächst ein Litschibaum. Auf der Seite von Lila hängt er voll mit roten Früchten, dort, wo Zakavouèl haust, sprießen nur vereinzelte Blätter. Nie konnte er Litschis ernten. Wütend darüber übergoss Zakavouèl eines Tages den Baum mit giftigem Wasser, worauf dieser Blätter und Früchte verlor, kahl und trostlos dastand. Der Affe Mumba und das Schwein Marie-Rose verstanden sich im Gegensatz zu Lila und Zakavouèl sehr gut und überlegten, was nun zu tun sei. Sie rührten einen Zaubertrunk an, wässerten den Baum damit und brachten ihn zum Blühen. Als er dann auf beiden Seiten Früchte trug, begannen die zerstrittenen Nachbarn miteinander zu reden und sich gegenseitig bei der Ernte zu helfen.

Eine einfache Geschichte, die Zuhörer kennen sie noch aus ihrer Kindheit und freuen sich, das alles wieder einmal zu hören. Denn Märchen tun gut, sie streicheln die Seele.

»Wie überall auf der Welt gibt es auch bei uns Streit und Missgunst zwischen Nachbarn«, erzählt mir Sulley später. »Wobei ich sagen muss, dass die meisten sich gut verstehen. Aber da Kreolen Unstimmigkeiten oder Ärger nicht ansprechen, es ist nicht ihre Mentalität, greifen sie zu kleinen Gemeinheiten, wenn dicke Luft herrscht. Manchmal ist es ein Voodooritual, eine offene, halbe Flasche Rum, besprochen mit bösen Wünschen, die an den Eingang gestellt wird. Neulich jedoch, das war heftig, hatte die Katze etwas beim Nachbarn stibitzt und flog am nächsten Tag aufgeschlitzt über den Zaun in den Garten. Aber so etwas habe ich zum ersten Mal gehört.«

Nach der Märchenstunde wird der Tisch mit dunkelgrünen Bananenblättern ausgelegt, darauf kommen Gläser, Blumen und Servietten. Auf dem Feuer steht ein Topf mit Ziegenfleisch, ein Topf mit weißen Bohnen und eine große Reisschüssel mit scharfer Erdnusssoße.

Ich setze mich zur Runde an den Tisch und warte auf Teller und Besteck. Doch ich warte vergeblich – nach alter Tradition wird mit der Hand gegessen. Auf das Bananenblatt wird der Reis aufgetan, dann Bohnen, Ziegenfleisch und Soße.

Mit Daumen, Zeige- und Mittelfinger der rechten Hand forme ich eine Art Zange, um die Zutaten zu vermengen und in den Mund zu schieben. Ich gewöhne mich erstaunlich schnell daran und stelle fest, dass ich auf diese Weise langsamer und mit viel mehr Genuss esse als mit Messer und Gabel. Danach kann ich mir ausgiebig die Finger ablecken, weil es dazugehört, weil es alle so machen, und dabei steigt mir der Duft von Koriander und Massalé in die Nase.

***

Abends stöbere ich im Schrank nach leeren Notizblöcken und finde zwischen Heftern mit Zeitungsausschnitten und Bildern eine Frauenzeitschrift, die ich vor Wochen am Flughafen in Berlin gekauft hatte. Flüchtig blätterte ich sie durch und will das Heft schon wegwerfen, als mein Blick auf folgende Überschrift fällt: »Wie kriege ich den Kellergeruch aus dem Koffer?«

Andrea M. aus Köln fragt: »Beim Frühjahrsputz musste ich feststellen, dass mein Lieblingskoffer den muffeligen Kellergeruch angenommen hat! Wie kriege ich den bloß wieder weg?«

Die Antwort vom Leserservice: »Eigentlich hilft nur eins: raus mit dem Koffer und lüften – am besten mehrere Tage lang! Dazu mit Essigwasser vorsichtig ausreiben. Doch damit sich der unangenehme Geruch gar nicht erst in den Sachen festsetzt, sollten Sie überall zwischen die Kleidung Säckchen mit Lavendel stecken – das ist immer noch das beste Hausmittel.«

Ich muss schmunzeln, na, da kenne ich ein noch viel wirksameres, besseres Hausmittel: am besten den Koffer gar nicht erst so lange im Keller stehen lassen!

Saint-Pierre/Saint-Philippe: Vanille, eine Orchidee zum Essen

Es ist Markttag in Saint-Pierre. Nathalie breitet unter dem grünen Sonnenschirm Hunderte Vanillestangen aus. Ihr Tisch ist mit orangefarbenen Tüchern geschmückt. Sanft massiert sie die fleischigen, schokoladenbraunen Schoten, um das Aroma zu verstärken. Vom Meer herüber weht ein leichter Wind und verteilt die blumig süße Duftwolke über den mit geflochtenen Vacoa-Matten geschützten Platz. Am Stand nebenan werden gezuckerte Papayastreifen, schwarze Tomaten, Ingwer, Maniok und scharfe Paprikaschoten lautstark angeboten. Nathalie muss nicht so stimmgewaltig auf sich aufmerksam machen. Das sanfte, liebliche Aroma, das die warme Luft erfüllt, verkündet: »*Nathalie lé la!*« Das genügt bereits, um Kundschaft anzulocken.

Die Bäuerin verkauft echte Bourbon-Vanille. Ihre Schoten werden unter Kennern und Gourmets teuer gehandelt. Der Stand ist bereits früh am Morgen gut besucht: Touristen kaufen ein paar Schoten als Mitbringsel, Einheimische holen sich Zehnerbündel für die Sonntagsküche, Restaurantköche prüfen jede Stange einzeln, bevor sie sich für ausgesuchte Exemplare entscheiden.

Nathalie kenne ich seit Jahren und bin immer wieder gern an ihrem Stand.

»*Bonjour*, Gérard!« Die kleine Kreolin mit den schwarzen langen Haaren begrüßt den großen stämmigen Mann neben mir, beugt sich über den Tisch für das Begrüßungsküsschen links und rechts. Gérard legt beide Hände auf seinen Kugelbauch, zieht ihn tapfer ein, um sich vorbeugen zu können.

»Ja, ja, was soll ich machen, es schmeckt einfach zu gut, was ich koche!« Ein verschmitztes Lächeln huscht über das braune Gesicht, an dem trotz seines Alters, ich schätze ihn auf sechzig, Falten keinen Halt finden.

»Nathalie, deine Schoten sind wie immer erstklassig!« Der dicke Koch dreht sich zu mir herum: »Hier riech mal … Hm, schön dunkel, ausgewogen. Harmonisch, fein.« Das ist selten, die Vanille auf dem Markt ist oft holzig – dann zwar billiger, aber eben keine echte Bourbon, obwohl sie so genannt wird. Oder die Schoten wurden falsch gelagert, dann riechen sie wie Essig. Der Koch dreht sich zu mir um: »Eine Vanillefrucht hat an die vierzig verschiedene Aromastoffe, und alle vierzig sind empfindlich wie Mimosen.«

Dann beginnt Gérard seine Auswahl, nimmt einzelne Schoten aus dem Korb, zieht sie wie eine gute Zigarre unter der Nase entlang und atmet tief den zarten Duft ein. Legt dann die Auserwählten in ein großes Schraubglas; es kommen an die fünfzig Stück zusammen.

»Meine Liebe, ich hab ein neues Rezept für dich. Mit Jakobsmuscheln. Du legst ein paar Schoten über Nacht in Öl ein, mit diesem Öl brätst du am nächsten Tag das Muschelfleisch an und lässt es gut durchziehen. Etwas Salz und Pfeffer drauf, fertig.« Der Gourmet legt Daumen und Zeigefinger an die Lippen, spitzt den Mund, deutet einen Luftkuss an und schnalzt mit der Zunge: »Köstlich!«

Dann wird es für einen Moment etwas ruhiger auf dem Markt. Das ist die Zeit, wenn die Einheimischen, die gegen acht Uhr ihren Wochenendeinkauf erledigt haben, nach Hause fahren. Währenddessen trudeln langsam die Touristen ein, und auch Familien mit kleinen Kindern, die ihre Eltern oft viel zu zeitig wecken. Am Markttag ist das von Vorteil, denn je früher man hier eintrifft, desto besser: Die Luft ist noch nicht so aufgeheizt unter den Sonnenschirmreihen und die Ware frisch.

Kurz vor der Mittagszeit wird es voll, Urlauber schieben sich im Gänsemarsch an den Auslagen vorbei, beladen mit Kitsch und

Kunst: Muschelketten, Schalen aus Vulkangestein, aus Palmenwedel geflochtene Lampen, bestickte Tischdecken, Poster alter Ochsenkarren, Batikkleider.

Nathalie gießt Kaffee aus ihrer gelben Thermoskanne in weiße Plastikbecher und setzt sich auf ihren Schemel hinter dem langen Tisch.

»Es gibt immer zu tun, ich komme kaum zum Ausruhen – Plantage, Familie und Haushalt. Zum Glück sind Adélaïde und Anaïs da, die kümmern sich um Élie.«

Ihre beiden Töchter sind bereits achtzehn und zwanzig, Vladimir, der ebenfalls auf dem Markt mithilft, ist fünfzehn. Vor einem halben Jahr bekam sie ihr viertes Kind, den kleinen Élie. Er ist der *chouchou*, der Liebling der Familie. Sie dachte gar nicht mehr, dass sie noch schwanger werden könnte, aber dann kam alles anders. »*Mon dieu*, in meinem Alter!« Und sie lacht kokett, denn sie weiß, dass sie um einige Jahre jünger geschätzt wird. Ich merke ihr an, wie stolz sie ist, mit Mitte vierzig noch ein Baby bekommen zu haben. Das ist selten auf La Réunion, wo die meisten Frauen, wie sie auch, die Kinder mit Anfang zwanzig bekommen. Es wäre für sie nicht infrage gekommen, sich gegen den Nachzügler zu entscheiden.

»Die Schwangerschaft erschien mir diesmal länger als die vorherigen. Ich war langsamer, behäbiger als bei den anderen Malen. Und ich hab jeden Tag gebetet, dass alles gut geht – und es ging alles gut, innerhalb einer Stunde war Élie auf der Welt, ein gesundes Kerlchen. Das Einzige, was mich stört, ich hab ein bisschen zugenommen und brauche bestimmt wieder ein Jahr, um die Pfunde loszuwerden. Aber beim Stillen nehme ich am besten ab, keine Ahnung, warum, war auch die anderen drei Male so.«

»Sag mal«, unterbreche ich sie, »vorhin das Rezept hat mich überrascht, ich habe nicht gewusst, dass man Jakobsmuschel mit Vanille zubereiten kann, überhaupt, dass es Gerichte mit Vanille gibt, die nicht süß sind.«

»Nein? Doch, am besten mit Fisch oder hellem Fleisch. Ich mag Hühnerragout mit Vanille! Oder Rotbarsch. Aber wenn du mit Vanille kochst, darfst du nicht Ingwer oder Chili verwenden, das sind dominante Gewürze, die das liebliche Aroma zerstören. Wenn Vanille, dann pur, etwas Sahne dazu, Limette, Salz und Pfeffer.«

An den Nachbarständen herrscht Durchgangsverkehr. Bei Nathalie nehmen sich die Marktbesucher Zeit. »*C'est bon?*«, fragt sie und strahlt mit einem Lächeln, das Herzen öffnet.

»*Oui, Madame!*« Eine Französin aus Paris schnuppert am Sirup und rollt versonnen mit den Augen. Wer in den sechziger Jahren aufgewachsen ist, kennt nur das chemische Aroma, mit dem Joghurt, Eis, Pudding und selbst Säuglingsnahrung angereichert wurde.

Ich bin auch überrascht, wie zart der Duft ist. Ein zurückhaltendes Aroma, an das ich mich erst mal gewöhnen musste. Die Vanille, die ich bisher kannte, hatte mit echter wenig zu tun, und schon gar nicht, wenn ich sie als Räucherstäbchen kaufte oder als Parfüm.

Nathalie schmunzelt: »Wie sagt man so schön, ihr seid die Vanille-Generation! Wird Zeit, dass ihr das Original kennenlernt!« Sie ritzt mit einem spitzen Messer eine lange Schote auf und schabt das feuchte Mark auf ein Holzbrettchen. »Schau, das sind die Samen im Inneren, Tausende winzige Kügelchen.« Nathalie schüttet das schwarze Häufchen, kaum größer als eine Haselnuss, in ein kleines Glas: »Hier, gib das in den Kaffee. Du wirst merken, der ist stärker als jeder Espresso!«

»Übrigens, früher dachte ich, jede Vanille heißt Bourbon.«

Nathalies Mann Harry mischt sich ein: »So wie alle Taschentücher Kleenex heißen!«

»Eure Kleenex sind unsere Tempo!«, ergänze ich schmunzelnd.

»Also, echte Bourbon-Vanille gibt es nur hier, aber da der Name nicht geschützt ist, wird er missbraucht.«

Vanille kommt ursprünglich aus Südamerika und wurde im 19. Jahrhundert auf der Insel, die damals noch Île Bourbon hieß, angepflanzt. Die Pflanzen wuchsen prächtig, was ihnen jedoch fehlte, waren Bienen oder Kolibris, um die Blüten zu bestäuben. Man erzählt sich die Geschichte, dass damals ein junger Sklave namens Edmond Albius aus Wut über seinen Herrn sämtliche Vanilleblüten der Plantage mit den Fingern zerquetschte. Doch statt zu welken, wuchsen Schoten aus den Blüten, die größer waren als all die, die man bisher kannte. Und genau nach der gleichen Art, die der Sklave per Zufall »einführte«, begann man nun, die Blüten per Hand zu befruchten. »Ich mache das auch wie damals Edmond«, erzählt Nathalie, »mit einem kleinen Holzstäbchen oder einem Kaktusstachel zerstöre ich das Jungfernhäutchen, das die Befruchtung verhindert. Mit Daumen und Zeigefinger drücke ich Pollen und Narbe aufeinander und presse diese an den Stempel. Aus dem wächst dann die Schote.«

»Unglaublich! Ohne diesen Trick gäbe es bis heute nicht eine einzige Vanilleschote auf La Réunion!«, ruft die Französin erstaunt.

Harry nickt. »Vanillepflanzen sind anspruchsvoll, sie blühen lediglich einmal im Jahr, und das nur für wenige Stunden. Dann fährt Nathalie bei Sonnenaufgang auf die Plantage, um die Dolden zusammenzudrücken.«

»Dabei spreche ich mit jeder einzelnen Blüte!«, ergänzt sie. »Ich sage: ›Hör zu, du bringst mir ganz viel Vanille!‹ Das funktioniert, wenn nicht gerade ein Zyklon die Ernte vernichtet.«

Nathalie schenkt Kaffee nach. Tiefschwarz, schwarz wie die Farbe der Vanille. Und so süß.

»Die Blüten zu bestäuben verlangt Fingerspitzengefühl. Deshalb machen das meistens Frauen, sie können es besser als Männer.« Und Nathalie zwinkert uns zu.

»Und wann wird geerntet?«, fragt die Französin.

»Neun Monate später, im Winter. Der ist mit zweiundzwanzig Grad angenehm kühl, da geht uns die Arbeit leichter von der Hand als beispielsweise im Sommer. Mit einem geschickten Dreh pflücke ich die noch harten Stangen büschelweise ab.«

Nathalie und Harry wohnen mit ihren Kindern im Süden der Insel, eine Autostunde vom Markt entfernt. Nicht weit von ihrem Haus liegt die Plantage der Familie, mitten im dichten Regenwald.

Dorthin habe ich Harry einmal begleitet, als er die Stämme hinaufkletterte, um die oberen Enden der Vanilleliane nach unten zu ziehen und auf Augenhöhe festzubinden. Eine Vanillepflanze kann bis zu dreißig Meter hoch wachsen. Doch wer kann in dieser schwindelerregenden Höhe noch ernten? Ich bin fasziniert vom Anblick, wie die immergrünen Pflanzen sich an Palmen und Zimtbäumen emporranken, in symmetrischer Blattfolge, als würden sie ein Muster bilden.

Die frische Ernte schüttet Harry im Hof hinter dem Haus auf dicke Matten. Die Schoten sehen aus wie ein Bündel grüner Bohnen und haben noch kein Aroma. Das entwickelt sich erst im Laufe der Zeit. Als Erstes legt er die Stangen in einen Schilfkorb, den er kurz ins heiße Wasserbad taucht, um den Reifungsprozess zu stoppen. Die noch feuchten Schoten wickelt er anschließend in Wolldecken und packt sie zum Schwitzen vierundzwanzig Stunden in eine Holzkiste. Die Früchte speichern die Wärme des Wasserbads und werden danach auf einem breiten Lattenrost im sonnigen Dachgeschoss zum Weiterschwitzen ausgelegt. Jeden Tag schaut Harry nach, ob die Schoten gut belüftet sind und nicht austrocknen. Trockene Schoten verlieren an Aroma, werden brüchig und schrumpeln zusammen. Deshalb prüft er jede einzelne, frottiert sie mit der Hand, damit sich das Vanillin besser entwickeln kann, damit sie weich werden und diesen frischen Glanz bekommen.

Das hat seinen Preis: Erst fünf Kilogramm grüner Schoten ergeben ein Kilogramm schwarze Vanille! Je nach Größe kostet eine Stange zwischen einem und drei Euro.

»Deswegen ist das so teuer!«, sagt die Französin.

»Ja, und unsere Schoten haben einem Anteil von drei Prozent

Vanillin«, erzählt Harry stolz. »Das ist Weltspitze. Produkte aus Madagaskar, die du hier auf dem Markt kaufen kannst, haben halb so viel Vanillin, sind deshalb weniger aromatisch und preiswerter.«

»Auf dem Schild steht, ihr verkauft Biovanille. Wird Vanille nicht immer biologisch angebaut?«, will die Frau wissen.

Nathalie schüttelt den Kopf: »Wir verzichten auf chemischen Dünger und verwenden Kokosblätter als Kompost, anders als viele der herkömmlichen Plantagen. Außerdem binden wir die Lianen an den Stämmen nicht wie üblich mit Plastikbändern fest, sondern mit den Blattfasern des Vacoa-Baumes.«

Es ist später Nachmittag auf dem Markt von Saint-Pierre. Nathalie klappt den Sonnenschirm zusammen und verpackt die restliche Vanille sorgfältig in große Holzkisten. Sofort verfliegt das betörende Aroma an ihrem Stand.

»Steig ein, ich koch uns heute Abend was Schönes.« Und wir fahren mit dem *kad-kad*, so nennt man hier die Geländewagen, nach Saint-Philippe. Dort wohnen die Leichnigs in einer typisch kreolischen Siedlung: kleine Häuser, die Briefkästen sind oft auf einem Stamm festgeklemmt oder hängen irgendwie am Zaun und tragen keine Namensschilder.

»Der Postbote kennt uns doch, da reicht die Hausnummer.«

Nathalie kann mein Erstaunen nicht nachvollziehen. »Nein, eine Klingel haben wir auch nicht. Wer uns besuchen will, kann reinkommen, das Tor steht offen! Wenn alles verriegelt ist, sind wir nicht da. So einfach ist das. Hast du eine Klingel bei dir zu Hause ?«

»Na ja, geht nun mal nicht anders, ich lass meine Wohnungstür nicht sperrangelweit auf, wenn ich Besuch erwarte.«

»Warum eigentlich nicht?«

»Ach, Nathalie!«

»Vielleicht kommt dann mal ein Nachbar spontan vorbei auf einen Kaffee?«

»Ich kann es ja mal probieren«, antworte ich, um dieses Thema zu beenden. Sie würde nicht verstehen, dass es in meinem Mietshaus weniger spontan zugeht als bei ihr im Ort und ich nicht einmal alle Mitbewohner kenne!

Zu Hause in Saint-Philippe angekommen, ruft sie erst mal laut nach ihrem Baby: »Wo ist mein Süßer?« Adélaïde kommt angerannt und legt den Finger auf den Mund. »Zzzzt! Anaïs hat ihn in den Schlaf geschaukelt.« Der Kleine liegt auf dem Bauch ihrer Schwester, mit einem Nuckel im Mund. Als sie neulich mit dem Brüderchen unterwegs war, um sich mit Freunden in einem Café zu treffen, meinte die Serviererin, sie könne ihr Baby hier ruhig stillen – die Zwanzigjährige wird oft für die Mutter des kleinen Élie gehalten.

Tagsüber wird er offenbar nie in einen Kinderwagen oder ins Bett gelegt – immer sitzt er bei jemandem auf dem Schoß oder wird auf dem Arm herumgetragen. Nur der fünfzehnjährige Vladimir entzieht sich dem Trubel um den Nachzügler und geht auf Abstand zu dem kleinen Bruder. Er ist manchmal eifersüchtig und braucht seine Zeit, um sich an die neue Situation zu gewöhnen. Bisher war er immer der Jüngste, um den sich alle besonders gekümmert haben.

Bei Einbruch der Dunkelheit zündet Nathalie das Holzfeuer im Hof an. Harry schneidet den Fisch klein, Adélaïde zerstampft Ingwer, Knoblauch, Piment und grobes Salz im Mörser, und bald ist auch der gusseiserne Topf heiß genug, damit das Fisch-Cari darin schmoren kann. Wenig später duftet es nach gebratenem Fisch und Gewürzen. Den Gasherd ihrer Küche benutzt Nathalie kaum, sie liebt es, auf traditionelle Weise über der offenen Kochstelle draußen zu brutzeln.

Nebenbei rührt sie aus vorgekochten Süßkartoffeln, Eiern, Butter, Zucker und Rum einen Kuchenteig an, schabt zwei Vanilleschoten aus, gibt die schwarzen Samen hinzu. Sie bäckt den

Lieblingskuchen der Familie. Denn morgen ist Sonntag, für die Familien auf La Réunion seit eh und je Picknicktag, an dem alle zusammenkommen: Brüder, Schwestern, Großeltern, Cousins und Cousinen. Viele Familien fahren ans Meer. Die Leichnigs treffen sich in einer kleinen Hütte im Regenwald. »Das ist besser, denn sonst muss man schon ganz früh raus, um die Plätze zu besetzen. Es gibt nicht so viele von den überdachten Holztischen. Viele schicken ihre Kinder vor, die manchmal sogar die Nacht vorher dort verbringen, damit niemand anderes sich da breitmacht.«

Meistens flattert eine blaue Plane an dem Picknickplatz einer Familie. Sie soll vor Sonne, Wind und Regen schützen, aber auch signalisieren: Dies hier ist unsere Privatsphäre für den heutigen Tag. Würde ein Fremder sich dort hinsetzen und die Bänke in Beschlag nehmen, wäre das ungefähr so, als würde man in das Haus dieser Familie eindringen und sich ungefragt an den Mittagstisch setzen.

»Das Picknick am Sonntagmittag ist so heilig wie die Messe in der Kirche«, sagt Nathalie. »Die Familien wohnen oft verstreut in mehreren Orten und haben nicht genügend Platz, zehn oder zwanzig Leute aufzunehmen. Außerdem ist man draußen an der frischen Luft, das tut gut.«

Das traditionelle Picknick ist nicht vergleichbar mit unserem Essen im Freien, wo es Salat, Eier und Sandwiches gibt. Hier kommen die Familie mit einem Großaufgebot an Speisen und Getränken zusammen, oft sogar mit Gaskocher und Kitchinette. Mit Hockern, Liegestühlen, Hängematte; mit Decken, Tüchern, Kissen; mit Tellern, Gläsern, Besteck und Servietten; mit Kuchenblech und Dessertschüsseln; mit wuchtigen Töpfen, wie ich sie von der Schulküche her kenne. Darin Reis, Bohnen, Cari. Schalen mit Samoussa und Bananenchips. Literflaschen mit Wasser, Cola, Schweppes, aber auch Wein, Punsch und Rum. Zum Spielen: Karten, Fußbälle, Badmintonschläger, Boulekugeln.

Harrys Brüder kommen mit Frauen und Kindern. Der Großvater bringt zur Feier des Tages ein Palmenherz mit, eine Delikatesse der kreolischen Küche. Es ist das Mittelstück einer Palme, das mit der Machete unterhalb des Blattansatzes abgeschlagen wird. Es sieht aus wie Elfenbein, und für eine einzige Mahlzeit wird ein ganzer Baum geopfert. Deshalb gibt es dieses »Gemüse«, wie die Réunionesen dieses Palmenstück nennen, nur zu besonderen Anlässen. Meistens wird das nussig schmeckende feste Palmenherz für einen Salat geraspelt und mit Zitrone und einer Mayonnaise-Knoblauchsoße angerichtet. Oder gekocht und als Beilage zu Schweinefleisch oder Hühnerkeulen gereicht. Palmenherzen sind teuer, weil die Palme mindestens sechs Jahre alt sein muss, um »geerntet« zu werden; anschließend wächst der Baum nicht mehr weiter und verrottet als Stumpf.

Beim Picknick der Leichnigs geht es üppig zu. Harry hat in der Frühe gemeinsam mit Vladimir Fische gefangen, die ausgenommen und geviertelt werden. Louis, sein ältester Bruder, bringt auf seinem Kleintransporter ein kleines schwarzes Schwein mit, das vor Ort geschlachtet wird und ausblutet. Dann wird die Haut abgezogen und das nun weiße, nackte Tier zerteilt. Männerarbeit. Ich kann nicht hinsehen, flüchte zu Nathalie, um beim Raspeln des Palmenstückes für den Salat zu helfen.

Nach etwa drei Stunden ist unser Menü fertig, die Stimmung ist heiter, eine Flasche Ananaspunsch wird herumgereicht, dazu ein paar Samoussa, Blätterteigtaschen, gefüllt mit scharfem Gemüse aus Möhren, Kohl und Paprika. Nach dem Palmenherzensalat gibt es die Hauptspeise, *cari poisson* mit dem selbst gefangenen Rotbarsch und *cari porc*, dass ich nicht anrühre. Ich kann das hilflose Quieken des Schweins vor dem Schlachten nicht vergessen. Als Dessert folgen Süßkartoffelkuchen und Kaffee.

Ich beobachte, wie gelassen die Frauen in der Runde sind, während die Männer trinken, laut ein paar Sprüche klopfen und so manchen Unfug von sich geben. Die Frauen schenken dem wenig

Aufmerksamkeit. Nathalie verdreht ab und zu die Augen und seufzt: »Ein Mann bleibt ein Mann.«

Wenn sie Harry zu sich ruft, ist er sofort bei ihr; auch die Brüder und die Söhne – eine Ansage aus der Frauenecke, und die Unterhaltung wird unterbrochen. Frauen haben in den Familien das Sagen. Daher die weibliche Gelassenheit in trauter Runde. Die Frauen haben die Macht, auch wenn die Männer häufig mehr Geld nach Hause bringen als sie. »Ach, lass sie doch«, meint die Schwiegermutter, »heute wird ordentlich gefeiert und getrunken, und dann wird wieder hart gearbeitet – bis zum nächsten Sonntag.«

Die Arbeit auf der Zuckerrohrplantage ist ungeheuer kräftezehrend. Besonders auf den Feldern am Hang, wo keine Maschinen eingesetzt werden können und die Leichnigs, wie ihre Vorfahren auch, mit der Machete das spröde Rohr schlagen müssen.

»Sonntag ist ein wundervoller Tag, der einzige freie Tag in der Woche!« Harry prostet erneut in die Runde, nun schon etwas müde vom Schlachten, Essen und Rumtrinken. Nathalie rutscht zu ihm: »*Mi aim a ou!*« – das kreolische *Je t'aime*. Er küsst sie.

Nathalie liebt es zu feiern: »Ich musste das Harry erst beibringen, o je, vor wie vielen Jahren?« Und sie überlegt: »Fünfundzwanzig? Er, und seine Familie waren damals ziemlich ernst. Doch das hat sich nun geändert!« Sie springt auf, schaltet das mitgebrachte Radio ein, zieht ihren Mann vom Hocker hoch, und beide fangen an zu tanzen. Maloya läuft immer auf einem der zahlreichen Sender. Die anderen folgen den beiden.

Das Picknick zieht sich noch Stunden hin. Dann stellt sich eine wohlige Müdigkeit ein, jeder sucht sich sein Plätzchen für ein kurzes Nickerchen, im Orangenhain hinter der Hütte, am Ufer des Bergflüsschens oder im Dickicht des tropischen Regenwaldes.

Nathalie zerreibt schwarze Vanillesamenkügelchen zwischen den Fingern und fährt sich damit durch ihr Haar. Ein süßer Duft umgibt sie. Vanille wird als Aphrodisiakum verwendet, insbesondere für Männer, wenn sie überarbeitet sind. Dabei raunt sie mir zu: »Ja wirklich, Harry hat einfach zu viel gearbeitet in letzter Zeit!« Sie nimmt ihn bei der Hand. Ein Blick noch zu dem Kleinen, er liegt im Schatten bei Anaïs und Adélaïde, die ihn abwechselnd im Arm wiegen. Dann sind Nathalie und Harry in der Hütte verschwunden.

Während die Alten sich langsam einen Platz für die Siesta suchen, sitzen die Jüngeren zusammen, zeigen sich ihre Smartphones, machen voneinander Fotos und schicken sie sich gegenseitig und ihren Freunden zu. Sie erklären sich die neuesten Spiele auf dem Laptop, genießen es, nun zu tun, worauf sie Lust haben – denn ihre Eltern mögen es nicht, wenn sie beim Picknick am Computer sitzen oder mit dem Handy irgendwen anrufen, der sich auch gerade sonntags mit der Familie langweilt. Handyempfang gibt es fast überall; ich brauchte übrigens eine Weile, um die Empfangsmasten mit den ausladend grünen Plastikblättern zu erkennen, die von Weitem aussehen wie echte Palmenwedel und deshalb im Volksmund »Handypalme« heißen.

Der Großvater ist noch wach, reicht ein Stück Zuckerrohr in die Runde, Vladimir lacht und winkt dankend ab, hebt seine Cola hoch und trinkt einen großen Schluck. Auch Louis sitzt noch am Tisch. Vladimir ruft zu ihm herüber: »Ich habe lustige Fotos von dir gemacht, gib mir deine E-Mail-Adresse, ich kann sie dir heute Abend schicken« Sein Onkel runzelt die Stirn: »Hab ich nicht, weißt du doch! Warum musst du mich immer ärgern! Aber die Tochter meiner Nachbarin hat seit Neustem einen Computer, da kannst du sie hinsenden.«

Die Jüngeren, die in den achtziger und neunziger Jahren geboren wurden, beherrschen im Gegensatz zu ihren Eltern die neuen Medien. La Réunion ist eine relativ »junge« Insel, annähernd die Hälfte der Bevölkerung ist unter fünfundzwanzig Jahre alt.

Es ist die Generation, die im Ausland studieren und reisen möchte und – wieder zurückkommen will. Anaïs geht nach Paris, um Sozialpädagogik zu studieren, Adélaïde nach London, um im Hotel zu arbeiten und Englisch zu lernen.

Zu den beiden setzt sich Vanessa, eine ihrer Cousinen, mit ihrem kleinen Jakob, der so alt ist wie Élie. »Wenn der Kleine zur Schule kommt, dann will ich wieder reisen, so wie früher. Barcelona hat mir gefallen und auch Montreal, da habe ich ein halbes Jahr gekellnert und bin dann durch Kanada getrampt. Da man dort französisch spricht, ging es prima.«

»Sind deine Eltern auch viel gereist?«, frage ich. Bisher sind mir nicht all zu häufig Réunionesen begegnet, die es lieben, um die Welt zu fahren.

»Nein, aber sie haben Geld gespart, um es mir zu ermöglichen. Meine Mutter war noch nie woanders. Aber jetzt haben meine Schwester und ich uns eine Überraschung ausgedacht: Zu ihrem sechzigsten Geburtstag fahren wir zu dritt nach Österreich. Sie hat ihr Leben lang davon geträumt, einmal Wien zu sehen. Und das Mozartmuseum, denn sie liebt Mozart.«

Vanessas Wangen beginnen zu glühen: »Ich möchte später nichts bereuen. Am Ende meines Lebens wird mich Gott nicht fragen, ob ich ein schönes Haus hatte oder ein tolles Auto, sondern ob ich das gemacht habe, was ich mir vorgenommen hatte.«

Doch es ist nicht leicht, Prioritäten zu setzen bei einem monatlichen Nettoeinkommen von ungefähr tausend Euro. Zum Glück verdient ihr Mann mehr als sie, und beide versuchen, jeden Monat etwas Geld zur Seite zu legen.

Am Nachmittag schüttet die Großmutter Kaffee in eine Kasserolle, um ihn zu rösten und anschließend in einer alten Holzmühle zu zermahlen. Dann übergießt sie die zerkleinerten Bohnen mit kochendem Wasser von der Feuerstelle. Es ist nicht irgendein Kaffee, es ist der *Bourbon Pointu*, eine spezielle Arabica-Sorte, die es nur auf La Réunion gibt.

»Anderen Kaffee vertrag ich nicht mit meinem schwachen Herz«, erzählt *mamie,* wie die Großmutter liebevoll auf Kreolisch genannt wird. »Er hat weniger Koffein als der übliche Kaffee und ist sehr mild. Schmeckt sogar ein wenig nach Mandarine und Litschi!«

Vom *Bourbon Pointu* gab es nach einer Epidemie vor zweihundert Jahren nur noch wenige Pflanzen. Japanische Kaffeeexperten, die während eines Besuchs auf der Insel diese Sorte probierten, waren so begeistert vom Aroma, dass sie daraufhin begannen, diese Pflanze auf La Réunion zu züchten und den unbekannten alten Kaffee als Geheimtipp zu vertreiben. Mittlerweile gehört der *Bourbon Pointu* zu den edelsten und teuersten Sorten auf der Welt – ein Kilo kostet vierhundertfünfundneunzig Euro!

Deshalb trinkt ihn *mamie* nur sonntags.

Cap Noir/La Nouvelle: Ein abgeschiedenes Tal

Nachdem ich gut eine Stunde durch den Wald gelaufen bin, kehre ich um, nehme den gleichen Weg zurück nach L'Éperon. Genug der Stille und Einsamkeit. Da plötzlich bemerke ich, dass mir jemand die ganze Zeit gefolgt sein muss, denn als ich den Blick hebe, steht wenige Meter vor mir ein Mann und starrt mich an. Ich grüße – da erst bemerke ich, dass er zwar ein blaues T-Shirt trägt, jedoch keine Hose, auch keine Unterhose. Beim Anblick des aufgedruckten gelben Teddys auf dem viel zu kurzen T-Shirt, gepaart mit seiner exhibitionistischen Nacktheit, muss ich angesichts der grotesken Situation loskichern. Das zeigt im Nu Wirkung, denn der Verwirrte greift ruckartig nach seiner Hose, die an einer Bananenstaude hängt, und stolpert ins Dickicht, rennt, bis er in der Tiefe des Waldes verschwindet.

Erst als ich im Ort ankomme, wird mir im Nachhinein mulmig. Was wäre, wenn ich nicht aufgelacht hätte und er stehen geblieben wäre?

In L'Éperon bin ich wieder abgelenkt und konzentriert auf jenen historischen Ort, in dem sich einst die Zuckerfabrik der Desbassayns befand. In den letzten Jahrzehnten haben sich hier viele Handwerker und Künstler niedergelassen. Inzwischen wirkt die Siedlung wie eine Gemeinde, die man vom französischen Festland hierher importiert und mit Produkten der Insel ausgestattet hat. Eine Enklave, in der die alten Häuser ihr kreolisches Antlitz abgelegt haben und mit bemalten Holzbalken, beklebten Nautilusrohren und schweren Keramikbottichen dekoriert worden sind. Einige der Anwesen wirken wie bunte Hippiekommunen aus den Sechzigern.

Auch die Gärten machen einen verwilderten Eindruck, was in den Tropen schnell geht, da ohnehin alles wächst, wuchert und wildert, was wachsen, wuchern und wildern kann.

Ich sehe Französinnen im orange-rotem Lagenlook, mehrere Kleider übereinandergezogen, struppige, locker geflochtene Haare zum Zopf gebunden, umgeben von spielenden Kindern, die Zuckerrohr knabbernd Fangen spielen. Neben einem Pippi-Langstrumpf-Gartenhaus sitzen zwei Frauen vor ihrem Schmuckladen und rauchen einen Joint. In der Vitrine liegen Muschelketten, Perlmuttohrringe und Armbänder aus gebrannten Tonkügelchen. Neben ihrem Geschäft betreiben junge Männer ein Bistro, das auch mitten in Montmartre hätte stehen können: innen schwarz gestrichen, nostalgische Plakate der Belle Époque an den Wänden. Aus den mannshohen Lautsprecherboxen dudeln Chansons von Charles Aznavour. An der Theke gibt es sogar Cappuccino, der sonst in den Tabakläden und Bistros selten angeboten wird, da die Réunionesen ihren kleinen Kaffee schwarz und stark trinken, wie einen Espresso.

Ich schlendere die Straße entlang, an Souvenirläden vorbei, die alles möglich anbieten: bedruckte Strandtücher, geflochtene Hüte aus Kokosblättern, geschnitzte Bambus-Kerzenständer, Glasröhrchen mit Vanilleschoten, Guavenkonfiture und Keramikgeckos.

Nach dem Erlebnis im Wald nehme ich mir vor, künftig nicht mehr allein zu wandern.

Auf dem Fußboden meines Zimmers in Manapany breite ich die Karte von La Réunion aus, um weitere Touren zu planen und zu überlegen, wer mich begleiten könnte.

Die Insel ähnelt einem unförmigen Eierkuchen, nur mit dem Unterschied, dass dieser Eierkuchen in seiner Mitte ein starkes Relief hat: Berge und Täler, die sich um den höchsten Berg, den über dreitausend Meter hohen Piton des Neiges, schmiegen.

Seit Langem möchte ich in das Tal von Mafate wandern. Doch zunächst will ich mir den Cirque de Mafate von oben ansehen, vom nordwestlich gelegenen Cap Noir.

Ich verabrede mich mit Jean-Paul, den ich über eine Zeitungsannonce kennengelernt habe: ein Sportlehrer als ortskundiger »Begleitschutz«.

Wir treffen uns auf dem Parkplatz von Cap Noir – so wie ihn stelle ich mir einen Hobbywanderer vor: zäh, ausgemergelt, wettergebräunt. Außerdem lustig, er spricht Deutsch mit feinem österreichischen Akzent und erzählt mir stolz, dass er mit einer Wienerin verheiratet ist. Ich trinke zur Stärkung noch einen Joghurt mit Mangopüree – dann laufen wir los, einen schmalen Weg hinauf, der durch Holzbalken befestigt ist, denn ab und zu liegt rutschiges Geröll herum. Plötzlich verengt sich der Pfad auf Fußbreite. Zum Glück gibt es ein Geländer. Ich bin nicht ganz schwindelfrei und schaue beim Laufen immer nach vorn. Nur in kleinen Pausen kralle ich mich am Geländer fest und blicke hinüber auf sonnenbeschienene grauschwarze Bergrücken und zerfurchte Hänge, deren Spalten, Einschnitte und Risse im Schatten liegen – kantige Steinplatten, von kleinen, weißen Wolken umhüllt. Manche dieser Wolken häufen sich an, andere wiederum lösen sich auf oder entstehen plötzlich aus dem Nichts.

Von tausend Metern Höhe schaue ich auf ein Flussbett und auf im Tal weit verstreute kleine Rechtecke. Es sind Häuser, zu denen keine Straße führt, ab und zu lediglich ein steiniger Weg, der irgendwo anfängt und hinter einigen Biegungen wieder aufhört. Jean-Paul zeigt auf die kleinen Weiler weit hinten im Tal: »Dort, das Plateau, das ist La Nouvelle, das andere ist Marla, alles hübsche Wohninselchen. Du siehst, Mafate ist ein Kraterkessel, aus einem lange erloschenen Vulkan entstanden.«

Weiter geht's. Unser Ziel ist ein Felsen, der Roche Verre Bouteille, zu dem ein schmaler Pfad führt. Während auf der linken Seite die Sonne scheint und das grüne Tal erhellt, liegt rechts Dos d'Âne, in weiße Nebelschleier gehüllt. Es ist, als ob der Weg nicht nur Landschaften zerschneidet, sondern jeder Seite auch noch ein eigenes Klima zuordnet. Während Mafate zu den trockenen Gebieten auf La Réunion gehört, ziehen immer wieder schwere Regenwolken über Dos d'Âne hinweg.

Das ist typisch für die Insel – beinahe jeder Ort hat sein eigenes Mikroklima, das von der Höhe der Berge und der Entfernung vom Meer abhängt; aber auch von der Lage, ob Ost- oder Westküste. Denn von Osten her weht ein warmer Wind, der die Atmosphäre über dem Meer mit Feuchtigkeit auflädt und Wolken bildet, die auf die kühlere Bergluft treffen und an den Hängen abregnen.

Der Ort Dos d'Âne ist zerfurcht von Straßen und Häusern. Der Lärm von Autos und Betonmischern steigt bis zu uns hinauf. Mafate auf der gegenüberliegenden Seite döst im Dornröschenschlaf vor sich hin. Nichts rührt sich, alles ist mucksmäuschenstill.

»Ich liebe diese Aussicht!«, ruft Jean-Paul hinter mir. »Als ich das erste Mal nach La Réunion kam und die Berge sah, diese einzigartige Silhouette scharfkantiger Gipfel, wollte ich am liebsten alle auf einmal besteigen. Auch deshalb bin ich hergekommen. Nun gut, ich hatte im Jura gelebt und bin das Kraxeln und Wandern von klein auf gewöhnt. Aber so schön wie hier ist es dort nicht.«

Am nächsten Morgen treffe ich mich mit Wasis, einem Bekannten von Jean-Paul. Wir sind am Col des Boeufs verabredet, um von der dortigen Hochebene in den Talkessel nach La Nouvelle hinabzusteigen. Ich zahle noch die zehn Euro an den Parkplatzwächter, der die Autos während der Abwesenheit überwacht. Dann zeigt mir Wasis, ein braun gebrannter kleiner Kreole, auf der Karte unsere Tour, faltet den Plan zusammen, tritt einen Schritt zurück und mustert mich: »Ja, knöchelhohe Schuhe, gut, lange Hose, Schirmmütze, okay. Hast du Sonnenschutz, Regenjacke, Pullover? Wasser und einen Snack für unterwegs?«

»Na klar!«

»Also los!«

Schritt, schnauf, Schritt, schnauf. Es geht steil hinab. Zum Glück hat es die letzten Tage nicht geregnet, der Weg ist trocken. Ich schweige, weil ich mich konzentrieren muss, wohin ich meine Füße setze zwischen all den hervorstehenden Wurzeln, den lockeren Steinen und dichtem Gestrüpp.

Wasis dagegen redet ohne Unterlass in einer Lautstärke, als habe er im Sturm sprechen gelernt. Wo ich mich mühsam Stück für Stück vorarbeite, schwebt er förmlich dahin, leicht trippelnd, sogar tänzelnd.

»Tec, tec«, ruft er in den Tamarindenwald. Sekunden später flattert ein schwarzer Spatz herbei. Es ist ein Tec-Tec – der so heißt, weil sein Gesang wie ein Klopfen kingt. »Wie schön«, sagt Wasis. »Man bekommt ihn selten zu Gesicht!«

Der Tec-Tec wird unser fliegender Begleiter, hüpft von Ast zu Ast und weicht uns nicht mehr von der Seite.

Wenig später sehe ich durch die aufgerissene Wolkendecke ein Tal mit ein paar Dutzend Häusern. Der Cirque de Mafate liegt vor uns, wie in Watte gehüllt und mit flockigen Girlanden verziert. Ich beschleunige meinen Schritt, kann es kaum erwarten, in den neblig verhüllten Gebirgskessel hinabzusteigen.

Während mein Blick in die Tiefe schweift, begreife ich, was es mit den Tälern von La Réunion auf sich hat: Gewaltige Krater blieben zurück, als nach vulkanischer Inselgeburt die Kuppen in sich zusammenbrachen und gigantische Trennwände hinterließen.

»*Attention!*«, ruft jemand von hinten. Lässig grüßend rennen drei Jogger an uns vorbei. Einer von ihnen hat einen Computerbildschirm geschultert.

»Ich fass es nicht!«, keuche ich, den muskulösen Männern hinterherschauend. »Die stemmen noch im Laufen Gewichte!«

»Sie transportieren ihr Gerät kostenlos nach Hause!«, erklärt Wasis. »Denn nach Mafate gibt es keine Straßen. Hierhin muss man entweder laufen oder fliegen. Der Helikopter ist der wichtigste Draht zur Außenwelt. Er kommt mehrmals täglich, bringt alles, was man so braucht, Reis, Stühle, Dachziegel.«

»Aber man hätte doch eine Straße bauen können!«

»Früher war es schwierig, einen befestigten Weg dorthin anzulegen, die Abhänge sind viel zu steil und hart, eben auch Vulkangestein.« Und Jahrhunderte später, als es möglich wurde, mit besserer Technik Zufahrtswege zu errichten, sträubten sich die Einwohner. Sie wollten eine Insel auf der Insel bleiben. In den anderen Cirques, Salazie und Cilaos, hat man Straßen gebaut – vor allem auch deshalb, weil Thermalquellen entdeckt wurden und Kurgäste mit den Autos hingebracht werden sollten. Die Schlucht von Mafate dagegen blieb immer isoliert. Doch die rund achthundert Mafatis lieben ihr zurückgezogenes Dasein. Wanderer sind willkommen, aber nur, wenn sie wenige Nächte bleiben und dann wieder weiterziehen.

»Ich könnte es mir nicht vorstellen, so abgeschieden zu leben!«, sage ich.

»So abgeschieden ist das Tal nun auch wieder nicht«, erklärt Wasis. »Es hat sich viel verändert, seitdem dort die Sonnenenergie genutzt wird und es auch Strom gibt.« Inzwischen haben die Leute Telefon, Radio, Fernsehen und wissen Bescheid, was jenseits ihrer Bergwände los ist. Aber kaum jemand möchte wegziehen, aber auch deshalb, weil die wirtschaftliche Situation im Cirque sehr gut ist, es gibt für alle Arbeit, besonders im Tourismus. Das ist ein Plus angesichts der hohen Arbeitslosigkeit auf La Réunion. Zwar haben die meisten Mafatis wenig neue Ideen, außer wieder eine Pension oder einen Lebensmittelladen zu eröffnen, aber das rechnet sich eben.

»Du wirst sehen«, meint Wasis, »es kommt einem vor, als spaziere man durch ein großes Freilichtmuseum!«

Nach drei Stunden Fußmarsch bergab in das abgeschiedene Tal erreichen wir La Nouvelle, die »Hauptstadt« von Mafate. Mein Bergführer hat keinen Blick für das beschauliche Leben und die hübschen kreolischen Häuser mit ihren pastellfarbenen Anstrichen, Fensterläden und Dachverzierungen. Strahlend zeigt er auf ein Reklameschild: *La Dodo lé la* – selbst hier leuchtet die Werbung für das réunionesische Bier. In einem Tante-Emma-Laden stehen die begehrten Flaschen mit dem rot-gelb-grünen Wappen – zwischen Sahne, Socken und Seife einsortiert. Ich warte draußen, massiere mir die Waden und bewundere die Blumenpracht im Dorf. Einige der üppigen Büsche erkenne ich wieder, sie wachsen spärlich zu Hause auf meinem Balkon – Fuchsien, Hibiskus, Bambus. Doch was daheim en miniature gehegt und gepflegt wird, gedeiht hier in ausufernder Pracht.

Zum Abendessen im *Gîte* von Madame Oréo gibt es *Cari Poulet*, Hühnchen gewürzt mit Ingwer, Knoblauch und Kurkuma, von der Wirtin selbst zubereitet. Die freundliche, aber schweigsame Frau stellt das *Cari* auf den Tisch und verschwindet dann wieder in der Küche. Am Kaminfeuer trinken wir Wein und schauen erschöpft vom anstrengenden Marsch in das knisternde Feuer. Außer Wasis und mir sind noch eine Pariser Familie und zwei einheimische kreolische Paare aus Saint-Denis hier. Alle zu müde, um sich noch zu unterhalten.

Langsam verebbt draußen das nächtliche Bellen der Hunde, ebenso das Stimmengewirr und Tellerklappern aus den geöffneten Wohnküchen. Kurz nach sechs Uhr wird es dunkel und still. Sehr dunkel und sehr still. Und ziemlich kühl. Wir ziehen T-Shirts und Pullover übereinander und wickeln uns in die flauschigen Decken der Doppelstockbetten. Ich schaue aus dem Fenster in den Himmel: das Kreuz des Südens, ein halber Mond, umgeben von einem Sternennetz. Im grellen Mondlicht wirken die Bäume wie langhalsige Giraffen, Palmenwedel wie Fächer einer schwarzen Zauberin. Ja, es ist derselbe Mond wie über Berlin, der zu Hause gerade durchs Fenster auf mein Bett scheint. Nur weniger hell, da die Stadt ihn mit ihren Abertausenden Lichtern überblendet.

Einst wollte ich die zweite Frau im Kosmos sein, nach der Russin Valentina Tereschkowa. Daran waren die Weltfestspiele 1973 in Berlin/DDR schuld, da stand sie plötzlich vor mir. Das Autogramm auf dem bunten Festivaltuch habe ich bis heute aufgehoben. Denn damals hielt ich das für ein Zeichen, dass ich nun auserwählt wäre, ins All zu fliegen! Schade, dass es anders kam. Aber immerhin, hier auf der Insel bin ich dem Himmel ein Stück näher – besonders am Observatoire des Makes, der einzigen Sternwarte des Indischen Ozeans, nahe Saint-Louis. Dort, auf tausend Meter Höhe, kann man ungestört in die Sternenwelt schauen und den fein blinkenden Lichternebel betrachten. Denn da oben ist die Luft klar, es gibt außerdem weniger atmosphärische Turbulenzen als an der Küste und nachts kaum störende Lampen, die durch ihre Helligkeit astronomische Beobachtung beeinträchtigen.

Zur Zeit der Wiederkehr des Halley'schen Kometen im Jahr 1986 beschlossen Wissenschaftler der Insel, auf La Réunion ein Observatorium zu bauen, das fünf Jahre später eingeweiht wurde. Die Sternwarte in den Bergen ist mein Lieblingsort, auf dem weiten, mit Bambus bewachsenen und von Blumen umrankten Gelände stehen eindrucksvoll Teleskope, Fernrohre und Sonnenuhren. Manchmal gibt es ein phantastisches Schauspiel zu bewundern: Wenn die Sonne untergeht, erscheint am Himmel ein grüner Strahl, der wie ein Flämmchen aussieht und nur für wenige Sekunden zu beobachten ist, genau dann, wenn die Sonne hinterm Horizont verschwindet.

Der grüne Strahl entsteht, wenn das Licht sich bricht und von der sinkenden Sonne in seine Spektralfarben zerlegt wird.

Vor Jahren las ich einmal den Roman *Der grüne Strahl* von Jules Verne, eine Liebesgeschichte, die genau dieses Phänomen beschreibt: »...dass es kein roter Strahl ist, den ihr sehen werdet, sondern ein grüner Strahl, wunderschön grün, von einem Grün, das kein Maler auf seine Palette bekommen kann, ein Grün, das die Natur nirgendwo sonst mehr hervorgebracht hat, weder in der Farbenvielfalt der Pflanzen noch in der Farbe der klarsten Meere! Gibt es ein Grün im Paradies, dann kann es kein anderes als dieses Grün sein, das wahre Grün der Hoffnung.«

Wie schön. Nun bin ich müde ... werde gleich einschlafen ... und von Sonne, Mond und Sternen träumen.

Der nächste Morgen begrüßt das Dorf strahlend, mit einer ungetrübten Sicht auf die in den Himmel ragende Bergwand. Während im Tal von Mafate Blumen blühen, Wiesen grünen und Bäume wachsen, sind die Berge lediglich von ein wenig Gestrüpp und knorrigem Gewächs bedeckt.

Wir spazieren durch La Nouvelle, zwischen alten Katen und neuen Holzhäusern, an denen Satellitenschüsseln montiert sind. Wasis hat wohl schon erwartet, dass mich dieser Anblick stört.

»Wie du romantisieren die meisten Urlauber das Leben hier und wollen Menschen treffen, die keinen Fernseher und kein Telefon haben. Aber die Einwohner haben doch das gleiche Recht auf all die Medien wie du. In Marla hat Silvio das erste Internetcafé eröffnet. Hier wird auch bald eins entstehen!«

Ich zeige mich einsichtig, denn abgesehen von den Fernsehantennen und den Helikoptern, fühle ich mich hier dennoch Jahrzehnte zurückversetzt: Ein Mann mit Strohhut bugsiert vor mir einen müden Ochsen in seinen Hof, eine Alte sitzt vor der Hütte und putzt Bohnen. Eine Frau mit roter Strickweste und einem Baby auf dem Arm, dessen Mütze größer ist als das kleine Wesen, ruft ihre Kinder herbei; ich zähle sechs, die von der Wiese angerannt kommen. Sie sollen sich Jacken überziehen, denn es ist frisch in der Frühe.

Die Leute stehen plaudernd auf der Wiese, der Weg von ihrem Haus zum Nachbarn oder zum Bäcker ist recht kurz, man trifft sich und tauscht Neuigkeiten aus. Ein Hund liegt träge vor der Kapelle, ein festgebundenes Zicklein rüttelt an der Leine vor dem Lebensmittelladen. Dann läutet die Glocke, und der helle Klang hallt mehrfach von den Felswänden zurück ins Tal.

»Was für ein beschauliches Leben! Die meisten sind doch sicher nie aus Mafate rausgekommen, oder?«, frage ich.

Wasis wehrt sich gegen dieses offenbar weitverbreitete Klischee: »Sicher war das früher so, sicher gab es auch im vorigen Jahrhundert noch den einen oder anderen Alten, der nie das Meer gesehen hatte, obwohl es nur zwanzig Kilometer Luftlinie entfernt liegt. Doch so abgeschirmt, wie man sich das oft erzählt, sind nicht alle Einwohner! Nimm zum Beispiel Madame Hoareau: Sie hat als Erste einen *Gîte* eröffnet und verreist häufig. Sie liebt heilige Orte, die Quelle von Lourdes, den Karnak-Tempel in Luxor, die Vatikanstadt. Dort war sie schon überall.«

Ich stelle mir gerade vor, wie eine alte Frau aus Mafate, die weder Autos, Ampeln und Hochhäuser kennt, die weite Welt sieht. Und wie es für sie früher war, was sie eigentlich gelernt hat.

»Gibt es hier eine Schule?«, erkundige ich mich.

»Klar. Die Kinder besuchen bis zum zwölften Lebensjahr die Grundschule von Mafate und anschließend Schulen in anderen Orten auf La Réunion. Es wäre möglich, selbst in La Nouvelle ein Gymnasium einzurichten, aber die Präfektur lehnt dies ab. Es wird gewünscht, dass die Jugendlichen aus ihrer Abgeschiedenheit herauskommen. Sie sollen nicht nur das Meer sehen, sondern auch Gleichaltrige treffen. Man hofft, dass die Heranwachsenden sich in Mädchen oder Jungen verlieben, die nicht aus Mafate stammen. Inzwischen ist es nicht mehr ein so großes Problem, aber früher war Inzucht in dem Tal gang und gäbe.«

»Sag mal«, fällt mir ein, als ich wieder einen Hubschrauber anfliegen sehe, »kommen die Briefe auch per Luftpost?«

»Nein, die bringt der Briefträger, der zu Fuß von Roche-Plate nach Mafate läuft. Er legt von Montag bis Donnerstag mehr als hundert Kilometer zurück.«

Seit der altgediente Briefträger in Rente gegangen ist, ist die Tour auf mehrere Boten aufgeteilt. Die Nachfolger tun sich schwer, denn es ist nicht nur eine weite, anstrengende Strecke zu bewältigen, bergauf, bergab, bei Sonne und Regen, sondern sie müssen auch die Leute kennen. Denn manchmal ruft der Briefträger, dass Post da ist, und legt die Briefe unter einen Stein, damit der Empfänger sie sich abholen kann. Nur muss der Bote genau wissen, unter welchen Stein er die Sendung schieben soll. Es sind ja nicht nur Briefe, sondern auch Rezepte, Lottoscheine, Gratiszeitungen. Zu den Wahlen ist der Postsack dann besonders schwer, gefüllt mit Werbezetteln. Da muss der Briefträger schon mal fünfzehn Kilo schleppen.

Gegen Mittag laufen wir zurück, hoch nach Col des Boeufs. Wieder überholen uns leichtfüßig Läufer. Ohne Computerbildschirm, aber sehr, sehr schnell. Wasis kennt sie: »Die trainieren für den Grand Raid.«

»Was ist das?«

»Ein Ultramarathon, der jedes Jahr auf La Réunion stattfindet. Ungefähr einhundertsechzig Kilometer lang, quer über die Insel, in weniger als fünfundsechzig Stunden!«

»Nichts für mich!«

»Das ist wohl der härteste Lauf der Welt, denn es müssen über neuntausend Höhenmeter überwunden werden. Der Grand Raid geht auch durch Mafate. Für die Zuschauer zählt das Dorf zu den beliebtesten Plätzen, um die Läufer anzufeuern. Du kannst dir vorstellen, das sind die anstrengendsten Abschnitte. Die Abstiege in der Nacht bei Regen und Nebel sind gefährlich steil, vor allem weil die Sportler trotz Stirnlampe kaum etwas sehen in der Finsternis. Und dazu noch übermüdet sind, weil sie zwei Nächte nicht geschlafen haben. Manche bekommen auf den letzten Kilometern Halluzinationen. Nur die Härtesten der Harten dürfen dabei sein, niemand startet ohne Überlebensdecke, Pfeife, Lampe, Ersatzbatterien und ärztliches Attest. Am Ziel gibt es für jeden ein T-Shirt als Erinnerung mit der Aufschrift: »Ich habe überlebt.«

Bei diesem Marathon werden alle Vegetationszonen durchquert. Man startet im Süden. Fackeltänzer und Trommler feuern die Läufer an. Los geht es auf einer gut geteerten Straße, durch Lavafelder, über spitzes Vulkangestein, dichten Regenwald, vorbei an riesigen Wasserfällen und entlang ausgetrockneten Gebirgsbächen – bis nach Saint-Denis.

»Würdest du daran teilnehmen?«, frage ich.

»Nein, das trau ich mir nicht zu. Wandern ja, aber nicht diese Strecke rennen. Ich mag lieber das Genusswandern!«

»Nach Mafate laufen ist für dich Genusswandern?«, frage ich, während ich mich erschöpft auf die weiche Wiese sinken lasse und um eine Pause bitte. Der Mann nickt und lacht mich mit verschmitzten Augen an.

Saint-André: Die Zuckerseite der Insel

An der Straße vor seinem Garten schippt ein Mann Steine in die Schubkarre. Er schaut auf, als ich vorbeifahre, lächelt, winkt mir hinterher, wie ich im Rückspiegel sehe. Ich rolle langsam, da die Straße auf eine Spur verengt wurde. Schwere Maschinen bohren den Belag auf, um ihn für ein Facelifting vorzubereiten.

Aus dem heruntergelassenen Fenster winke ich zurück. Mein Impuls: anhalten! Wer ist dieser Mann, der kurz nach Sonnenaufgang freundlich einer Fremden zuwinkt? Was denkt er gerade? Wird er sich am Abend noch an mich erinnern? Wer lebt noch in einem gelben Häuschen mit braunem Blechdach? Nein, ich will es bei diesem angenehmen Gefühl belassen, ich muss nicht wissen, wer er ist, was er arbeitet, wie er lebt, diesmal nicht. Ich möchte an ihn denken, an sein Lächeln, sein aufmunterndes Nicken, seine grüßende Handbewegung, seinen Blick, der mich den Tag über begleitet.

Über die Insel fahren macht mich glücklich. Das Meer, der Wald, der Vulkan; Städte, Dörfer – eine Vielfalt, wie ich sie mag. Alles nah beieinander.

Aber auch das: Ich rumple über eine aufgerissene Straße mit mehreren Baustellen. Die Route an der Ostküste wird erneuert. Ich stoppe an einer mobilen Ampel, die von Grün auf Rot springt und den einspurigen Verkehr regelt.

Passanten laufen über den provisorischen Zebrastreifen. Sie alle tragen Flipflops, obwohl es auf dieser Seite der Insel keinen Sandstrand und keine Bademöglichkeiten gibt, denn die reißende Strömung lässt das nicht zu. Doch auch hier sind es *die* Allwetterschuhe: luftig an heißen Tagen, wasserabweisend, wenn es regnet. Ich habe schon Manager mit Anzug, Krawatte und schicken schwarzen Badelatschen gesehen, mit Lederriemen und dicker Profilsohle.

Manche Passanten tragen Regenschirme als Schattenspender. Ich habe beobachtet, dass sie seltener bei Regen und dafür umso häufiger als Sonnenschutz benutzt werden. Wenn es gießt, ist es sowieso besser, zu Hause zu bleiben, im Auto zu warten oder eben pitschnass zu werden – es ist ohnehin ein warmer Guss, der einen nicht frösteln lässt. Und was nass ist, trocknet auch wieder.

Die Ampel springt auf Grün. Im Schneckentempo geht es weiter, ein Mann mit neongrüner Weste regelt mit seiner Signalkelle das Weiterfahren – neben klobigen Asphaltfräsen und breiten Sprühfahrzeugen. Links das Haus am Straßenrand kommt mir bekannt vor, ich sah es bereits auf Postkarten. Es wirkt wie eine verzauberte Märchenhütte aus uralten Zeiten und wurde zum Fotomotiv für Touristen – ein hellblau angestrichenes Gebäude mit weißen Türen, hellblau bemalten Holzleisten, rotem Wellblechdach.

An der Palme daneben lehnt auf einem rostigen Stelzbein ein altersschwacher grüner Briefkasten, so schief, als würde er gleich umfallen. Das Gestrüpp hält ihn aufrecht. Daneben blühen Ingwerblumen, Porzellanrosen, Hibiskus.

Das Märchenhaus hat sich abgeschminkt, hat nun einen schwarzblauen Anstrich mit grünen Fensterläden – nicht mehr postkartenschick und geheimnisvoll romantisch. Die Zeichen stehen auf Veränderung, die Familie möchte wahrscheinlich nicht mehr auf die nostalgische Fassade ihres Hauses reduziert werden.

Ich genieße meine Tour auf der Zuckerseite der Insel, Richtung Saint-André im Nordosten. So weit ich sehe, leuchten grün die Zuckerrohrfelder, der Wind streicht sanft über die Blattspitzen und drückt sie sacht nach unten, als würde er die Pflanzen auffordern, sich demütig vor ihm zu verneigen.

Am Straßenrand sehe ich von Weitem einen schlanken Kreolen, der die Hand hebt: eher schüchtern, nicht so entschlossen wie andere jugendliche Tramper. Ich halte an.

»Richtung Saint-André?«, fragt er durch das heruntergelassene Fenster.

Ich nicke: »Ja, ich kann Sie mitnehmen!«, und wundere mich, wie selbstverständlich ich einen Fremden in mein Auto einsteigen lasse. Seine etwas verschämte Art, die langsamen Bewegungen und der samtige Blick lassen ihn mir sympathisch erscheinen.

»Théophane«, er reicht mir die Hand, die ich nur kurz drücken kann, da es hinter mir schon hupt. »Danke! Habe gerade den Bus verpasst. Mein Motorrad ist kaputt. Ich muss was einkaufen für das Familienfest.« Das ist typisch kreolisch, kein Wort, keine Geste zu viel, nur das Nötigste mitteilen, es ist immer noch aussagekräftig und aufschlussreich genug.

Er wuchtet einen sperrigen Korb auf seinen Schoß, eine dieser üblichen, aus Vacoa-Blättern geflochtenen hellen Taschen.

»Es ist selten, dass Frauen anhalten!«, sagt er nach minutenlangem Schweigen.

»Ist auch mein erstes Mal«, gestehe ich.

Théophane lacht und schaut mich lange von der Seite an.

»Ich muss zum Restaurant *Chez Sabine*!« Sein Vater wird siebzig, seine Mutter hat es mit den Knochen und nicht mehr die Kraft, für die Familie, Kollegen, Nachbarn den ganzen Tag in der Küche zu stehen. Deshalb will der Sohn mit Sabine das Menu absprechen. Sie ist eine Freundin seiner Mutter und bekannt für ihre gute Küche.

»Wo fahren Sie eigentlich hin?«, fällt ihm dann ein.

»Zur Destillerie. Ich möchte mir anschauen, wie Rum hergestellt wird. Wenn ich auf La Réunion bin, trinke ich gern Rum. Das macht wohl das Klima«, sage ich und muss über mich lachen. Als ob ich nach einer Ausrede suche und mich rechtfertigen will.

»Wenn Sie mögen, kann ich Sie begleiten. Ich kenne mich aus.«

Es mag etwas romantisierend klingen, aber ich habe schon öfter erlebt, dass Menschen, denen ich zufällig begegne, sich Zeit nehmen, um mir etwas zu zeigen, um einer Fremden ihre Insel näherzubringen. Weil sie stolz sind – ein verhaltener Stolz, der mir sympathisch ist.

Erst einmal fahren wir zu Sabine. Wir biegen in eine kleine Seitenstraße, vorbei an einem der rosa-gelb-blau-weiß bemalten Tempel mit Säulen und Türmchen und einer Figur von Ganesha, dem Gott mit dem Elefantenkopf. Fast die Hälfte der Bevölkerung in Saint-André stammt von den Tamilen ab, die im 19. Jahrhundert aus Südindien nach La Réunion gebracht wurden, um auf den Zuckerrohrplantagen zu arbeiten. Noch heute entstehen neue Tempel und Ashrams, da der Hinduismus einen Aufschwung erlebt.

Unweit von *Chez Sabine* befindet sich der Temple du Colosse, der größte Sakralbau der Hindus auf der Insel, der gar nicht so alt ist und wie viele andere Tempel in den achtziger Jahren in heutiger Weise gestaltet wurde. Man kann sie nur von außen ansehen, für Nichtgläubige wie mich sind sie nicht zugänglich.

Vor einem weißen kreolischen Haus mit Veranda, Swimmingpool, kleinem Fischteich und der üblichen Außenküche bittet mich Théophane anzuhalten.

Sabine, eine kleine, rundliche Frau mit braunen Augen, dunkler Haut und grauen Haaren kommt freudig ans Tor getrippelt. Kleine Warzen bedecken ihr Gesicht wie Sommersprossen. Sie trägt schwarze Leggings und ein schwarzes T-Shirt – umso mehr leuchten ihre rot lackierten Fußnägel und die goldene Halskette.

»*Ça va?*«, begrüßt sie ihn. Théophane antwortet, wie ich es schon öfter von den jungen Réunionesen gehört habe mit einem: »*Lé la!*« (Ich bin da). Die Alten dagegen erwidern oft: »*Un peu!*« (Was nicht traurig klingt, eher wie Meine Zeit läuft ab, wird weniger, so ist es eben…)

Sabine kredenzt uns eine selbst gemachte Limonade mit indischem Basilikum, Zucker und Zitrone. Sie sei früher schlank gewesen, erzählt sie ungefragt. Doch wenn man am Herd stehe, könne man nicht nur in den Topf schauen, sondern müsse auch kosten, abschmecken, bevor alles auf den Tisch kommt.

»Aber dafür habe ich keine Cellulite«, sie klopft auf ihre kräftigen Oberschenkel. »Ich schwimme jeden Morgen in meinem kleinen Pool!«

Die beiden besprechen das Menü für die Geburtstagsfeier von Théophanes Vater Éric. Sie einigen sich schnell: Als Vorspeise gibt es Weißbrotscheiben mit *boudin*, scharf gewürzter Blutwurst mit Zwiebeln, Piment, Tomate. Als Hauptgericht *Cari Porc* mit Schweinefleisch und auf besonderen Wunsch des Alten *Cari Soûlard,* ausgekochte Schweinekopfhaut, die Nase vom Schwein samt Ohren und Ohrläppchen, Leber, Schinken, Zwiebeln, Knoblauchzehen, Tomaten, Thymian, Masala, Safran – ganz wie er es mag.

Sabine kocht nach Gefühl, sie besitzt keine schriftlich überlieferten Rezepte. Ihre Mutter hat ihr kein Kochbuch hinterlassen, dafür aber jede Menge gusseiserne Töpfe, groß wie Wagenräder, dazu verzierte Holzlöffel, Gewürzregale, einen mehrere Kilo schweren Mörser und eine große Küche mit zahlreichen Feuerstellen.

Zu Hause waren sie sechs Geschwister. Als Sabine acht Jahre alt war, starb ihr Vater, und die Mutter war mit Kindererziehung und Haushalt überfordert. Da hat sie den Küchendienst übernommen und begonnen, täglich für die Familie zu kochen.

Sabine liebt es auch heute noch, das *Cari* mit viel Gemüse, Auberginen, Zucchini, Karotten anzusetzen und meist mit Hühnchen oder Schwein anzubraten. Das Einzige, wogegen sie sich trotz aller Tradition sträubt, ist, auf Holzfeuer zu kochen. Ihre Mutter mochte das Knistern, auch diesen würzigen Geruch, doch als sie mit sechzig an den Atemwegen erkrankte, fragte der Arzt, ob sie stark geraucht habe. Dabei hatte sie nie eine Zigarette angefasst! Der starke Qualm der Feuerstelle hatte über die vielen Jahre ihre Lunge angegriffen.

Als ihre beiden erwachsenen Söhne und ihre Tochter zum Studieren nach Frankreich gingen, erfüllte sich Sabine einen Traum und eröffnete in ihrem Wohnhaus ein eigenes Restaurant. Sie betont, dass sie auf die réunionesische Küche spezialisiert ist, nicht auf nur die kreolische, die gebe es auch auf Guadeloupe oder in den Südstaaten der USA.

»Natürlich macht mir das alles riesig Spaß, aber ich brauche in erster Linie das Geld!« Nach der Trennung von ihrem Mann muss sie jeden Euro sparen, um ihre Kinder in Frankreich besuchen zu können. Flüge nach Paris sind teuer.

»Wissen Sie, meine drei Kinder fehlen mir so stark wie Piment. Sie sind mein Ein und Alles!« Ihre Augen werden feucht. Sie versucht die Tränen mit einem Lächeln zu unterdrücken und lenkt sofort ab, um den Schmerz nicht hochkommen zu lassen.

»Schauen Sie! Ich habe Fische im Bassin. Goldfische, die glitzern wunderschön in der Sonne.«

Dann führt sie mich durch ihren Garten, in dem sie anbaut, was sie an Kräutern braucht: indisches Basilikum, marokkanische Minze, Zitronenthymian, Mangoingwer, Kurkuma, Chillischoten. Am Rand der Beete leuchten Geranien, Rosen und Orchideen.

Das Gemüse holt sie vom Markt in Saint-André. Dort kennt sie die Händler, manche noch von früher, als sie mit ihrer Mutter einkaufen ging. Und jedes Mal, wenn sie durch den Eingang läuft, ruft eine Männerstimme: »Aline, da bist du ja endlich!« Der altersschwache Zausel am ersten Stand verwechselt sie stets mit ihrer Mutter. Dann erklärt sie ihm geduldig, dass Aline doch längst verstorben sei. Der Mann ruft entsetzt aus, warum er erst jetzt diese Neuigkeit erfährt – und hat das alles wieder bis zum nächsten Mal vergessen. Zeit für ein Schwätzchen muss sein, aber nicht zu lange, denn sie hat wenig Zeit. Besonders wenn sich für den Abend viele Gäste angekündigt haben. In solch einem Fall kommt eine Küchenhilfe, aber das meiste macht sie doch allein.

Das Hupen eines Lkw unterbricht unseren Plausch, es ist das Kühlauto. »Wenn heute frisch gefangener Rotbarsch angeliefert wird, muss ich Jacques, Jean und Catherine anrufen. Dann lassen sie alles stehen und liegen und kommen abends zu mir zum Fischessen!« Sie verabschiedet sich kurz und eilt zum Tor.

Wir brechen auf. Théophane dirigiert mich zur *Distillerie de Savanna*. Plötzlich schreit er wie von der Tarantel gestochen: »Fahren Sie einen Bogen um den Plastiksack! Da, der auf der Straße liegt!«, und hätte mir fast ins Lenkrad gegriffen, um mich mehr nach rechts zu lotsen. »Da liegt ein Huhn drin!«

»Aber ein totes, oder?«, frage ich vorsichtig nach.

»Ja, ohne Kopf. Das bedeutet, an diesem Huhn klebt das Böse!«

Ich schaue ihn ungläubig an.

»Wenn Sie über das Huhn fahren, kann Ihnen etwas Schreckliches widerfahren!«

Ab und zu kommt es vor, dass Réunionesen ein Huhn auf eine Kreuzung legen oder an eine Weggabelung einen Vacoa-Teller stellen mit Reis und Bohnen und dazu eine offene Flasche Wein. Sie legen sogar etwas Geld dazu.

»Fassen Sie das ja nie an, denn sonst könnte sich das Unglück, mit dem es beseelt wurde, auf Sie übertragen! Oder die Krankheit, die in der Familie herrscht! Manchmal sehe ich Stunden später, dass der Teller fehlt. Das können nur Touristen sein, die sich diesen schön geflochtenen Teller als Souvenir mitnehmen. Kein Einheimischer würde das anrühren, selbst Müllmänner nehmen diese Kirikiri-Sachen nicht mit, wenn sie die Straße kehren.«

Ich habe mir bisher niemals die Frage gestellt, ob ich das nun glauben soll oder nicht, dass sich ein Fluch durch Berührung übertragen kann. Überhaupt, ob mein Leben von irgendeiner Kraft beeinflusst wird. Théophane hält mich deshalb für schrecklich naiv. Und er erzählt mir folgende Geschichte, die sich wirklich zugetragen haben soll, wie er mir, die Hand zum Schwur erhoben, versichert. Sein Vater hat sie ihm erzählt. Ein Nachbar, der ein Taxi besaß, sollte einen Mann in die Hauptstadt fahren. Weil sein Auto nicht ansprang, bat er einen Kollegen, für ihn den Auftrag zu übernehmen. Da nun nichts zu tun war, legte er sich ein bisschen aufs Ohr und schlief ein. Am Nachmittag hörte seine Frau im Radio von einem schrecklichen Unfall in der Hauptstadt, die Beschreibungen des Taxis und der beiden Personen trafen genau auf den Kollegen und seinen Fahrgast zu. Aufgeregt, aber froh, dass ihrem Mann nichts passiert war, eilte sie in das Schlafzimmer. Sie fand ihn im Bett vor, aber er war plötzlich gestorben!

»Sie wollen sagen, dass unser Leben vorherbestimmt ist?«, frage ich fassungslos.

»Zumindest würde ich nichts herausfordern, was mir schaden könnte. Also machen Sie stets einen Bogen um solch eine Plastiktüte mitten auf der Straße!«

Am Horizont tauchen rauchende Schornsteine auf. Überdimensionale Kessel und ein verschlungenes Rohrleitungssystem ragen weit über das Zuckerrohrfeld hinaus. Die Fabrik ist eine der wenigen Industriebetriebe auf der Insel, und sie zählt zu den seltenen weltweit, die hochwertigen Rum produziert. Also wenn schon Industrie, dann gleich Weltspitze!

»Warum wollen Sie sich eigentlich die Destillerie ansehen? Sie können das doch sowieso nicht nachbrauen!«, meint Théophane. »Wirkt es nicht desillusionierend, wenn man weiß, wie etwas entsteht? Ich will Sie nicht davon abhalten, es gibt jeden Tag Betriebsführungen, doch ich frage mich, was hat das für einen Sinn? Es riecht nach Vergorenem, Maschinenöl und Schweiß. Sie werden in brodelnde Kessel schauen und sich fragen, wie so ein edler Rum in die Flasche kommt. Und dann?«

»Na, wenn das alles wirklich so abschreckend aussieht, dann schaue ich mir eben an, wie Zucker hergestellt wird. Ist doch in dem gleichen Gebäude.«

»Dann werden Sie sich fragen, wie aus einer dunklen Brühe solch feiner weißer oder brauner Kristallzucker in die Tüte kommt.«

»Dann brauche ich es mich nicht mehr zu fragen, dann weiß ich es.«

»Und dann?«

Einerseits bin ich etwas verunsichert und überlege, warum er mich provozieren will, andererseits spricht er mir auch ein bisschen aus dem Herzen: Ist es eine Berufskrankheit, alles genau wissen zu wollen? Ist es typisch deutsch, den Dingen auf den Grund zu gehen zu wollen? Dabei auch Wissen anzuhäufen, was einem nichts nützt?

Mir fällt ein, dass ich mal eine Rezension geschrieben habe über ein Buch, in dem unnützes Wissen gesammelt wurde. Ich erzähle Théophane davon: »Darin las ich, dass Fliegen rückwärts starten; Elefanten die einzigen Tiere sind, die alle Knie gleichzeitig bewegen; Ludwig XIV. sich einen Zeh brach, als er sich einen Socken auszog. Ich erfuhr, dass in der Bibel keine Katzen erwähnt werden; Herr Sandwich nicht der Erfinder des Sandwichs war und Männer öfter aus dem Bett fallen als Frauen. Dieses ›Wussten Sie schon‹, ist bei uns ziemlich beliebt. Aber Sie haben recht, was nützt mir dieses Wissen, wenn ich mir beim Brotschneiden immer in den Finger schneide?«

Théophane fängt an zu kichern und reibt sich dann nachdenklich das Kinn, prüft, ob ich noch alle Finger an er Hand habe, und ist zufrieden. Es war nur ein Beispiel.

»Tja, was soll ich darauf sagen? ›Das wusste ich noch nicht‹, klingt merkwürdig, ebenso wie: ›Das wusste ich bereits‹. Weil es unerheblich ist, darüber Bescheid zu wissen.«

Ich hätte nicht gedacht, dass ich mit Théophane ein philosophisches Gespräch führen würde.

»Gut«, lenke ich ein, »was sollte man denn Ihrer Meinung nach Interessantes über die Rumherstellung wissen?«

»Na, dass Zuckerrohr geschnitten, gepresst und verarbeitet wird. Dass achtzig Prozent des Zuckers exportiert wird, dass die Pflanze nach jedem Schnitt nachwächst und alle sieben Jahre erneuert wird. Außerdem gibt es zwei verschiedene Sorten Rum: den *traditionnel* und den *agricole*. Der *rhum traditionnel* wird aus Melasse gewonnen, einem Nebenprodukt der Zuckerrohrverarbeitung. Der *rhum agricol* wird aus frischem Zuckerrohrsaft vergoren und ist meiner Meinung nach der aromatischere. Kaufen Sie den, er tut gut nach einem schweren Essen.«

Im Betriebshof sehe ich verschiedene Arten von Zuckerrohr und bin fasziniert von der Schönheit dieser Pflanzen. Sie tragen sogar Namen: *Big Tana Rayée* hat einen kräftigen, braunen Stamm; *Canne Bonbon* ist von schmaler Natur, mit einem hellbraunen Antlitz; *Noire de Chine* ist ein dickes, glänzendes Rohr, weinrot-schwarz und wunderschön. So schön, dass ich den Zuckerrohrstamm fotografiere – auf dem Display sieht er aus wie ein Gemälde. Letztlich kaufe ich einen sieben Jahre alten *rhum traditionnel*, der mich bei der Verkostung überzeugt hat. Théophane zuckt mit den Schultern, die Geschmäcker sind eben doch verschieden.

Einige der Pflanzen auf dem Feld blühen gerade, ihre Kronen flimmern weiß – da ein leichter Wind geht, sieht es aus, als würden Silberperlen durch die Lüfte schwirren.

Am Ausgang des Fabrikgeländes liegen kleine Stücke Zuckerrohr zum Knabbern bereit. Ich beiße in eines, kaue und sauge an dem holzigen, saftigen Naturlutscher. Danach bin ich satt, als hätte ich einen Müsliriegel gegessen.

Anschließend lotst mich Théophane zurück zum hinduistischen Temple du Colosse und erzählt auf dem Weg dorthin vom tamilischen Bußfest Cavadée, das er sich als Zuschauer nie entgehen lässt. Die Zeremonie ist Muruga gewidmet, dem Gott der Jugend und der Schönheit. Die Gläubigen ehren ihn mit tagelanger Meditation. Am Tag des Festes kommen sie zur Prozession zusammen, um den Cavadée, einen mit Blumen geschmückten Holzbogen zum Tempel zu tragen. Dort steht die Statue des Gottes Muruga, die mit Milch übergossen wird. Eine Opfergabe, die die Seele reinigen und die Dankbarkeit der Gläubigen zeigen soll. Um den Gott zu ehren, durchstechen sich die Gläubigen als Zeichen der Buße mit langen, feinen Nadeln Gesicht, Zunge, Brust und Rücken. Bilder davon habe ich bereits gesehen, ich musste wegschauen.

Auf der Rückfahrt kaufen wir Käsesandwiches und Mangosaft und setzen uns zum Picknicken an den Fluss Rivière du Mât. Théophane ist in seinem Element, er liebt es, mir Geschichten zu erzählen. Die von Anchaing und Héva hat er einst in der Schule gehört und nie mehr vergessen. Hier am Fluss soll die bewegende Romanze der beiden Helden ihren Anfang genommen haben. Er lehnt sich an einen Baumstamm, legt seine Hände in den Schoß und beginnt:

»Anchaing und Héva waren Sklaven eines wohlhabenden Grundbesitzers an der Ostküste, nahe dem Fluss Rivière du Mât. Anchaing konnte es nicht mit ansehen, wie Héva, die er liebte, vom Patron geschlagen wurde, und beschloss, mit ihr zu fliehen. Sie rannten beide des Nachts den Fluss entlang, fanden eine sprudelnde Trinkwasserquelle und ließen sich dort nieder. Eintausend Meter hohes, dicht bewaldetes und schwer zugängliches Plateau wurde für sie zur neuen Heimat. Trotzdem hatten sie stets Angst, entdeckt zu werden, denn Sklavenjäger waren ihnen auf der Spur. Die Plantagenbesitzer gingen mit Entlaufenen äußerst brutal um, hackten ihnen die Beine und Hände ab und hängten sie als Trophäen auf zur Abschreckung für andere Sklaven. Es gab sogar Fälle, dass flüchtige Frauen und Männer im Ofen zu Tode gebacken wurden.

An die fünfundzwanzig Jahre lebte das Paar glücklich in seinem Versteck, pflanzte Reis, jagte Wild, fing Aale im Teich und bekam mehrere Kinder.

Eines Tages kam ihnen ein Jäger auf die Spur. Héva sah ihn von Weitem, wollte sich in Sicherheit bringen und stürzte dabei den Abgrund hinunter. Anchaing eilte ihr zu Hilfe und sprang hinterher. Noch im Sturz verwandelte er sich in einen Papangue, einen einheimischen Bussard, der seither über dem Talkessel von Salazie seine Kreise zieht auf der Suche nach seiner geliebten Frau.«

***

Seit jeher liebte ich es wegzufahren, meinen Geist aus dumpfer Gewöhnung herauszureißen und die Aufmerksamkeit auf all das zu lenken, was ich zu Hause durch den Schleier des Vertrauten nicht mehr wahrnahm. Dadurch kam ich nicht nur auf andere Gedanken, sondern, mehr noch, bestimmte Gedanken tauchten auch gar nicht erst auf: Wenn ich vor einem tosenden Wasserfall stand oder bei Sonnenuntergang am Strand saß, geriet ich zum Beispiel nicht unter Termindruck, rechnete nicht mein Einkommen für den Monat nach und ärgerte mich nicht über grölende Nachbarn um Mitternacht.

Das Reisen brachte es außerdem mit sich, dass sich bestimmte Landschaften ins Gedächtnis einbrannten, mich von meinen Sorgen ablenkten oder Trost spendeten durch einen wunderschönen Anblick – wenn ich auf einen brausenden Wasserfall schaute, ließ dieser Moment einfach keine Ablenkung zu, schob alles andere beiseite.

Reisebilder nisteten sich in mir ein: Wenn ich an der Kasse im Supermarkt Schlange stand, stundenlang im Wartezimmer saß oder aufgeregt einem Vortag entgegenfieberte, tauchten sie auf und legten sich wie ein warmes, beruhigendes Lavendelkissen auf meine Seele.

Manchmal kamen mir daheim wehende Palmen in den Sinn, wenn ich in der S-Bahn saß, Jacke an Jacke, Tasche an Tasche, Handy an Handy, und mich genervt vom Berufsverkehr woandershin wünschte. Dann folgte ich der Spur sonniger Tage am feinen Strand, lehnte meine Gedanken an die hohen Königspalmen, ging ins Exil – stieg hinab in meine Erinnerungen und konnte unerledigte Anrufe, Terminabsprachen, nicht beantwortete E-Mails für eine erholsame Weile vergessen. Es tat mir gut, von Reisebildern zu zehren, vom Schub schöner Erinnerungen.

La Bretagne/Aéroport Roland Garros/Berlin
Auch Algen haben ihre Bestimmung

Das Holzfeuer knistert und versprüht Funken, draußen im Hof sind kleine Petroleumlichter angezündet. Ich bin bei Frédéric, seine Familie hat mich eingeladen.

Die Hähnchenkeulen, vorher in einer Honigmarinade eingelegt, brutzeln vor sich hin. In der Asche des heruntergebrannten Feuers schmelzen runde Camemberts in ihren Spannholzschachteln für die Nachspeise. An der Hauswand stehen in mehreren Reihen Orchideen – weiße, gelbe, lila, rosafarbene, die die Mutter gezüchtet hatte. Seit ihrem Tod kümmert sich Frédéric um den Garten. Mitten auf dem Hof steht eine Weide, auf die er besonders stolz ist: »Das ist ein exotischer Baum, den gibt es sehr, sehr selten auf La Réunion. Aber im kühlen, feuchten Klima von La Chaloupe wächst er gut!« Frédéric greift unter einen der dicken Äste, streicht das daran sprießende Grünzeug ab und wirft es auf den Kompost.

»Was machst du da?«, rufe ich.

»Unkraut rupfen!«

»Unkraut? Das ist Engelshaar, wirf es nicht weg!«

»Das ist Unkraut!« Er hält verwundert inne.

Ich mag diese meterlangen, silberfarbenen Büschel, die keine Wurzeln haben und zum Wachsen Luft und Licht (vielleicht auch Luft und Liebe) brauchen.

»Gib mir ein Büschel, das gedeiht auch bei mir zu Hause am Fenster, über der Heizung.«

Er findet mich wahrscheinlich in dem Moment recht komisch, greift noch mal in das Geäst und hält mir ein feuchtes Knäuel hin.

Auch René, Frédérics älterer Bruder, muss lachen.

»Seltsam die Europäer, sag ich doch!«

»*Non*«, kontere ich, »für euch sind eben Weiden exotisch!«

»Sag mal, könnt ihr euch in Europa untereinander verständigen? Ich meine Dänen, Finnen, Spanier oder Deutsche, sprecht ihr alle die gleiche Sprache? Wir haben zwar auch nicht das gleiche Kreolisch wie auf Mauritius, aber verstehen ungefähr, was gesagt wird.«

Ich schüttele den Kopf. René ist sichtlich enttäuscht. Ich versuche, ihm die Unterschiedlichkeit der Sprachen zu erläutern, und dass gerade Finnisch mir absolut fremd ist. Er nickt immerzu, doch ich bin mir nicht sicher, ob er versteht, wovon ich rede.

Frédéric und René verteilen Teller. Jeder holt sich Hähnchenschenkel vom Holzfeuergrill: die Schwester Pascale, Frédérics Tochter Mery, Pascales Sohn Benoît, ihre Töchter Janis und Nathalie, Gil, der Sohn ihrer Schwester, Fabian, der Nachbarsjunge, Julia, die Krankenschwester der verstorbenen Mutter ... Alle werden sie mir vorgestellt, ich verliere den Überblick, aber sie gehören zur Familie.

Die zwölfjährige Mery schmiegt sich an ihren Vater und knabbert an der Hühnchenkeule. »Papa, lass noch einmal die Schmetterlinge fliegen, bitte!«

Und Frédéric spannt lachend die Muskeln seines tätowierten Unterarmes an, auf dem dadurch die kleinen blauen Schmetterlinge ihre Flügel bewegen. Er wird bald vierzig, benimmt sich aber immer noch wie eine Junge nach Schulschluss. Rennt mit seiner Tochter huckepack über den Hof, dass sie vor Vergnügen quietscht, fährt nach der Arbeit mit den Freunden auf dem Mountainbike um die Wette. Er muss sich austoben, muss seine Kräfte messen, muss siegen.

In seinem Zimmer herrscht ein großes Durcheinander: Motorradhelm, Sneakers, Hanteln, zerknautschte T-Shirts, Zigaretten, Bandanas, DVDs, CDs – nur eines gibt es nicht: Bücher. Frédéric meint, in der Schule habe er Romane auf Französisch gelesen, aber Lesen als Unterrichtsaufgabe machte ihm keinen Spaß. Deshalb ist er froh, keine Bücher mehr zur Hand nehmen zu müssen, außer Bildbänden über ferne Länder, etwa Deutschland oder Spanien. Oder über Autos und Mountainbikes. Darin blättert er gern – wenig Schrift und viele Fotos.

Wein und Bier müssen nachgekauft werden, Frédéric geht hinüber in den Getränkeladen, und ich begleite ihn. Für mich ist es wie ein Theaterspiel: Fast alle grüßt er auf der Straße, ruft ihnen etwas zu, die anderen antworten, bleiben stehen für eine Plauderei, bei der sie sich Satzfetzen wie Bälle zuwerfen. Selbst aus den vorbeifahrenden Autos wird etwas herausgeschrien, gehupt, gelacht. Die Männer haben ihr eigenes Begrüßungsritual, das ich schon des Öfteren beobachtet habe: Sie klatschen die Handflächen aufeinander, ballen dann die Finger zur Faust und deuten eine Geste an, die aussieht wie ein Box-Puffer.

Frauen sehe ich einkaufen oder zum Friseur gehen, aber nicht im Bistro stehen oder auf dem Bürgersteig hocken wie die Männer, die stundenlang diskutieren. Immer etwas aufgeladen, immer eine Umdrehung zu viel, auch wenn es nur um das Wetter geht.

Am Abend richtet Frédéric sein Zimmer für mich her. Er schiebt all den Kram einfach nach links und rechts zur Seite, sodass ich auf einer kleinen Schneise mich zum großen Bett vorarbeiten kann.

Im ganzen Haus laufen Fernseher. Die Familie lebt bescheiden, aber die verrostete Satellitenschüssel an der Häuserwand speist fünf Fernseher. In jedem Zimmer läuft ein anderes Programm. Für alle ein wichtiger Draht nach draußen, über den Ozean.

Auf seinem Tisch steht sein Laptop, den er nicht benutzt. Die Tochter setzt sich daran, wenn sie die Wochenenden bei ihm ist.

Auch dass er nicht nach mir googelt oder mich auf Facebook sucht, um dann mit mir »befreundet« zu sein, ist für mich exotisch. Er braucht keine zusätzlichen Informationen über mich: Ich bin, die ich bin, nicht mehr, nicht weniger.

Die Wand ist mit Familienfotos beklebt: die Mutter, eine weiße Bretonin, die ihren afrikanischen Mann um einen Kopf überragt und ihn sehr streng mustert. Überhaupt, gelächelt wird erst auf den neueren Fotos mit seiner Tochter, seiner Exfrau, den Kindern der Geschwister. Die alten Bilder wirken ernst, denn sie waren teuer, und man musste sich fein machen für den Fotografen – gebügeltes Hemd, gebügelte Hose, frisch gewaschene Haare, die sich nach allen Seiten zu einem wollenen Wuschelkopf aufrichteten. Und stillhalten musste man, wenn der Fotograf kam. Lächeln war nicht üblich, Schnappschüsse waren technisch noch nicht möglich. Die seltenen Ablichtungen zu Hochzeiten, Kommunion, Weihnachten mussten gelingen und Familienglück zeigen. Frédérics Vater wollte seriös wirken, man sieht ihm die Anstrengung an. Die Kinder sollten wohlerzogen und nicht verspielt in die Kamera schauen.

Die Eltern sind längst tot, der Rest der Familie hält recht und schlecht zusammen. Man teilt das Geld und auch die Arbeit: Pascale wäscht, kauft ein, kocht. René kümmert sich um kaputte Wasserhähne, die Dachisolierung, einen neuen Anstrich des Gartenzauns. Er ist so etwas wie der Hausmeister und Gärtner.

Frédéric hat als Einziger einen Job, er speist mit seinem bescheidenen Einkommen die Haushaltskasse und bessert sie auf, indem er noch ein bisschen hinzuverdient, Autos lackiert, Haare frisiert und CDs kopiert. Darüber hinaus ist er der Familienchauffeur, fährt Pascale zum Einkaufszentrum und René zum Baumarkt.

Die beiden jüngeren Brüder haben sich abgenabelt, sind verheiratet, haben ihre eigene Familie, und doch wollen auch sie La Chaloupe nicht verlassen. Man sieht sich zu allen Festlichkeiten oder trifft sich zufällig auf der Straße. Nur mit den beiden älteren Schwestern, die um die Ecke wohnen, gab es Ärger wegen der Erbschaft nach dem Tod der Mutter. Sie wollten das Haus verkaufen, in dem Frédéric, Pascale und René wohnen, und sich ihren Anteil daran auszahlen lassen. Die drei haben sich geweigert, und nun herrscht eisiges Schweigen: kein Wort, kein Blick, kein »*Bonjour*«, wenn man sich in La Chaloupe begegnet, was in solch einem kleinen Ort täglich passiert.

Abends schlafe ich wie immer schnell ein, bin aber am nächsten Morgen sehr früh wach. Es ist mein letzter Tag auf La Réunion. Der Flug geht erst spät, so bleibt mir noch genug Zeit. Ich bin innerlich aufgewühlt, denn ich dachte nicht ans Ende. Stets hatte ich das Gefühl, noch viele Wochen vor mir zu haben. Doch auch dreieinhalb Monate sind irgendwann vorbei, für mich eine ganz plötzliche Erkenntnis.

Erst habe ich es mit Musik probiert, Maloya von Danyl Waro, danach mit Swing von Robbie Williams, dann mit Schmökern im Heftchen über Saint Expédit, Zappen zwischen den Fernsehsendern *Réunion 1ère*, *Télé Kréol* und *Arte*. Nichts half, um mich abzulenken. Es ist auch noch niemand wach, mit dem ich hätte plaudern können. Und zum Joggen ist es noch zu dunkel draußen. Aber Jonglieren, das ist die rettende Idee! Denn Jonglieren und gleichzeitig meiner inneren Aufregung nachspüren schließt sich ebenso aus wie Tanzen und Grübeln.

Ich krame meine drei Bälle aus dem bereits gepackten Koffer, nehme zwei in die linke und einen in die rechte Hand. Werfe: rechts, links, rechts und fange alle Bälle. Rechts, links, rechts ... Mir fallen sie alle runter. Mist! Konzentriere dich!, ermahne ich mich. Weiter. Laut zählen: eins, zwei, drei. Dann komme ich in den Rhythmus, werfe wie in Trance. Wie wohltuend, die tausenderlei Gedanken bleiben außen vor. Bloß nicht an den Abschied denken!

Als ich nach einer Dreiviertelstunde aufhöre, tun mir zwar die Arme weh, aber ich bin ruhiger geworden und spüre eine angenehme Wärme auf der Stirn.

Draußen auf der Terrasse höre ich Stimmengewirr, Teller klappern, und die Kaffeemaschine schnieft.

Ich lehne ich mich wohlig erschöpft aus dem Fenster: Der Himmel ist blass, die Wolken sind wie erstarrt, kein Wind, der sie vorantreibt. Sie verhüllen die Sonne, und so nimmt das Meer die gleiche fahle Farbe an wie sie und verschmilzt auf einer Linie mit dem Himmel zu einer grauen Unendlichkeit. Ein selten nüchterner Morgen, nichts bewegt sich.

Ich springe unter die Dusche, und als ich dampfend, mit einem Badetuch umwickelt wieder zurück zum Fenster laufe, ist das am Horizont verwaschene Blau dunkler geworden. Die Wolken beginnen langsam gegen Westen zu ziehen, geben die Sonne frei. Feine Strahlen lassen das Meer glitzern, und ein strahlend schöner Morgen beginnt.

Dann setze ich mich zu den anderen an den Tisch. Frédéric schenkt Kaffee ein. Er selbst isst nichts, für mich jedoch hat er Macatia geholt. »Frühstücken«, sagt er, »ist eigentlich nur was für Kinder, mit Cornflakes und Schokoflocken.« Da abends meist spät gegessen wird, hat er morgens keinen Hunger.

Nun fahre ich nach La Bretagne, einem kleinen Ort auf der Anhöhe; später wird mich Frédéric zum Flughafen bringen. Ein Treffen von Brandenburger Wissenschaftlern mit den Vertretern einer Firma aus La Réunion: Das wirkt wie eine Einstimmung auf meine Rückkehr nach Deutschland. Es geht um ein gewaltiges Projekt: Man plant, aus den speziell auf der Insel produzierten Mikroalgen Biotreibstoff herzustellen.

Thomas aus Brandenburg ist für die Einweihung der Probeanlage mit seinem Team angereist, um Politiker, Journalisten und Wissenschaftlern die Funktion der Apparaturen zu erklären. Wir stehen in der Mittagspause zusammen, mit Schälchen scharfer Hackfleischbällchen in der Hand, und trinken deutsches Algenbier, von seiner Firma produziert.

»Warum ausgerechnet auf La Réunion?«, frage ich.

»Algen lieben nun mal tropische Temperaturen. Sie wachsen schnell unter der heißen Sonne. Würde man Mikroalgen in Deutschland produzieren, bräuchte man dafür zusätzlich Energie. Das wäre viel teurer.«

Die Anlage befindet sich in einem geräumigen Bungalow. Darin meterlange, gewundene Röhrensysteme, die aussehen wie durchsichtiges, gläsernes Riesengedärm. Gleißendes Sonnenlicht lässt den veralgten Pflanzenteppich an den inneren Glasröhrenwänden zart grün schimmern.

»Man muss sich das so vorstellen: Die meisten Algen leben im Wasser und benötigen somit keine Anbaufläche wie eben Mais oder Raps. Die Algenzucht erfolgt entweder in offenen Becken oder in speziellen Fotobioreaktoren. Unser Team hat auf La Réunion eine Fotobioreaktoranlage installiert, dort werden in einem geschlossenen Kreislauf Mikroalgen in einer Nährlösung gezüchtet und weiterverarbeitet.«

Sie haben einen geringen Flächenbedarf, eine größere Wachstumsrate, benötigen kein Trinkwasser, können täglich geerntet werden und nutzen Kohlendioxid als Rohstoff.

»Was sind eigentlich Mikroalgen?«

»In der Schule nicht aufgepasst?«

»Hm, erinnere mich an die Spirulina. Sind das nicht Blaualgen, die für das Einfärben der blauen Smarties verwendet werden?«

»Ach, das haben Sie sich gemerkt! Es gibt Tausende Sorten, wir jedoch nutzen vor allem Spirulina und Chlorella. Algen speichern die durch Fotosynthese eingefangene Energie des Sonnenlichts in Form von Zucker und Fetten. Sie werden geerntet, dann zentrifugiert oder filtriert, da das darin enthaltene Öl nicht wie bei Raps oder Mais herausgepresst werden kann, weil sie eine harte Schale besitzen. Die Fette sind das eigentlich Interessante, denn aus ihnen kann man durch chemische Prozesse Kraftstoff gewinnen, der von seinen Eigenschaften her dem Dieselkraftstoff ähnelt.«

Alles, was in größeren Dimensionen die Wirtschaft der Insel ankurbeln könnte, wird von Paris eifrig unterstützt. Seit Jahren werden Projekte gesucht, die die Haushaltskasse der französischen Metropole entlasten, denn all die Übersee-Départements wie La Réunion, auch Guadeloupe oder Martinique, besitzen kaum Industrie und sind auf Subventionen angewiesen. Man erhofft sich von den Spezialisten aus Brandenburg viel, deshalb wurden zur Einweihung der ersten Anlage hochrangige Politiker geladen – der Inselpräsident, Präfekte, Direktoren, Minister.

Kurzum, die Veranstaltung ist ein politisches Ereignis und ein willkommener Anlass, wieder einmal Flaggen zu hissen: Die Brandenburger Fahne mit dem roten Adler weht neben der regionalen Flagge, die eine aufgehende Sonne hinter einer blauen Vulkaninsel zeigt. Daneben wurde die deutsche Fahne gehisst – den Reigen schließen die Trikolore und die EU-Flagge. Eine seltene Kombination, so unter Palmen.

Réunionesen – da sind sie eben auch echte Franzosen – lieben derartige Protokollveranstaltungen. Es reihen sich endlose Begrüßungsreden aneinander, vielerlei Erklärungen und Kommuniqués, dann folgt ein Rundgang durch das gläserne Algen-Röhrensystem. Journalisten und Fotografen drängeln sich durch die Besuchermenge, Fernsehkameras laufen.

Schließlich nimmt man wieder Platz, und es folgen weitere Ansprachen. Meine Gedanken schweifen ab, ich höre den Ruf der Tauben, der mir in Erinnerung bleiben wird wie das Rascheln der Palmenblätter im Wind, das Tosen des Meeres, der Geruch verbrannten Laubes. Oder der Duft der Ylang-Ylang-Blüten. Einige habe ich getrocknet und in ein kleines Baumwollsäckchen gestopft, um meinen Lieblingsduft mit nach Hause zu nehmen. Ich habe vorgesorgt für mein zu erwartendes Inselweh daheim – kreolische Songs von *Ziskakan* und *Ousanousava* auf meinen MP3-Player geladen, alte Postkarten gekauft, außerdem Bildbände und Kochbücher.

Andererseits: Wenn ich zurückkehre, ist Frühling in Berlin mit frischem Grün in den vielen Alleen und Parks – und ich freue mich natürlich, meine Familie und meine Freunde wiederzusehen …

»Sie hören auch nicht mehr zu, oder?« Der Mann neben mir reißt mich aus meinen Gedanken heraus, er spricht Deutsch mit einem leichten französischen Akzent. Ich schüttle den Kopf.

»Woher können Sie so gut Deutsch?«, frage ich nach.

»Ich habe am Goethe-Institut in Berlin gearbeitet. Ich kenne mich gut aus in Ihrem Land – Pumuckl, das Stuttgarter Porsche-Museum und Kartoffelsalat.

»Schau an!« Ich muss schmunzeln.

Er fährt fort: »Es gibt Dinge, die ich toll finde, zum Beispiel Frühstücksbüffets bis fünfzehn Uhr in den Cafés der großen Städte. Und ich mag die deutsche Sprache, es gibt merkwürdige Worte wie – Narrenfreiheit, Ordnungsliebe, Spießbürger, Schadenfreude oder Arbeitswut.«

»Verstehe. Die kann man zwar ins Französische übersetzen, aber sie treffen nicht den ursprünglichen Sinn.«

»Genau. Und ich mag das Oktoberfest … das wird jedes Jahr in Saint-Denis gefeiert! Ich gehe dorthin, trinke deutsches Bier, aber ich sage Ihnen, das ist natürlich nicht das Gleiche, wie wenn ich es in München trinke. Von daher ist dieses Fest eher ein Witz – aber ein gut gemeinter Witz.«

»Ich fliege heute Abend zurück nach Deutschland!«, seufze ich. »Ich freue mich, aber sobald ich in Berlin gelandet bin, möchte ich sofort wieder zurück. Dafür gibt es auch ein Wort.«

»Welches?«

»… innere Zerrissenheit!«

»Unübersetzbar! Ich bin mir auch nicht sicher, ob ich Sie da richtig verstehe! Für so etwas haben wir kein Wort, wozu auch! Solche Emotionen kenne ich auch nicht, muss ich gestehen.« Und er sinnt nach, als wolle er die Richtigkeit seiner Aussage noch einmal prüfen.

»Gibt es etwas, das Sie nicht mögen?«, frage ich.

»Ja. Deutschland ist zu weit weg. Zu weit weg von hier!«

Dann steht Frédéric hinter der Bioalgenanlage und winkt mir zu. Auch Pascale, René und Mery sind gekommen, um mich zum Flughafen zu begleiten. Bisher ist noch niemand aus der Familie in ein Flugzeug gestiegen, noch nie geflogen. Und es war auch noch keiner von ihnen am Flughafen. Bis heute gab es keinen Grund, zum Aeroport Roland Garros zu fahren, obwohl er von La Chaloupe aus gerade eine Stunde entfernt liegt.

Sie tragen ihre Sonntagskleidung an, Frédéric und sein Bruder haben ein weißes Hemd angezogen. Pascale trägt ein rotes Kleid, lediglich Mery kommt in zerschlissenen Jeans, ist mit ihren Gedanken woanders, tippt hektisch in ihr Smartphone.

Wir fahren im Schneckentempo durch den Berufsverkehr. Niemand stört sich daran, man ist das gewöhnt. Und ich habe glücklicherweise noch genug Zeit bis zum Abflug.

Frédéric würde mich gern einmal in Berlin besuchen: »So einen Flug, das könnte ich mir leisten, das wäre so teuer wie ein Ochse, den ich dann verkaufen müsste.«

»Oder so teuer wie zwei Papageien, die du beim Züchter bestellen wolltest ...«, mischt sich seine Tochter ein.

»Komm doch«, antworte ich. »Ich schicke dir einen Reiseführer von Berlin!« Und hole meinen Stift heraus, um mir seine Adresse zu notieren. Er setzt an: »14, Rue des Orchidées in La Chaloupe.«

»Und die Postleitzahl?«, will ich wissen.

Er schaut seinen Bruder an, seine Schwester, alle zucken mit den Schultern.

»Ich schicke dir eine SMS mit der Postleitzahl! Auf jeden Fall fängt sie mit 974 an.«

Ich muss lachen, 974, das ist wie ein Geheimcode unter Eingeweihten. Die Insel ist so klein, dass alle Postleitzahlen mit diesen

Ziffern beginnen und lediglich durch eine zweistellige Zahl, je nach Region, ergänzt werden. 974 – damit sind T-Shirts, Taschen, Mützen bedruckt, Radiosender, Internetseiten und Autoplaketten beziffert.

Seine Tochter blickt von ihrem Smartphone auf: »Sechzehn. Hatten wir in der Schule!« Ich vervollständige die Postleitzahl: 97416.

Sie hält inne. »Wie ist es eigentlich, das Fliegen? Ich hätte Angst.«

»Ach was«, sagt René mit einem wissenden Unterton, »das dröhnt in den Ohren, dann ruckelt es, und schließlich hebst du ab. Du fühlst dich schwerelos, ganz leicht und frei! Ist doch so, Birgit, nicht wahr?« Er hatte sich das mal erzählen lassen. Ich möchte ihm nicht widersprechen.

Wir haben noch etwas Zeit, und ich will noch eine Postkarte verschicken – zur Verwunderung aller. »Du bist doch eher in Berlin als diese Karte!«

»So soll es auch sein!«

»An wen willst du die Karte schicken?«, fragt Frédéric.

»An mich.«

Er prustet los.

»Ja, ich schicke sie an mich nach Hause. Wenn sie dann ankommt und alles um mich herum so scheint, als wäre ich nicht fort gewesen, Alltag eben, dann hole ich sie eines Tages aus dem Briefkasten. Und erinnere mich an diesen Moment, jetzt, wo ich noch hier bin, bei euch!«

Dass ich im Koffer eine Sammlung von dreißig Postkarten habe, aufbewahrt in einer bunten Zuckerdose aus dem Supermarkt, erwähne ich lieber nicht. Ich bin in den letzten Tagen süchtig geworden nach Postkarten. Ich kaufe sie, ohne sie zu verschicken, schaue sie immer wieder mal an, träume mich in die Bilder hinein.

Die Postkarten, die ich mir gekauft habe, sind nicht die bunten mit den Fischrezepten, dazu ein bisschen Vulkan, ein bisschen Wald und Sonnenuntergang am Meer.

Ich sammle die alten: wo noch die Züge fuhren, auf der Straße vor dem Haus im Freien die Haare geschnitten und vor der Rasur der Bart eingeseift wurde. Wo ein Paar in luftiger Höhe auf einem Baumstamm nebeneinanderhockt. Er mit Schirm und Melone, sie sitzt steif da, in ein weißes schweres Kleid und allerlei engen Zwirn gehüllt.

Und ich sammele die frechen: ein verliebter Gecko, der sich mit seiner langen Zunge seine Liebste angelt, oder der Teufel, der mit keckem Hütchen in der Hängematte Melone knabbert und sich unter Palmen ins tropisches Paradies schaukelt. Oder ein lustiger Feuerlöscher, der nach dem Essen eines zu scharfen *Cari* zum Einsatz kommt für die Zunge, die nach den vielen Pfefferschoten stark brennt.

»Ich habe noch eine Überraschung für dich!« Frédéric holt aus seinem Rucksack ein Kilo Salzblüte – und überreicht es mir feierlich in einem Jutesack, den er mit einer Leichtigkeit und Eleganz anhebt, als würde er mir eine Rose schenken.

»Damit werde ich Jahre meine *Caris* und Salate würzen können!«, freue ich mich.

Dann wird er ernst: »Sag mal, wenn du unsere Insel so liebst, warum bleibst du nicht hier?«

Ich überlege einen Moment: »Weil ich keinen Alltag haben möchte. Nicht hier! Nicht mit Steuererklärungen, Preisvergleich und Weckerklingeln zur gleichen Zeit am Morgen. Die Insel soll für mich etwas Außergewöhnliches, Einzigartiges bleiben. Deshalb fahre ich – um wiederzukommen.« Und füge hinzu: »Ich werde wiederkommen, aber nicht bleiben.«

Wenn ich wiederkomme, will ich frei sein, wie jetzt, das tun, wozu ich Lust habe, Freunde besuchen, wandern, am Meer sitzen. Alltag kann ich mir überall vorstellen, nur nicht hier. Zu Hause bin ich Alltag gewöhnt, aber hier, auf der Insel, suche ich das Besondere, auf dem für mich schönsten Platz der Welt.

»Du wirst mir fehlen!« Er gibt mir einen Kuss: »Damit du es weißt, ich küsse besser zur Begrüßung als zum Abschied!« Er wischt sich Tränen aus den Augen. »Auch die sind salzig!«, murmelt er verlegen und versucht zu lächeln.

Im Transitraum grinst mich ein letztes Mal der *Dodo*-Biervogel vom Werbeplakat an. Darunter steht: *Nouvo Styl, mèm Karacter!*, kreolisch: neues Outfit, gleicher Charakter.

Dann hebe ich ab. Aus dem Fenster sehe ich die Insel auf Bonsaiformat zusammenschrumpfen, bis sie als Punkt im Ozean verschwindet.

Der Italiener auf dem Nebensitz beugt sich zu mir herüber: *»Un piccolo paradiso!«*

Die sechs Plätze hinter mir sind durch einen schmalen Vorhang abgeschirmt, dennoch sehe ich, wie eine Ärztin und zwei Krankenschwestern ein Frühgeborenes betreuen. Der Winzling liegt im Inkubator wie in einem Bettnest, zwischen Schaumstoffrollen und Kissen en miniature. Er ist so klein, dass selbst der Zeigefinger der Ärztin, mit dem sie ihm ab und zu die Wange streichelt, übergroß aussieht gegenüber dem winzigen Köpfchen. Elf Stunden lang wechseln sie sich ab, regulieren Einstellungen am Minicomputer, überwachen Herzschlag und Atmung. Auf ihren Kitteln steht: »974«.

Ich schließe die Augen und halte kurz die Luft an, träume mich nach Hause und wünsche mich gleichzeitig zurück. Je weiter ich mich von La Réunion entferne, desto größer wird die Insel – in meinem Herzen.

Zu Hause, als ich die Wohnungstür aufschließe, kommt der kleine Nachbarsjunge auf den Flur gestürmt: »Da bist du ja!« Er schaut auf meine Uhr mit den zwei Ziffernblättern: »Ups, die sieht aber komisch aus! Ist das eine Märchenuhr?«

Ich nicke: »Ja, ich lebe nämlich in zwei Ländern: Hier bei uns ist es drei. Und da, wo ich herkomme, ist es fünf.«

»Toll! Dann hast du jetzt Freunde, die um drei und um fünf gleichzeitig an dich denken!«